当代浙江学术文库
DANGDAI ZHEJIANG XUESHU WENKU

浙江省社科联省级社会科学学术著作出版资金资助出版（编号：2015CBQ06）
浙江省自然科学基金项目“创投机构投资新兴产业早期项目的动力机制研究”（项目编号：LY15G030028）成果之一
浙江省软科学研究计划项目“加大科技型中小企业风险资本投入的政策研究——基于提升创投机构融资能力的视角”（项目编号：2014C35001）成果之一

风险投资决策优化研究：
基于浙江的实证

马万里 著

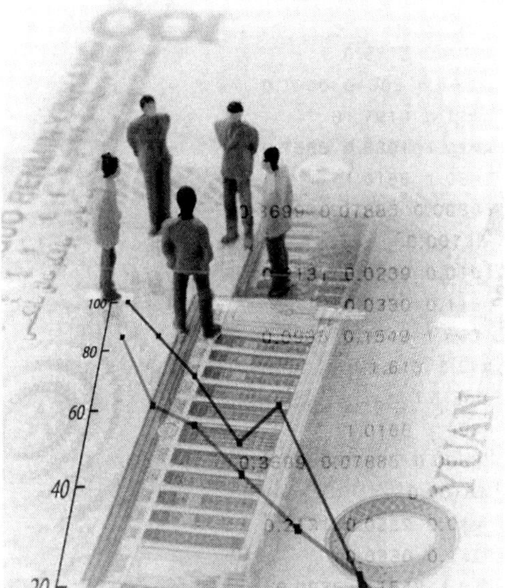

浙江工商大学出版社
ZHEJIANG GONGSHANG UNIVERSITY PRESS

图书在版编目(CIP)数据

风险投资决策优化研究 ：基于浙江的实证 / 马万里著. —杭州 ：浙江工商大学出版社，2016.6
ISBN 978-7-5178-0328-7

Ⅰ. ①风… Ⅱ. ①马… Ⅲ. ①风险投资—投资决策—研究—浙江省 Ⅳ. ①F830.59

中国版本图书馆 CIP 数据核字(2016)第 106677 号

风险投资决策优化研究:基于浙江的实证
马万里 著

出 品 人	鲍观明
策划编辑	任晓燕
责任编辑	任晓燕
封面设计	林朦朦
责任校对	王文舟
责任印制	包建辉
出版发行	浙江工商大学出版社 (杭州市教工路 198 号　邮政编码 310012) (E-mail:zjgsupress@163.com) (网址:http://www.zjgsupress.com) 电话:0571-88904980,88831806(传真)
排　　版	杭州朝曦图文设计有限公司
印　　刷	杭州五象印务有限公司
开　　本	710mm×1000mm　1/16
印　　张	14.75
字　　数	255 千
版 印 次	2016 年 6 月第 1 版　2016 年 6 月第 1 次印刷
书　　号	ISBN 978-7-5178-0328-7
定　　价	48.00 元

前 言

风险投资是一种向处于新兴的、迅速发展的、有巨大竞争潜力的企业提供资本支持及管理服务，并通过股权转让获得资本增值收益的一种投资方式，它在促进创新创业和解决中小企业融资困难问题等方面起着十分重要的作用。目前我国风险投资仍处于初级发展阶段，由于创业企业本身具有高风险性且风险投资外部环境的复杂性，使得风险投资面临较高的风险甚至失败。因此，对于风险投资机构来说，风险投资实际上是一种高风险决策行为，科学、合理的投资决策是风险投资机构生存与发展的关键。风险投资机构在实际的投资决策过程中常常会碰到一些棘手的难题。如风险投资的关键风险因素到底有哪些？怎样来客观地度量和评估这些风险？如何在风险条件下做出投资项目的选择决策？如何做出合理的投资项目组合优化决策？投资后如何进行有效的投后管理？如何做出合适的退出决策？政府政策将对风险投资决策产生怎样的影响？风险投资机构希望能有比较系统的投资决策优化理论来指导其实践，而这些正是本书想要探究的重点。

相比国外发达国家，我国风险投资业起步较晚，目前国内学术界多从狭义的风险投资决策视角单纯研究投前决策优化问题，而对整个风险投资过程的决策优化问题的研究并不深入。研究内容上，现有研究主要集中在风险投资家对风险项目（企业）的选择决策上，未涉及风险投资决策的优化反应机制及其表现形式和政府政策对风险投资决策优化的影响问题。研究方法上，研究结论的提出缺乏丰富的数据支持，深入结合具体案例进行分析的不多。为此，本书以广义决策的视角，聚焦于风险投资全投资过程的决策优化问题。本研究通过对国内外相关文献研究和浙江省 156 家风投机构（包括基金公司）的实地访谈，系统分析识别风险投资的风险维度结构；在采用绝对偏差法和三角模糊数随机模拟方法进行投资项目（行业）风险量化和投资项目初步筛选的基础上，基于 MOTAD(Minimization of Total Absolute Deviations)模型，实证分析风险条件下风险投资的优化规模与结构及其在不同类型风投机构(基金)之间所表现出的差异性,在微观层次上揭示不同规模风投机构的风险决策优化机制;基于MOTAD模型进行政策模拟,分析政策变化对风险投资决策优化的影响效应,据此进一步提出加快风险投资发展的有效政策与措施。此外,通过建立投后风险投资绩效影响因素的概念模型,基于SEM(Structural Equation Model)的实证分析,探究投后风险投资绩效的关键影响因素及其相互作用机理;通过采用因素评分法和决策树法,辅助进行风险投资退出决策,以选择适宜的退出时机和方式,最终实现一定风险状况下风险投资收益最大化的终极目标。全书的研究围绕上述主线展开,具体内容如下:

第一章较为系统地总结了国内外学者研究风险投资决策优化问题的理论基础与动态。根据对国内外相关研究文献的大量阅读与整理,笔者认为不确定性条件下作为经济行为主体决策价值准则的预期效用理论考虑了不同决策者对风险的态度,因而该理论及其相关模型方法也同样适用于对风险投资机构风险决策优化行为的研究。建立在非对称信息博弈论基础上的委托—代理理论是以委托人和代理人之间信息不对称、利益相互冲突2个基本假设为前提,在激励相容约束和参与约束2个条件下寻找委托人设计的最优契约,让代理人的努力水平符合委托人的利益。由于风险投资家与创业企业家之间的关系是比较典型的委托—代理理论关系,因此国内外大部分文献都以委托—代理理论作为研究风险投资家和创业企业家关系的核心理论基础。故本书将预期效用理论、委托—代理理论分别作为分析风险投资者投前决策和投后管理行为的理论基础。

第二章为理论分析框架的构建。基于Tyebjee、Bruno(1984)的风险投资广义决策模型,本书将风险投资决策分为投资前的项目选择和投资后管理两大阶段,并遵循提出问题—分析问题—解决问题的逻辑,提出了风险投资决策优化问题的整体分析框架,以便较为清晰地呈现全文所涉及的理论或方法间的逻辑关系及这些理论和方法的具体内容,为后续的实证分析打好基础。

第三章为风险投资发展现状与政策环境分析。通过对我国风险投资机构的组织形式、资本来源、投资案例状况、资本退出状况等的分析以及对浙江省风险投资机构的属性、区域分布、经营管理模式、人力资源雇员规模、资本规模分布、业务收入及风险投资项目的特征等的分析,总结出我国及浙江省风险投资业发展现状与特征;接着,对国内外特别是浙江省的一些风险投资政策进行了简要阐述,以便为后续第六章政策情景模拟分析做好铺垫。该章的研究结果表明:(1)相比于全国整体风险投资状况,浙江省风险投资机构以民营经济企业为主体,其主要特点是规模普遍偏小、专业化管理水平不高、抗风险能力弱、首轮投资的企业比重高、投资结构欠合理、去风险化现象比较突出,这不利于浙江省创新经济的发展;(2)在税收减免和引导基金政策方面仍有较大的创新空间。

第四章为风险投资风险水平的实证量化研究。这一章先是衡量风险投资所投行业的整体风险水平,以了解风险投资的风险决策环境。有关风险水平的量化指标和方法有很多,应根据具体的研究对象及所获数据来选择合适的衡量风险的指标和量化方法。由于使用方差作为风险的度量,有可能会掩盖均值的差异,而使用总绝对偏差法进行风险的度量,则可避免这些问题。因而,本章在系统识别投资风险、获取浙江省风险投资一手数据的基础上,采用了总绝对偏差方法来测度风险投资所投项目(行业)的风险收益水平。结果显示:浙江省风险投资机构(包括基金公司)所投的绝大多数项目(行业)的收益与风险是相对称的,即"高风险,高收益;低风险,低收益",符合风险投资的风险特征。接着,进行风险投资项目筛选研究。在采用三角模糊数随机模拟方法对风险投资综合风险进行评价基础上,进一步开展风险投资项目的筛选,为后续投资项目的优化组合提供优质"项目源"。结果表明:采用三角模糊数随机模拟方法,以置信区间形式表示的风险投资项目风险评价结果比传统方法的评价结果在可靠性方面能提供更丰富的信息,能较好地解决有随机性、模糊性等多种不确定性因素综合作用下的风险投资项目的筛选问题。

第五章为基于 MOTAD 模型的风险投资项目组合优化决策研究。这一章基于 MOTAD 模型分析方法,以被投企业和风险投资机构的整体投资收益最大化与风险最小化为目标,针对不同的 4 个典型案例,分别研究风险条件下风险投资项目的优化规模、结构及其相应的收益和风险,并基于 MOTAD 模型进行政策模拟,分析政策变化对风险投资决策优化的影响效应。结果表明:(1)MOTAD 模型实证模拟结果揭示了风险投资机构(基金公司)投资组合优化的决策机理。(2)4 家代表性基金公司的实际投资结果无论是投资的行业(项目)还是各行业(项目)投资的资金金额都有较大的优化调整的空间。(3)投资规模不同的基金,其面临的风险收益水平存在差异。(4)"发债后",基金公司无论是收益水平还是风险水平相比"发债前"都有了一定程度的增加,发债利率应在 8%—10% 为宜。采用"税收优惠"政策后,同等风险水平下各基金的收益提高幅度明显。

第六章为投后的风险投资绩效管理和退出决策研究。这一章通过建立投资后风险投资绩效影响因素的概念模型,基于 SEM 的实证分析,获取风险投资投后绩效的关键影响因素及相互作用机制，并据此提出针对性的风险投资投后管理对策；以及采用因素评分法和决策树法，辅助进行风险投资退出时机和方式的决策，以确保实现预期的投资绩效目标。结果显示投资后风险投资绩效的关键影响因素有：被投企业实际控制人的专业知识、经验、管理能力和人品，投后非资本增值服务，知识产权价值，被投企业上市的难易程度，社会中介服务体系的完善程度等。

通过上述文献研究、规范分析和实证研究，笔者认为本书的创新之处可能体现在以下几个方面：

1. 在研究思路上，本研究将投资前投资项目风险的识别量化、投资项目的筛选、组合优化以及投后风险投资绩效关键影响因素识别、退出决策等风险投资全过程中与实现投资收益最大化、风险最小化目标有关的环节都统一纳入到风险投资决策优化问题的分析框架之中，以广义决策的视角，将投资前的项目选择决策和投后管理视为一个整体，来研究风险投资决策优化问题。揭示风险条件下风险投资的优化规模与结构及其在不同风投机构之间所表现出的差异性，以及政策变化对风险投资决策优化的影响效应。因此，本书研究在较大程度上弥补了以往风险投资决策优化的研究仅从狭义的角度对投资前项目选择决策进行研究的不足。

2. 在研究方法上，本书将具有多目标非线性规划方法特征的 MOTAD 模型引入风险投资决策优化问题研究中，以风险投资风险最小化和收益最大化为目标，分析研究风险投资机构在一定风险偏好下的风险投资组合优化，并基于 MOTAD 模型模拟，分析政策变化对风险投资决策优化的影响效应，因此这种研究方法突破了现有研究采用定性分析方法为主的局限性。同时，本书将三角模糊数随机模拟方法应用于风险投资综合风险的评价，以解决随机性、模糊性和数据资料不精确等多种不确定性因素综合作用的风险投资项目筛选的综合风险评价问题，并用结构方程模型实证了投后风险投资绩效的关键影响因素及其作用机制。因此，本书研究在方法上具有明显的创新性，有助于提升研究成果的科学性。

3. 在研究成果上，本书基于 MOTAD 模型得出的有关风险条件下风险投资的优化规模与结构以及风险投资决策优化的政策影响效应，以及基于结构方程模型识别的影响投后风险投资绩效的关键因素等一系列研究成果，将具有较高的现实应用价值，它不仅可以直接用于指导风险投资机构的投资决策，而且也可为政府有关部门制定加快风险投资业发展的政策提供决策参考。

在本书研究过程中，尽管笔者付出了大量劳动，也觉得本书在风险投资决策优化方面做出了一些有价值的研究，但由于本次实证研究的范围仅限于浙江省，这使本书研究的适用性受到了一定限制，还需要通过对其他省份的研究作进一步的验证。

本书在成稿过程中，得到了笔者的博士生导师——浙江大学管理学院陆文聪教授的悉心指导，在此对陆老师的支持和帮助表示衷心的感谢！

同时，感谢我的亲人、爱人对我研究工作的全力支持！感谢所有关心和帮助过我的朋友和学生们！

由于笔者水平有限，书中难免有疏漏和不当，敬请读者批评指正。

目　录

绪　论

第一节　研究问题的提出

高新技术是社会进步和经济发展的关键要素。经过改革开放30多年来的努力，我国高新技术产业获得了较快发展，取得了不少瞩目的成就，但也应看到，我国高新技术产业尚处于全面发展的初期，还面临科技创新能力薄弱和竞争力不强等严峻挑战（王宏伟，2010）。为了确保中国经济持续、稳定地发展，国家需构建以创新为核心的经济增长模式（陈工孟，2004）。因此，加快新一代科技型企业的创建、培育和发展对中国未来经济的发展至关重要。

风险投资是一种向处于新兴的、迅速发展的、有巨大竞争潜力的企业提供资本支持及管理服务，并通过股权转让获得资本增值收益的投资方式。国际经验表明，风险投资业作为促进高新技术产业发展的关键产业，对转变经济发展方式，加快创新创业，完成创新强国战略目标起着非常重要的作用。

然而，近年来我国风险投资业对高新技术产业的投资状况却不容乐观，如2012年，风险投资机构所投资案例中符合“中小高新技术企业”双重标准的案例仅占37%，非高新技术和传统产业获得的风险投资进一步增加；投资阶段处于成长期的投资金额以40%以上的绝对比例居首位，而种子期投资额仅为10%以下（中国创业投资行业发展报告2013）。由此可见，风险投资对新兴高科技产业的支持非常有限。这一现象的背后存在各种原因。第一，创业高新技术企业由于其技术成熟度、产品及生产成熟度、市场成熟度、管理成熟度等方面都比一般传统企业存在更大的不确定性，这也决定了其存在更多的潜在风险。第二，我国的风险投资起步于20世纪80年代，虽然经过了20多年的发展，取得了长足的进步，但与发达国家相比，整个风险投资业仍处于行业发展的初级阶段，行业整体的专业化管理水平不高，抗风险能力较弱。第三，目前我国风险投资业的行业规模不断扩大，投资机构形态多元化，由政府出资的风投公司逐渐减少，民营风投公司的数量不断增加，投资公司多数规模偏小，风险偏好弱。第四，风险投资面临的外部环境因素十分复杂。放眼全球，世界经济增长较为缓慢，国际金融市场动荡不安，世界经济持续低迷的可能性加大；纵观国内，虽然政府实施积极的财政政策和稳健的货币政策，但因全球经济疲软、出口增长缓慢、扩大内需艰难等因素，中小企业的发展受到了较大的影响，投资风险明显增加。

综上所述，由于创业高新技术企业本身的高风险性，我国风险投资业仍处于发展的初级阶段，加上风险投资外部环境的复杂性，使得风险投资的风险成倍增长，投资创业高新技术企业的失败率居高不下，导致近年来我国风险投资机构对创业高新技术企业的投资不容乐观。在投资创业高新技术企业失败率较高的诸多因素中，风险投资者的决策科学性是一个关键因素。

在这样的背景下，风险投资机构如何进行科学决策，控制投资风险，提高投资成功率，支持创新创业，加快科技创新和经济发展方式转变，已成为中央和各级政府高度关注并迫切需要解决的战略性问题，也成为需要学术界来研究的一个重大课题。

对于风险投资机构来说，风险投资实际上是一种高风险决策行为，科学、理性的投资决策是风投机构生存与发展的关键。然而，风险投资机构在实际的投资决策过程中常常会碰到一些棘手的问题。如风险投资的关键风险因素到底有哪些？怎样来客观地度量和评估这些风险？如何在风险条件下做出投资项目的选择决策？如何做出合理的风险投资项目组合优化决策？风险投资后如何对投资绩效进行有效管理？如何做出合适的退出决策？这些问题正是本书想要探究的重点。

本研究的理论意义在于，在系统识别、评估和量化风险投资风险的基础上，基于总绝对偏差最小化模型(Minimization of Total Absolute Deviations Model，简称 MOTAD 模型)方法，以浙江省 4 家不同规模的典型风投机构(基金公司)为例，分析研究风险条件下风险投资的优化规模与结构，以在微观层次上揭示不同规模风投机构的风险决策优化机制；并基于 MOTAD 模型进行模拟分析，探讨“发行债券”和“税收优惠”政策对风险投资决策优化的影响，据此进一步提出加快风险投资发展的有效政策与措施，以弥补在研究内容上，现有研究主要集中在风险投资家对风险项目(企业)的选择决策上，而未涉及风险投资决策的优化反应机制及其表现形式和政府政策对风险投资决策优化的影响问题；以及在研究方法上，研究结论的提出缺乏丰富的数据支持，深入结合具体案例进行分析不多等的不足。此外，通过对投后风险投资绩效管理及退出决策的研究，弥补了现有研究从狭义的风险投资视角单纯研究投前决策优化问题，而忽视了整个风险投资过程的决策优化问题的不足。

本书的现实意义则在于，从风险投资整个过程的广义决策视角出发，将风险投资机构实际决策中所关注的风险识别、度量和评估，投资项目的筛选和组合优化以及投后绩效的管理和退出决策问题统一纳入风险投资决策优化研究的分析框架中，并融合使用MOTAD模型、SEM、三角模糊数随机模拟等方法，来分析和解决这些问题，研究结论可为风险投资机构的决策优化提供有益的理论指导。另外，基于MOTAD模型进行政策模拟，分析政策变化对风险投资决策优化的影响效应，以及基于结构方程模型识别出投后风险投资绩效的关键影响因素等研究结果，可为政府制定风险投资发展政策提供参考。

第二节 研究目标、内容和方法

一、研究目标

本书旨在综述国内外相关文献的基础上，提出风险投资决策优化问题研究的理论分析框架，并基于浙江省156家风险投资机构的605个项目的一手调研数据，采用绝对偏差方法，实证量化浙江省风险投资机构所投行业的整体风险水平；基于投资项目（企业）风险的识别与评估进行投资项目（企业）的初选决策；采用MOTAD模型方法分析研究风险条件下风险投资的优化规模与结构，从微观层次上揭示不同规模风投机构的风险决策优化机制，并基于MOTAD模型进行模拟分析探讨“发行债券”和“税收优惠”政策对风险投资决策优化的影响；采用SEM方法实证分析投后风险投资绩效的关键影响因素及其作用机理，据此进一步提出促进风险投资发展的有效政策与措施。

二、研究内容

按照上述的研究目标，本书的主要研究内容包括以下几方面：

(1)构建风险投资决策优化的理论分析框架。基于 Tyebjee、Bruno (1984)的风险投资广义决策模型，将风险投资决策分为投资前的项目选择、投后风险投资绩效管理与退出决策两大阶段，并遵循提出问题—分析问题—解决问题的逻辑，提出了风险投资决策优化问题的整体分析框架，以便较为清晰地呈现本书研究的分析思路、逻辑结构关系及方法体系，为实证分析打好基础。

(2)风险投资发展现状与政策环境分析。通过描述性分析、文献研究以及调查统计数据的整理、汇总和分析，探讨我国和浙江省风险投资机构和投资项目的现状、特征及问题。在阐述国外相关政策并结合分析我国现有政策不足的基础上，获得了国外政策的启示，为后文政策情景的设计和基于 MOTAD 模型的实证分析做好铺垫。

(3)风险投资项目的风险度量研究。在系统识别投资风险，获取浙江省 156 家风投机构 605 个投资项目的一手数据资料的基础上，采用静态量化风险的总绝对偏差方法对风险投资项目所处行业的整体风险水平进行量化评估，为后续 MOTAD 模型的实证提供数据支持。

(4)基于风险识别与评估的风险投资项目初选决策研究。在文献研究和实地访谈的基础上，从风险投资机构、被投企业及其外部环境 3 个维度来系统识别风险投资的风险因素，在此基础上采用三角模糊数随机模拟方法对风险投资项目的综合风险进行评价，通过对投前项目的预期收益和风险水平的综合分析，做出投资项目的初步筛选决策，为后文投资项目的优化组合提供优质"项目源"。

(5)基于 MOTAD 模型的风险投资决策优化研究。拟在浙江省选择若干个具有代表性风投机构的风险投资基金为案例，基于 MOTAD 模型(总绝对偏差最小化模型，Minimization of Total Absolute Deviations Model，简称 MOTAD 模型)分析方法，以被投企业和风险投资机构的整体投资收益最大化与风险最小化为目标，针对不同的投资基金，分别研究风险条件下风险投资项目的优化规模、结构及其相应的投资收益与风险，以在微观层次上揭示不同类型风投机构的风险决策优化反应机制；在此基础上，对 MOTAD 模型进行政策模拟，分析政策变化对风险投资决策优化的影响效应。

(6)投后风险投资绩效管理与退出决策研究。通过建立投资后风险投资绩效影响因素的概念模型和研究假设，采用问卷调查数据和结构方程模型，实证检验并探究风险投资后影响投资绩效的关键因素及相互作用机制，并据此提出风险投资投后管理对策；在此基础上，以实现预期的投资绩效为目标，采用因素评分法和决策树法，结合实例，研究风险投资退出时机与方式的决策问题。

三、研究方法与技术路线

1. 研究方法

本书综合汲取了技术经济学、计量经济学、金融学、管理学等学科的知识，主要采用文献研究、问卷调查、统计分析、模型分析、比较分析、规范分析等相结合的方法来研究风险投资决策优化问题。具体方法主要有：

(1)文献研究法。通过查阅国内外有关风险投资决策优化问题研究的相关文献资料，全面了解关于风险投资风险识别、度量、投资组合优化与投后管理研究的最新动态，对当前相关理论研究的总体情况及前沿问题进行梳理和较为深入的思考。

(2)问卷调查法。本书以浙江省的风险投资机构为研究对象，通过对杭州市、宁波市、绍兴市、嘉兴市、湖州市、衢州市等风险投资机构较为集中区域的156家风投机构的实地访谈与问卷调查，获取近年来浙江省风投机构投资项目(企业)的行业分布、投资额、投资收益率等翔实数据信息，为风险度量、投资项目组合优化决策以及风投后绩效关键影响因素识别的实证研究提供数据支持。

(3)统计分析法。为了对投资风险进行评估和量化，并实证分析风险条件下风险投资的优化规模与结构及其在不同类型的风投机构之间的差异性以及基于SEM实证分析投后风险投资绩效的关键影响因素等，需要对调研获得的数据进行系统化定量分析。本书利用MATLAB软件产生研究风险投资项目风险的模拟值系列，得到投资项目风险值在置信水平95%以下的置信区间，结论可为投资项目的初选决策提供依据。利用LINGO软件进行实证MOTAD模型的模拟运算，求得风险投资项目的风险、收益及相应的优化投资规模和投资结构，这一结论可用以分析风险投资机构的决策优化反应机制，及不同类型风险投资机构决策优化反应机制的差异。利用SmartPLS 2.0软件检验投资后风险投资绩效的关键影响因素的概念模型和研究假设的合理性，研究结论可为风险投资机构合理配置管理资源，提高管理针对性，控制投后风险提供指导。

(4)模型分析法。本书拟在浙江省选择若干个具有典型意义的风险投资机构案例，基于MOTAD模型理论假设，采用多目标非线性优化方法，以风险企业和风险投资者的整体投资收益最大化和投资风险最小化为目标，对不同的典型风险投资机构分别构建MOTAD模型,实证模拟分析风险条件下风险投资的优化规模与结构及其在不同类型风投机构之间所表现出的差异性;并基于MOTAD模型进行政策模拟,分析政策变化对风险投资决策优化的影响效应,进一步提出加快风险投资发展的有效政策与措施。

(5)比较分析法。本书在应用MOTAD模型对投资项目组合优化决策进行研究时,就不同代表性风险投资机构的实际投资结果、MOTAD模型模拟优化结果与政策情景下的模拟优化结果三者进行比较分析,以揭示运用MOTAD模型前后的投资决策差异,探究政策环境变化对不同类型风险投资机构投资决策优化的影响和效应。比较分析后产生的结论将为风险投资机构的决策优化以及政府政策的创新提供理论依据。此外,在对风险投资项目的风险识别与评估的基础上对项目进行筛选时,需对各项目的预期收益和风险水平进行综合比较与分析来做出项目的选择决策。

(6)规范分析法。本书在文献阅读、实地调研的基础上,通过规范分析提出要探究的主要问题,并运用经济学、管理学理论,采用规范分析方法构建风险投资决策优化问题研究的理论分析框架;基于MOTAD模型的计算结果,采用规范分析方法,提出政策环境变化对不同类型的风险投资机构投资决策的影响等;通过规范分析,提出投资后风险投资绩效影响因素的概念模型和研究假设;最后,通过规范分析得出本书研究的主要结论及政策启示。

2.技术路线

本研究拟采用的技术路线见下图。

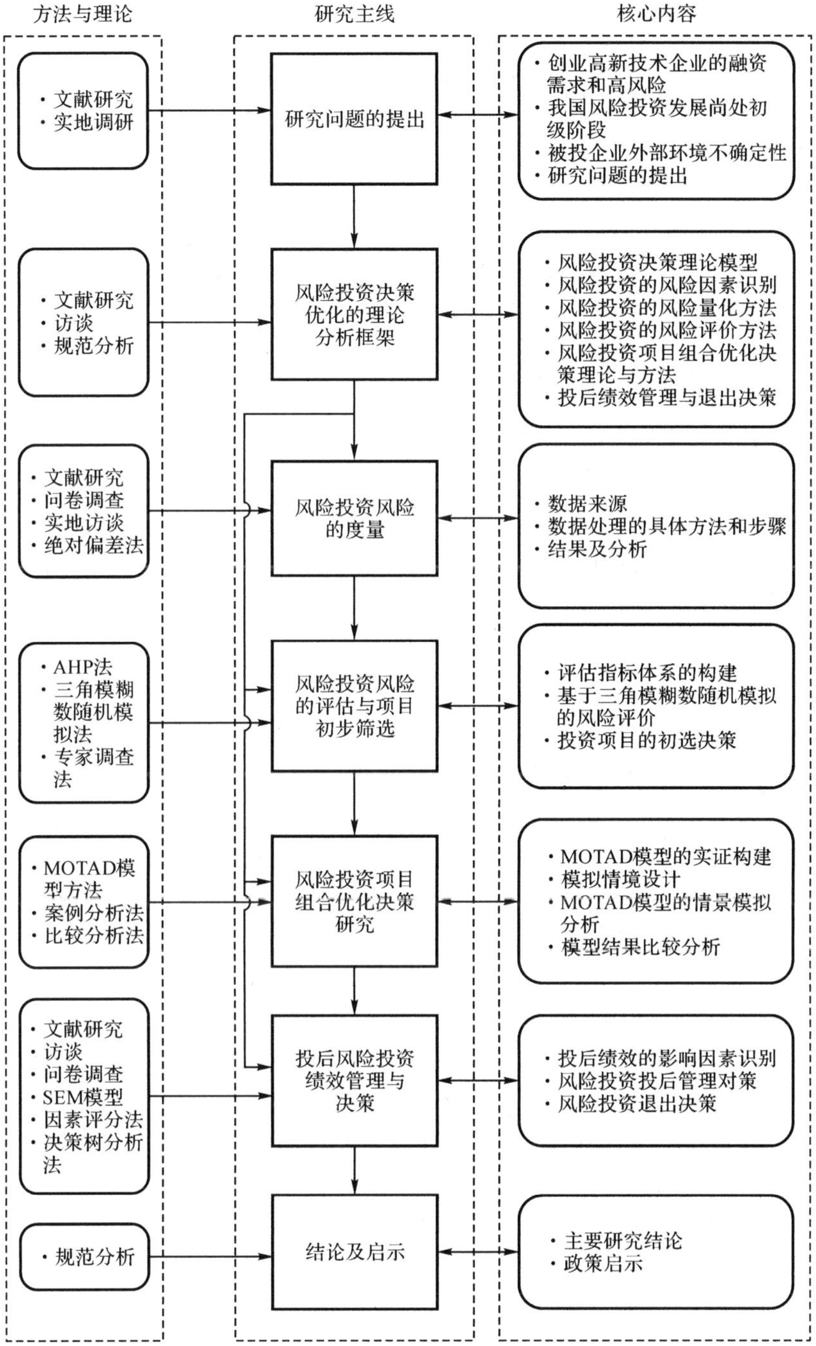
方法与理论
研究主线
核心内容
· 文献研究
· 实地调研
研究问题的提出
· 创业高新技术企业的融资需求和高风险
· 我国风险投资发展尚处初级阶段
· 被投企业外部环境不确定性
· 研究问题的提出
· 文献研究
· 访谈
· 规范分析
风险投资决策优化的理论分析框架
· 风险投资决策理论模型
· 风险投资的风险因素识别
· 风险投资的风险量化方法
· 风险投资的风险评价方法
· 风险投资项目组合优化决策理论与方法
· 投后绩效管理与退出决策
· 文献研究
· 问卷调查
· 实地访谈
· 绝对偏差法
风险投资风险的度量
· 数据来源
· 数据处理的具体方法和步骤
· 结果及分析
· AHP法
· 三角模糊数随机模拟法
· 专家调查法
风险投资风险的评估与项目初步筛选
· 评估指标体系的构建
· 基于三角模糊数随机模拟的风险评价
· 投资项目的初选决策
· MOTAD模型方法
· 案例分析法
· 比较分析法
风险投资项目组合优化决策研究
· MOTAD模型的实证构建
· 模拟情境设计
· MOTAD模型的情景模拟分析
· 模型结果比较分析
· 文献研究
· 访谈
· 问卷调查
· SEM模型
· 因素评分法
· 决策树分析法
投后风险投资绩效管理与决策
· 投后绩效的影响因素识别
· 风险投资投后管理对策
· 风险投资退出决策
· 规范分析
结论及启示
· 主要研究结论
· 政策启示

研究的技术路线图

第三节 研究数据来源

一、调研数据

考虑到浙江省风险投资机构在地区及类型上的差异以及所选样本的代表性,选择了浙江省风投机构比较集中的杭州市、宁波市、湖州市、绍兴市、嘉兴市、衢州市等6个市的201家风险投资机构(包括基金公司)进行调研。在浙江省风险投资行业协会的支持和帮助下,调研小组按照访谈提纲(详见附录)对风投机构的投资经理进行了访谈,实际获得了156家风险投资机构(包括基金公司)2010—2012年所投项目(企业)的行业分布、投资额、投资收益率等翔实的数据信息。

在完成访谈提纲的访谈任务并对所调查的风投机构投资的基本情况有所了解之后,调研小组就投后风险投资绩效的关键影响因素识别实证分析数据的获取进行了问卷设计(详见附录),并通过上门拜访、邮寄调查问卷及电子邮件方式对浙江省156家风险投资机构展开了问卷调查。问卷内容主要包括风险投资机构概况,知识产权价值,知识产权保护,投资后管理,被投企业实际控制人的人品、专业知识、工作经验、管理能力等指标的测量题项的评价等,问卷填写人主要为风险投资机构的高管。本次调查共发放问卷300份,回收256份,其中有效问卷179份,问卷有效率为70%。

二、统计数据

本书中有关我国风险投资的组织形式、资本来源、投资案例状况、资本退出状况等分析数据以及浙江省风险投资机构的属性分布、区域分布、经营管理模式、人力资源雇员规模、资本规模分布、业务收入等的分析数据均来自于《中国创业风险投资发展报告2013》《中国创业投资行业发展报告2013》《浙江省创业风险投资发展报告2012》《中国风险投资年鉴2006—2013》等政府部门和官方机构的统计数据与资料。

第四节　创新与不足

一、研究的创新之处

通过与现有国内外的相关研究成果相比较，本书的主要创新之处体现在以下几方面：

第一，在研究思路上，本研究将投资前投资项目风险的识别量化、投资项目的筛选、组合优化以及投后风险投资绩效关键影响因素识别、退出决策等风险投资全过程中与实现投资收益最大化、风险最小化目标有关的环节都统一纳入到风险投资决策优化问题的分析框架之中，揭示风险条件下风险投资的优化规模与结构及其在不同风投机构之间所表现出的差异性，以及政策变化对风险投资决策优化的影响效应。因此，本书研究在较大程度上突破了以往风险投资决策优化的研究仅从狭义的角度对投资前项目选择决策进行研究的不足。

第二，在研究方法上，本书将具有多目标非线性规划方法特征的MOTAD引入风险投资决策优化问题研究，以风险投资风险最小化和收益最大化为目标，分析研究风险投资机构在一定风险偏好下的风险投资组合优化，并基于MOTAD模型模拟，分析政策变化对风险投资决策优化的影响效应。因此这种研究方法突破了现有研究采用定性分析方法为主的局限性。同时，本书将三角模糊数随机模拟方法应用于风险投资综合风险的评价，以解决随机性、模糊性和数据资料不精确等多种不确定性因素综合作用的风险投资项目筛选的综合风险评价问题，并将结构方程模型用于识别投后风险投资绩效的关键影响因素及其作用机制。因此，本书研究在方法上具有明显的创新性，有助于提升研究成果的科学性。

第三，在研究成果上，本书基于MOTAD模型得出的有关风险条件下风险投资的优化规模与结构以及风险投资决策优化的政策影响效应，以及基于结构方程模型识别的影响投后风险投资绩效的关键因素等一系列研究成果，将具有较高的现实应用价值，它不仅可以直接用于指导风险投资机构的投资决策，而且也可为政府有关部门制定加快风险投资发展的政策提供决策参考。

二、研究的不足

从广义的视角来研究风险投资决策优化问题是一个比较复杂的管理学问题,也是学术研究面临的一个新课题。其原因:一是浙江省不同区域、不同类型的风险投资机构,其规模、管理水平和风险偏好存在较大差异;二是针对风险投资全过程,投资决策的内容涉及投前的风险识别、量化、评估,项目的初步筛选与组合优化以及投后管理等,研究内容较为复杂。因此,本书研究风险投资决策优化问题,存在以下三点主要不足:

1.研究数据资料的局限性。由于笔者研究时间和能力的限制、浙江省风险投资机构的数量相对较少,以及风投机构对投资运营利润数据的保密,导致收集的风投机构的样本数据资料仍然有限。此外,笔者从 2013 年 1 月开始调研,获取的数据资料均为 2012 年 12 月底前的数据,因此,本书有关研究结论的时效性方面可能会受到一些影响。

2.研究内容的局限性。对不同区域、不同类型的风险投资机构来说,其风险偏好可能会存在一定的差异。本书在基于 MOTAD 模型的风险投资项目组合优化决策的实证分析中,因为模型结构的复杂性及模型求解的难度,尚未将投资决策者的风险偏好因素纳入到模型中,这是否会影响 MOTAD 模型的实证研究结果,将有待于在后续研究中做进一步的探讨。

3.模型模拟的政策情景设计尚可拓展。由于我国风险投资发展仍处于初级阶段,风险投资机制尚未完善,以及风险投资的外部环境具有相当的复杂性和多变性,影响风险投资决策优化的政策因素也十分复杂。本书在 MOTAD 模型模拟中,仅考虑“发债募资”和“税收优惠”两种政策情景,还没有考虑资本市场完善、知识产权保护力度加大等政策环境因素对风险投资决策优化的影响。因此,本书的 MOTAD 模型的政策情景模拟尚需在后续研究中进一步拓展,以进一步提升本书研究的实际应用价值。

第一章　相关理论与文献综述

本章将对国内外风险投资决策优化的相关研究文献进行综述，在阐述风险投资决策优化相关理论的基础上，分别从风险投资决策优化问题研究、风险因素识别、风险度量与评价、投资组合优化、投资后风险投资绩效影响因素识别等方面对国内外相关研究成果进行介绍并做出评述。

第一节　相关理论

一、风险投资和风险投资风险的含义

1. 风险投资的含义

风险投资英文为“Venture Capital”，在我国又译为“创业投资”。15世纪，西欧的一些商人开始投资远洋运输，风险投资初露端倪（姜树梅，2001）。随着风险投资业的发展，风险投资的内涵和外延也在不断地拓展和丰富。目前，人们对风险投资没有统一的定义，不同的组织或学者对风险投资有不同的界定。

（1）全美风险投资协会（NVCA）认为：风险投资是机构投资者投入到具有较高潜力且发展迅速，处于新兴行业的创业初期的企业的一种股权资本（王鹏，2010）。

（2）经济合作和发展组织（OECD）认为：风险投资是专门购买在新思想和新技术方面独具特色的中小企业的股份，并且促进这些中小企业形成和创立的投资（Black and Gilson，1998）。

（3）欧洲风险投资协会（EVCA）认为：风险投资是由专门的投资企业，向具有较大的发展潜力的未上市企业的投资（任淮秀，2006）。

（4）德意志银行认为：风险投资是将风险资本投入到虽然当前收益率低，但是未来发展前景很好，能够带来丰厚回报的这样一类企业中；并在为

这类企业提供资金的同时,也利用自身优势为其提供管理咨询及技术支持等服务(姚丰桥,2011)。

综合以上定义,风险投资是一种向处于新兴的、迅速发展的、有巨大竞争潜力的企业提供资本支持及管理服务,并通过股权转让形式获得资本增值收益的投资方式。

2.风险投资风险及其特征

(1)风险的定义。

对于风险的定义,美国的威雷特(A. H. Wriett,1901)在其博士论文《风险与保险的经济理论》中,首次提出"风险是关于不愿发生的事件发生的不确定性的客观体现",这个定义强调了风险的客观性及其"不确定性"的本质。美国经济学家奈特(1921)最早区分了两种不同意义的"不确定性",即风险(可度量的不确定性)与不确定性(不可度量的不确定性)。美国学者C.A.小威廉和R.M.汉斯(1964)也分析了风险和不确定性的不同,并认为风险是客观状态,而不确定性是认识风险者的主观判断。日本学者武井勋(1983)对风险重新下了定义:"风险是在特定环境和特定时期内自然存在的导致经济损失的变化。"由于初创高科技企业的技术成熟度、产品及生产成熟度、管理成熟度、市场前景等方面都比一般传统企业存在更大的不确定性,并且无形资产比重较高,因此初创高科技企业存在更多的潜在风险(李少平,2003)。

(2)风险投资风险的含义。

风险投资的风险,是指由于外部环境的不确定性、创业企业本身的复杂性和不确定性以及创业企业家和风险投资者自身能力与实力的有限性,使得实际投资效果和预期结果(收益)发生偏离而导致损失的可能性。这种可能性包括未能达到预期收益甚至不能收回投入的资本所造成损失的风险。

(3)风险投资的风险特征。

风险投资的风险特征与一般的投资有所不同,主要体现在以下几方面:

①高风险性。初创高新技术企业是典型的创业企业,其创新技术的超前性决定了其具有较多的不确定性,如新技术创造的产品是否能满足市场潜在需求的不确定性,新产品能否批量生产的不确定性等。高新技术企业与发育成熟的传统企业相比,信息透明度低,会带来投资决策和管理上的盲目性,因而也具有很大的风险性(姜青舫、陈方正,2000)。

②动态性。高新技术企业生命周期的不同阶段,其面临的技术、市场、环境都是在不断发生变化的,因此各阶段的技术风险、市场风险、管理风险、外部环境的风险都是典型的随时间变化的动态风险(刘曼红等,2004)。

③联动性。风险投资风险是由多种不同的风险因素构成的，这些具体的风险因素不是相互独立的，而是相互联系互为影响的。如创业企业的技术风险的变化会影响到市场风险、财务风险的联动，各种风险要素综合作用的结果就构成了风险投资整体风险。风险投资要想取得成功，必须区分源头风险与非源头风险，并注意对源头风险的控制（李小平，2003）。

④时滞性。风险投资的风险阶段分为筹资、投资、投资后管理、退出几个阶段，每个阶段都包括一系列复杂的程序，在每一阶段都会形成不同的风险，但其中很多风险的结果不是在短期内所能表现出来的，这就是时间的滞后性。如当风险投资公司选定创业企业进行投资后，风险投资的风险很大程度上由被投企业的发展情况来决定，因而项目风险就可能需要较长时间才能表现出来（王洪礼等，2005）。

⑤规律性。随着创业企业发展阶段的变化，风险出现的概率也不相同。在种子期，创业企业的创意尚未得到市场的确认，投资风险极大；随着创业企业的技术和产品不断地成熟，一旦产品被市场认可，则投资风险逐渐减小。此外，不同行业所面临的投资风险也不尽相同：新兴行业风险较大，而传统行业风险相对较小（刘曼红，2011）。

⑥对称性。风险与收益存在辩证统一的关系，这在Shape（诺贝尔经济学奖获得者）的有关证券投资资本市场理论中早有阐述，即风险投资的风险一端连着的是损失，另一端是收益，风险与收益呈正相关关系。风险投资家往往为了获得预期的高额回报，倾向于投资新兴技术而非成熟技术。

二、预期效用理论

风险投资业是一个高风险、高收益的行业，风险投资决策者的风险反应是一个十分重要的经济现象。基于新古典经济理论的决策模型，风险投资是以信息完全为假设条件，追求投资的利润最大化，各种不确定因素及决策者的风险态度被忽略，因此难以完美地解释风险厌恶（规避）者的不同决策行为。由于风险投资者不可能掌握完全信息，且利润最大化也不是唯一的投资目标，当存在不确定性且投资者持风险厌恶态度时，以一定约束条件下利润最大化为目标的投资者行为理论就很难正确地解释决策行为。为解决风险对决策行为的影响问题，几十年来不断产生各种风险决策行为理论。

早在1948年Friedman Savage及此后的Tobin（1958）、Markowitz（1959）就开始进行有关风险决策行为的研究（Just，1975），但是他们的理论基础却是John von Neumann、Oskar Morgenstern（1944）在《博弈理论和

经济行为》一书中创立,后经 Luce、Raiffa、Arrow 以及 Pratt 等人完善和发展的预期效用理论。利用基于效用理论形成的各种预期效用最大化模型,研究者可以分析投资者的风险反应及风险条件下的决策行为。

预期效用理论假定投资者的风险偏好具有连续性、完备性和传递性。连续性是指投资者的效用不断增加。例如,如果投资者对 A 的偏好胜于 C,那么对于介于 A、C 之间的任意选择 B,都可用 A 和 C 的组合来表示。完备性是指如果在 S 集合中可以对任意 2 个随机选项进行比较,称此为二元关系在集合 S 中是完备的,在实际决策中可以理解为决策者能够对所有可能的选择进行比较。传递性是指如果在 S 集合中存在着 $x \geqslant y$ 和 $y \geqslant z$,则可推出 $x \geqslant z$,在实际决策中可以理解为如果投资者对 A 的偏好大于 B,对 B 的偏好大于 C,则对 A 的偏好一定大于 C,从而产生偏好的传递性。效用理论的基本思想是追求效用最大化。如果某个随机变量 X 以概率 P_i 取值 $x_i(i=1,2,\cdots,n)$,而某人在得到 x_i 时的效用为 $u(x_i)$,那么,该随机变量给他的效用便是:

$$E[u(X)]=P_{1u}(x_1)+P_{2u}(x_2)+\cdots+P_{nu}(x_n) \tag{1-1}$$

式中,$E[u(X)]$表示关于随机变量 X 的期望效用;x_i 是财富指标,可用利润、收入、净资产等指标来表示;P_i 是随机变量的概率密度函数;$u(x_i)$ 是效用函数。

一系列关于个人需如何安排风险“情景”的公理在预期效用理论中被提出。只要各种可能结果能被个体估算为一系列一致的效用,那么基于预期效用最大化,就能形成与个体偏好相一致的决策。遵循该思路,投资者就可以按每个方案预期效用的大小对决策进行排序,并选择预期效用最大的方案作为行动方案。

由于预期效用理论允许广泛选择效用函数和概率分布并且考虑了不同决策者对风险的态度,因而预期效用理论的应用十分普遍。尽管多年来,预期效用理论在经济学中一直是主要的决策理论(Mette Wik and Stein Holden, 1998),但是对于该理论也有异议。例如阿莱悖论就是与预期效用最大化相悖的例子。不过一些经济学家的研究表明,几乎所有违背预期效用假设的情况都是在精心设计的实验中获得的(Mette Wik and Stein Holden,1998)。

Bar-Shira(1997)等研究指出,当结果或者概率不可区分时,才有可能违背预期效用假设。

虽然预期效用理论有一些缺陷和争议,但当通过修正效用函数而其假设条件被满足时,预期效用理论仍不失为一种有效的方法(Kahneman and Tversky, 1979; Tversky and Kahneman,1992;Butler,2000)。事实上,预期效用理论不仅应用非常普遍,而且在该理论基础上还产生了很多应用广泛的模型方法,以至于该理论已成为微观经济学中分析不确定性问题的“驮马 ”(Ross, 1981)。

例如,农业经济学家的研究证明了人们实际行为与预期效用理论之间的一致性和吻合性(Dillon and Scandizzo,1978;Bar-Shira,1992;Elamin and Rogers,1992; Zuhair, Taylor and Kramer,1992) ,因此预期效用理论及其相关模型方法也被大量地应用于农业经济问题的研究。到目前为止,预期效用理论和模型仍然被农业经济学家用来研究风险和不确定性条件下农户决策行为的主要工具(西爱琴,2006;杨俊,2011;朱宁等,2013)。

值得注意的是,由于风险投资的高风险特征,使得在对风险投资决策行为进行研究时必须要考虑风险因素。因此预期效用理论及其相关模型方法也可以应用在风险投资机构对风险决策优化行为的研究中。

三、委托—代理理论

委托—代理理论(Principal-agent Theory)始于 20 世纪 30 年代,因为洞悉企业所有者兼经营者这一做法存在很大的问题,美国经济学家伯利和米恩斯提出“委托代理理论”,倡导所有权和经营权分离,企业所有者保留剩余索取权,而将经营权利让渡。委托—代理理论是建立在非对称信息博弈论基础上的,由于风险投资家与创业企业家之间的关系是比较典型的委托—代理理论关系(Sahlman, 1990; Barry, 1994; Robbie and Wright, 1997),因此委托—代理理论也被用来解释风险投资机构对创业企业的管理参与,以确保投资资金的安全性(Bruton,Fried and Hisrich,1998)。国内外大部分文献都以委托—代理理论作为研究风险投资家和创业企业家关系的核心理论基础(张岚、张炜、姜彦福,2003)。该理论以委托人和代理人之间信息不对称、委托人和代理人之间利益相互冲突 2 个基本假设为前提,在激励相容约束和参与约束 2 个条件下寻找委托人设计的最优契约,让代理人的努力水平符合委托人的利益(刘有贵、蒋年云,2006)。

此外,风险投资机构不仅面临风险投资委托—代理关系中的道德风险问题,还将面临创业企业存在的不确定性带来的挑战。创业企业的不确定性主要来源于:技术(技术创新前景的不确定性等)、市场(产品市场前景的不确定性、资本退出市场的不确定等)、管理决策(创业企业的诸多不确定性给企业的决策带来了严峻的挑战,进一步增加了企业经营风险)(郭建栾,2004)。创业企业面临的不确定性与风险投资中的道德风险问题相互作用,使得创业企业家的机会主义行为可能在更大程度上威胁风险投资机构的利益,增加其投资风险(刘二丽,2011)。因此,为了使投资阶段的代理成本最小化,减少投资风险,风险投资机构需要在投资前对项目进行严格的筛选,在投资后对创业企业进行严格的监管和控制(马乐声、汪波、陈德棉,2006)。

第二节 国内外相关研究综述

一、风险投资风险因素识别研究

1. 国外关于风险投资风险因素识别的研究

风险投资机构想要规避投资风险,必须在投资前进行风险预测,在投资后对风险加以有效的管理控制。投资前识别风险是防范风险的关键环节。理论上影响风险投资的风险因素非常广泛,笔者将国外相关研究归纳整理,结果如表 1-1 所示。

表 1-1 国外关于风险投资风险因素识别的研究

风险维度	风险类别	文献作者	主要研究结论
来自被投企业的风险	企业家及其管理团队	Hisrich、Jankowicz (1990)	创业家的个性和背景、管理团队的特征等因素不理想的话,都会给投资项目带来风险
		Rah(1991),Rau、TurPin (1993)	创业家的人格不佳及经验欠丰富被认为是最主要的风险来源
		Hart et al. (1995)	创业家的经验,尤其是行业经验非常重要,它可以减少新创企业所具有的不确定性和风险
		Ramon(2007)	创业家、经理的背景和管理团队的经验等是最重要的风险因素
		Beckiman (2007)	创业企业的团队经历、组成和轮换对硅谷新创高技术公司成功起着非常重要的影响
		Deventer、Mlambo (2009)	创业家的诚实、预期较好的市场接受度、高内部报酬率是南非风险投资家重视的 3 个投资标准
	代理风险与契约关系安排	Dirk(1998)	对于由创新本质决定的风险收益不确定的投资项目,风险投资家和创业企业之间存在着信息不对称问题
		Fiet et al. (1991)	一般而言,投资风险可以归纳为:由不可预知的竞争环境带来的市场风险和由于投资者和企业家之间可能存在的利益分歧而引起的代理风险

续　表

风险维度	风险类别	文献作者	主要研究结论
来自被投企业的风险	代理风险与契约关系安排	Huyghebaert、Mostert (2008)	由于被投企业可能追求不同于投资者的目标，风险投资机构认为代理问题是一个重要的风险因素，可以通过特殊的融资条款来限制代理风险的范围
		Gompers、Alan(1993)	由于企业家与风险资本家信息的不对称，风险资本家就很担心企业家的道德风险问题
	技术风险和市场风险	Moriarty、Kosnik(1989)	提出了市场、技术两大类被投企业面临的风险
		Souder et al. (1993)	提出了商业风险、市场风险和技术风险三大类被投企业面临的风险
		Belev(1989)	提出了高新技术项目的六大类风险，包括设计、技术、资金、支撑体系、成本与进度和外部因素
		Polk(1996)	认为单独进行技术风险评价对预测高科技新产品的成败十分重要，另一个重要的因素是市场风险
		Silver(1994)	提出初创企业存在开发、制造、市场、管理和成长共5类风险。最易控制的是市场和管理风险，风险投资家最多只能接受其中2种风险
风险投资外部环境风险因素	法律环境	Cumming、Johan (2009)	认为法律环境无论在统计意义还是经济意义上都对各国补偿结构有最强的影响，法律环境不好的国家，其风险投资机构往往有更高的固定管理费用和更低的业绩水平
		Cumming et al. (2008)	提出国家之间法律上的差异对风险投资业投资项目的治理结构具有显著的影响
		Lauraet et al. (2009)	实证检验了法律系统如何对风险投资家和创业家之间的关系产生影响
		Cumming et al. (2006)	认为法制环境对于减轻外部股东和创业家之间的代理问题以及培育IPO市场和风险资本市场的共同发展有重要作用
	经济和政策环境	Gans(2009)	金融危机对创新存在一定的潜在影响；税收政策尤其是资本利得税是风险投资业关注的焦点

续 表

风险维度	风险类别	文献作者	主要研究结论
风险投资外部环境风险因素	经济和政策环境	Anand(1994)	对风险投资有显著影响的是资本利得税,而非个人所得税。税收政策对风险投资的进入和退出决策都会产生影响
		Keuschnigg、Nielsen(2003)	提出对创业企业的资本补贴虽然刺激了更多的创业行为,但降低了创业收益,因此最终会有损于有效的创业激励
		Chocce、Ubeda(2006)	认为经济不稳定性和风险投资的短暂历史以及创业和风险投资文化的缺乏和适宜的法律框架的缺失是拉丁美洲国家风险投资发展缓慢的内部原因
		Bates et al.(2006)	美国小企业管理局为促进少数民族创业企业发展制定的风险投资政策效果并不好,因此,政府政策选择要更加审慎
		Vanacker(2006)	政府产业政策的不确定性是大多数风险投资家拒绝接受某些生物技术企业的原因之一
风险投资家本身的能力		Shepherd(2003)	以 Bootstrap 模型为基础,对拥有不同经验的风险投资家的决策过程进行了比较,发现经验与风险投资家的决策过程的关系是曲线型的,与拥有适度经验的风险投资家相比,缺乏经验或经验过于丰富的风险投资家所做的决策的可靠性和有效性都相对较低
		Yung(2009)	风险投资的成功很大程度上归功于风险投资家的积极参与
		Chan(1983),Hobert(1990)	风险投资家作为具有特质的金融中介介入其所投资的项目,对减少信息不对称、降低风险和投资双方代理成本等方面都有重要作用
		Fried(1995)	风险投资家的个人素质要求、能力要求对风险投资的成败至关重要

资料来源:作者整理。

2.国内关于风险投资风险识别的研究

国内较早研究风险投资的风险因素识别的学者是吉林工业大学的李建华、葛宝山(1994),他们重点研究了高技术产业化风险投资的风险识别、评估与防范。寸晓宏(2000)、翁亮(2002)对投资项目的商业风险、资金风险、技术成果转化过程中的风险等进行了识别研究。周显静(2003)、王庆民(2009)分析了创业企业成长过程种子期、初创期、成长期、成熟期各阶段的风险和创业投资公司项目评审、投资后管理和退出阶段的周期性风险构成。杨艳萍(2003)对风险投资的风险因素进行了分析,提出了影响风险投资的72个风险因素。

也有一些学者对投资项目的风险识别进行研究。李少平(2003)认为风险投资风险因素由技术系统的内在缺陷、行为主体、退出的机制潜力和对环境威胁的抵制能力组成。殷劲光(2005)结合我国的实际,通过将风险投资项目风险分为源发性风险和非源发性风险两类,分析了各风险指标对项目风险的全过程影响;陈伟(2003)、戴红梅(2006)、包乌日汉(2012)等将风险投资项目风险分为系统风险和非系统风险两大类,系统风险包括政策法规风险、宏观经济形势与经济波动风险、金融与资本市场风险、社会风险,非系统风险包括技术、生产、市场、管理及委托代理风险等。

对于风险投资机构的风险识别研究相对比较少。陈建华(2006)提出风险投资机构领导者的基本素质、决策失误、冒险与侥幸心理、团队协调能力、信息反馈机制等是导致风险投资失败的关键因素,加强对这些因素的控制,有助于减少投资风险的发生。谈毅、邵丰(2001)认为风险投资公司为了了解初创企业的实际情况就必须付出相应的信息成本和承担不可完全预见的信息风险,这对风险投资的初始决策产生了影响。刘曼红、胡波(2004)以风险投资的筹资、投资、管理、退出这4个阶段为主要线索,分析了各阶段投资成功的关键因素,为风险投资风险因素的识别拓展了思路。金玉石(2004)认为资信风险问题是阻碍我国风险投资业发展的瓶颈之一,并且对其他风险有着"放大器"的作用。尹久、刘曼红(2005)对阻碍风险投资成功退出的关键风险进行了识别,并从风险投资公司自身角度研究了控制投资风险的微观路径。

二、风险投资风险度量方法的研究

风险度量一般是指对金融风险的度量。根据相关文献的收集和整理,笔者了解到金融风险的度量大致经历了4个发展阶段:(1)早期萌芽阶段;(2)用方差、标准差、半方差、离差、绝对偏差等偏离期望值的各种变形形式来度量风险的阶段;(3)VaR方法阶段;(4)CVaR法阶段。

早期的风险度量方法中,按照Karlborch(1969)的文献记载,英国保险精算师Tetents在1789年第一个提出按照均值给风险进行排序的思想。1896年,伊文·费歇尔提出著名的定量化期限结构理论,被作为利率相关证券的定价依据，广泛应用于证券市场。1906 年，Fisher 认为风险是收益率降到低于利率水平线的可能性。这些早期学者对风险的定义在内容上是不成体系的，对风险的度量也只是定性的分析，比较具有主观性色彩（单伟勋，2013）。

之后，学者们使用了方差、标准差、半方差、离差、绝对偏差等偏离期望值的各种变形形式来测度风险，最常见的当属方差、半方差以及绝对偏差 3 种形式。

1963 年，Baumol 在管理科学领域提出在险价值 VaR（Value at Risk）方法，并被用作于度量和管理损失。1993 年 4 月，巴塞尔协议 I 颁布了基于模块方法的标准模型，首次要求用 VaR 来计算利率风险、汇率风险、资产风险和商品价格风险并加总。1994 年 10 月，Morgan 研发了一个被称作“风险矩阵”的系统，为 14 个国家的 300 多种金融工具风险度量提供支持。因为 VaR 是一种描述给定组合可能遭受损失大小的简单方法，所以被各国金融机构广泛应用。

Artzner 等（1997）通过实证研究认为，VaR 在非正态条件下不满足次可加性，即 VaR 不是一个一致性风险度量（Artzner P，Delbasen F，Eberl N and Reah D.，1997）。基于此，1997 年理论界提出了 VaR 的改进方法，即条件风险价值（CVaR）。CVaR 与 VaR 的区别体现在：CVaR 是尾部损失的均值，不是一个单一的分位点，因此它对尾部损失的测量是充分的。Artzner 等（1997）通过不同渠道证明 CVaR 是满足次可加性的，因此不论回报是否服从正态分布，CVaR 都是一致性的风险计量。理论界比较有代表性的投资风险度量方法的研究如表 1-2 所示。

表 1-2　有关投资风险度量主要方法研究汇总

研究方法	代表性作者	模型公式	利　弊
方差法	Markowitz（1952）	有 N 种风险证券，$x=(x_1,x_2,\cdots,x_n)^T$ 是证券收益率（随机），$u=(u_1,u_2,\cdots,u_N)^T$ 为一个投资组合，其中 ω_i 表示资金在第 i 种证券上的分配比率（$i=1,2,\cdots,N$），且 $\sum_{i=1}^{N}\omega_i=1$。Ω 表示随机变量 x 的协方差矩阵，a 表示投资者的目标收益水平，N 维列向量 $l=(1,1,\cdots,1)^T$。则均值－方差投资组合模型可表示为 $\min_{\{\omega\}}\omega^T\Omega\omega, s.t.\ \omega^T\mu=a, \omega^T l=1$	利：统计特性良好，用其度量风险简单、方便，有比较强的适应性 弊：（1）真实风险的大小不能被准确度量。用它来指导人们按照风险最小的原则进行投资决策，有可能使投资者在有效地规避风险的同时，也与超额收益擦肩而过，丧失获得更多收益的机会；（2）方差法假设较严格，要求资产收益率及其联合分布是正态的，这与实际出入较大，往往难以满足（单伟勋，2013）

续　表

研究方法	代表性作者	模型公式	利　　弊
半方差法	Markowitz (1959)	把实际收益高于期望收益的部分不计入风险，只把实际收益低于期望收益的部分（即损失）计入风险。 记： $(x_i-a)_-=\begin{cases}0,x_i\geqslant a\\-(x_i-a),x_i<a\end{cases}$ 则由 a 确定的投资组合的半协方差矩阵可表示为 $\sum(a)=[\mathrm{cov}(x_i-a)_-,(x_j-a)_-)]$ 从而可以将半方差投资组合模型表示为 $\min\limits_{\{\omega\}}\sum(a)\omega$ $s.t.\quad \omega^T\mu=a,\omega^T=1$。	利：(1)风险的本质属性能够被准确地反映；(2)假设条件简单，不需要服从正态分布的收益率，仅要求投资者为风险厌恶型 弊：设定目标收益率具有一定的主观性；虽然损失发生的概率的大小可以被准确地度量，但仍未完全解决潜在损失到底有多大的问题
绝对偏差法	Roger Joseph (1957)，Boscovich、Konno、Yamazaki (1991)	Konno Yamazaki 提出用平均绝对偏差来代替方差。总绝对偏差描述随机变量 X 偏离均值 EX 的程度，定义为 $E\|X-EX\|$，其模型可表示为 $\min\limits_{\{\omega\}}\|\omega^Tx-\omega^T\mu\|$ $s.t.\quad \omega^T\mu=a,\omega^Tl=1$。	利：使用总绝对偏差作为风险的度量可避免像使用方差作为风险的度量可能会掩盖均值差异这样的问题。此外，该方法用投资收益率的一阶绝对中心矩来代替二阶中心矩，使发散的可能性进一步降低。因而从理论上说，风险的绝对偏差度量要优于方差度量（徐绪松、王频、侯成琪，2004）

续 表

研究方法	代表性作者	模型公式	利　弊
VaR 法	Baumol (1963)	VaR(Value at Risk)字面意思解释就是“在险价值”，一般被理解为在给定的市场条件和给定的置信水平下，在未来某个持有期间内，某一投资组合预期会发生的最大损失，用公式表示为 $P(\Delta p > VaR) = \alpha$ 式中，P 表示：资产价值损失小于可能损失上限的概率。Δp 为资产组合在持有期内的损失，VaR 为资产组合在置信水平 $1-\alpha$ 下处于金融风险中的价值。 VaR 法被用来度量和管理损失。	利：(1)较好地反映了风险的损失程度和可能性大小，刻画了风险的二维属性。(2)更适合于收益率服从一般分布的风险的计量及管理(苏经纬，2010) 弊：(1)计算结果的差别比较大。主要表现为：在 VaR 的计算上有许多种方法，如历史模拟法、Monote Carlo 法和分析法，各种方法计算结果相差较大。(2)一致性风险度量标准不太满足，不具有次可加性。(3)由于 VaR 很难表示为各种组合资产的头寸的函数，在进行投资组合优化时，仍无法对其进行直接优化(肖甲山，2008)
CVaR 法	Artzner et al. (1997)	基于对 VaR 的改进，在 1997 年理论界提出了 VaR 的修正方法，即条件风险价值(CVaR)，其模型为 $CVaR_\beta = E[f(x,y) \mid f(x,y) \geq VaR_\beta]$ $= VaR_\beta + E[f(x,y) - VaR_\beta \mid f(x,y) \geq VaR_\beta]$ 式中，$x = (x_1, x_2, \cdots, x_n)^T$ 是投资组合 n 中资产权重系数向量； $r = (r_1, r_2, \cdots, r_n)^T$ 是投资组合 n 中资产收益率的随机向量； $f(x,y)$是投资组合中的预期损失函数；β 是置信率。 CVaR 是指在投资组合的损失大于某个给定的 VaR 值条件下的期望损失。	利：(1)CVaR 是尾部损失的平均值，考虑了所有大于 VaR 的尾部信息。(2)可对风险实行双限管制。(3)满足 Artzner 等人提出的一致性公理。(4)大样本事件能较好地被处理，且都存在最优解。 弊：CVaR 的计算精度将被尾部损失分布估计的准确性所影响；另外，CVaR 的计算也同样依赖于历史数据，而事实上尾部小概率事件的数据资料更难得到，所以对历史数据的选择同样会影响计算的结果(肖甲山，2008)

资料来源：作者整理。

综上所述，在对投资风险进行度量时，方差、半方差、绝对偏差等方法用得较多；VaR 方法和 CVaR 法主要被用作度量和管理损失。而从理论上说，风险的绝对偏差度量要优于方差度量（徐绪松、王频、侯成琪，2004）。对于绝对偏差方法的应用研究，国内学者武敏婷、孙滢、高岳林（2010）在均值—绝对偏差投资组合优化模型中，加入风险价值约束，给出了基于 VaR 约束的投资组合优化模型，以增强对投资风险的控制能力。张鹏（2011）建立了多阶段均值—绝对偏差投资组合模型，解决了多阶段投资组合优化问题。西爱琴（2006）将绝对偏差方法引入农业生产经营风险决策问题的研究中，以解决农业生产风险的度量问题。

三、风险投资组合优化决策研究

风险投资家可以通过投资项目的组合优化来降低风险。通过文献阅读，笔者将投资组合优化决策研究分为以 Markowitz 投资组合理论为基础的现代投资组合理论和行为组合理论 2 个阶段。

1. 关于现代投资组合理论的研究

1952 年，美国学者 Markowitz 发表题为《证券投资组合的选择》的论文，标志着现代投资组合理论的开始。其研究问题的基点在于投资者的投资决策是对“预期收益最大化”和“风险最小化”2 个目标的权衡（Markowitz and Harry M. ，1952）。

1958 年，Tobin 提出著名的 Tobin 分离定理。Tobin 认为他与 Markowitz 所提出的理论主要区别是：Markowitz 理论在于描述理性投资者的行为准则，Tobin 理论主要在于揭示投资者如何遵循这些准则（邓瑞浩，2005）。

1963 年，Markowitz 的学生 William Shape 建立了单因素模型，解决了标准投资组合模型应用于大规模市场面临的计算困难。除市场因素外，其他非市场因素（如利率、通货膨胀率、行业因素、失业率、汇率等）的变动也会影响股票价格的变化，针对这一情况，Marshall Blume 等（1966）提出了考虑包括市场在内的多种因素的多因素模型。William Sharpe（1964）、John Lintner（1965）、Jan Mossin（1966）从实证经济学的角度出发，分别独立地提出了资本市场的资产定价均衡模型，称之为资本资产定价模型（Capital Assets Pricing Model，简称 CAPM），该理论在学术界产生了巨大影响，并被广泛应用于金融实践的诸多方面。

在投资组合的优化决策模型中，应用最广泛的要属 Hazell 在 1971 年提出的“MOTAD模型”，它的基本思想是寻求在风险最小化情景下收益最大化的最佳投资组合。理论上，MOTAD模型在解决预期效用问题方面与二次规划一样有效(Donald Johnson et al.，1981)。因其建模方法和运算相对简便，也能较充分地描述微观农业的各种生产行为，所以在国际上被广泛应用于农场生产的风险决策。

国内外关于MOTAD模型的应用研究主要有以下几方面：

Stephen A. Ford等(1995)建立了3个MOTAD模型，分别用历史数据、期货和期权数据来设定风险。其研究结果表明，使用历史数据在规划模型中进行风险度量与使用基于期货及期权市场价格的信息所得到的结果同样好，甚至更好。A. W. Stott(2003)构建了苏格兰的“母牛—小牛群”的农场风险决策MOTAD线性规划模型，模拟分析了牛病毒性腹泻(Bovine Viral Diarrhea，BVD)疾病预防对整个农场的收益和农场收益的波动的影响。Ahmad Ali Kehkha等(2005)采用MOTAD风险规划模型，基于从伊朗边远省份31个村随机抽取的194个农民的数据资料，研究风险对于耕作方式和农民收入的影响，以及风险对于稀缺资源影子价格的影响。其研究结论表示，农民种植作物总收入的变化对农民耕作方式有显著影响，但随农民居住地区和个体特征不同而有所不同，种植作物数量较多的农场收益稳定性程度高，但是收益水平较低。陆文聪、西爱琴等(2005)以“总绝对偏差”最小化为目标函数，以浙江省“典型农户”为例，在构建农户种植制度选择的MOTAD模型基础上，对典型农户的生产行为进行了分析。杨俊(2011)利用MOTAD模型对农户在风险状态下如何优化农业生产组合进行了研究。朱宁、马骥(2013)采用MOTAD模型，通过对北京市蔬菜种植户的抽样调查，获得了相关截面数据，在此基础上对蔬菜种植户风险条件下的种植制度选择行为进行了实证分析。

2. 关于行为组合理论的研究

在现代投资组合理论的基础上，行为组合理论(BPT)也蓬勃发展起来，该理论是Meir Statman、Hersh Shefrin(2000)借鉴Markowitz的现代投资组合理论，针对均值—方差法及以其为基础的投资决策行为分析理论的缺陷而提出的，从投资人的最优投资决策实际上是不确定条件下的心理选择的事实出发，确立了以$E(w)$和$\mathrm{Prob}(w\leqslant s)\leqslant\alpha$(其中$E(w)$为预期财富，$\alpha$为某一预先确定的概率)来进行组合与投资选择的方法根基，以此来研究投资者的最优投资决策行为。

行为组合理论有单一账户行为组合理论(BPT-SA)和多重账户行为组合理论(BPT-MA)两种分析模型。其区别在于：单一账户下，考虑协方差，投资者将所有证券组合合并在一个心理账户中；而多重心理账户下则将证券组合归入不同的账户之中，并忽视账户间的相关性（Statman Meir，1999）。

单一账户行为组合理论和均值方差模型的选择思想有点相似。(u,R)平面中的均值方差有效边界是均值方差理论的核心，而(E_h(W)，Prob{W ≤A})平面中的有效边界是单一账户行为组合理论的核心。

多重账户行为组合理论是建立在期望理论（Prospect Theory，Kahneman and Tversky，1979）上的，主要说明人们在相对于一个收益与损失参考点的基础之上制定决策时的倾向。Hersh Shefrin、Meir Statman（2000）提出投资者具有 2 个心理账户，分别对应高、低 2 个期望值，代表投资者既想避免贫困，又希望变得富有的愿望，其目标是将现有财富在 2 个账户之间进行分配以达到总效用水平最大化。

3. 国内关于投资组合优化决策的研究

1990 年，Markowitz 获得诺贝尔经济学奖，国内学者掀起了对 Markowitz 投资组合理论研究的热潮，黄小原、田澎（1992）是国内对投资组合决策进行研究比较早的学者。郑锦亚、迟国泰（2001）对基于差异系数极小化情况下的投资组合决策方法进行了研究。陈牧等（2001）则思考了有效边界移动及融资因素对组合投资优化的影响。国内学者为解决经典的投资组合理论计算量大的困难，把遗传算法、人工神经网络、模拟退火算法等优化方法也引入到投资决策问题的研究中（徐绪松、陈彦斌，2002）。熊和平（2002）证明了 Markowitz 投资组合协方差矩阵正定的充分条件，提出当协方差矩阵非正定时，要么存在有效子集，要么存在套利机会的理论。

国内学者对于风险投资组合优化决策的研究，主要有以下几方面：

杨青（2002）以决策理论为基础，建立了基于多目标动态整数规划的组合投资决策优化模型，探讨了风险投资规模、联合投资以及效用最大化的投资策略。王丽燕（2006）在对不同产业领域、发展时期的风险投资项目进行分类的基础上，构建了多目标动态整数规划组合投资模型。杨敏利、党兴华、涂宴卿（2008）基于行为金融视角，建立了基于投资者不同风险偏好的风险投资决策优化模型。于本海（2009）建立了基于 AHP 的软件项目风险投资方案择优模型。熊晶晶等（2011）构建了基于价值函数的单、多心理账户行为风险投资组合优化模型。苏祥哲（2012）用实物期权评价风险项目的投资机会价值及弹性价值，以期对风险投资决策的方法和评估手段予以改进。但上述这些研究并未在投资决策中充分考虑风险因素，没有对投资项目的风险进行系统的识别和量化，研究结论缺乏丰富的数据支持。此外,柳明珠等(2012)提出了三叉树复合期权模型,用于解决多阶段风险投资中每一个决策点同时存在延迟、扩展以及放弃投资这 3 种决策状态的投资决策问题。郑君君(2013)运用拍卖、机制设计及演化博弈理论来研究解决非对称信息下不同阶段风险投资的决策优化问题,但这些研究并未涉及风险投资决策的优化反应机制及其表现形式等问题。

综上所述,目前国内关于风险投资组合优化决策问题的研究取得了不少成果,为后人的研究打下良好基础,但仍有改进空间。一是在研究内容上,现有研究主要集中在风险投资家对风险项目(企业)的选择决策上,未涉及风险投资决策的优化反应机制及其表现形式等问题。二是在研究方法上,研究结论的提出缺乏丰富的数据支持,深入结合具体案例进行的分析也不多见。

四、投后绩效管理与退出决策研究

1. 投资后风险投资绩效影响因素研究

笔者通过对风险投资业界的实地访谈和文献研究,整合了投资后将会对风险投资绩效产生影响的主要因素,即知识产权保护,知识产权价值,投资后管理,社会中介服务体系,创业企业实际控制人的人品、专业知识、经验、管理能力,创业企业上市难易程度,法律政策环境等。

(1)知识产权保护。

知识产权保护是知识资本创造价值的内在要求,国家相关法律体系的完善和企业自身知识产权管理的能力决定知识产权保护水平(马瑞峰,2011)。关于知识产权保护对知识产权价值的影响,Ernst 等(2010)利用实物期权理论和蒙特卡洛模拟方法分析了 R&D 项目申请专利保护所带来的对于 R&D 项目价值的影响(万小丽等,2008)。知识产权保护力度对专利本身的价值会产生影响。高水平的知识产权保护机制能够降低知识产权市场价值的不确定性,竞争对手非法模仿的成本越高,确定知识产权的市场价值就越有保障(李振亚等,2010)。知识产权的保护强度、水平决定了其价值,保护强度越强,水平越高,其价值就越能得到保证(王立新,2011)。因此,知识产权保护状况会影响到知识产权的价值。

(2)知识产权价值。

知识产权在创业企业的经营中被认为是一项十分重要的无形资产,它往往比有形资产带来更大的价值(冯晓青,2001)。Deng 等(1999)认为专利的质量可以界定为专利保护年限、专利权所覆盖领域和专利的技术含量

3方面，专利质量与企业市场价值呈显著正相关关系，企业的市场价值越大，其在商业化、市场化过程中为企业带来的收益就越大。此外，专利的市场价值，即专利的市场需求度、垄断程度、竞争力和利润分成率等也会对企业绩效产生正向影响。Hall等(2000)用Tobin's q作为衡量企业市场价值的指标，发现专利的引用与企业的市场价值有显著正相关关系，每一个专利的每一个额外的引用会带来企业市场价值3%的增长。因此专利被引用次数越多，为企业带来的收益就越大，反之则会减少企业收益。因此，知识产权价值对创业企业成长绩效会产生直接影响。

(3)投后非资本增值服务。

风险投资支持不但解决了高新技术企业融资难的问题，对于那些初创企业来说，风险投资机构能够利用自身经验和人际关系网络，协助企业开发新技术、新产品并有助于创业企业实现技术商业化(胡文哲，2010)。Gompers等(1999)认为，风险投资者拥有的专业知识、对特定行业的深入理解以及广泛的社会网络联系等都会为创业企业带来利益。Antonio等(1997)研究指出，人力资源管理是理解风险投资成功的关键问题之一，风险投资家通过内部和外部的人力资源网络来积极参与其所投资企业对经理的吸引、识别和建议工作，从而降低企业的管理风险和招募成本。龙勇等(2010)的实证研究表明，风险投资机构通过为创业企业招聘管理人员、梳理管理制度、协助公司治理等方式推动其技术创新绩效的增长。

(4)社会中介服务体系。

风险投资是一项专业性很强的投资，提供专业化服务的中介机构就成了风险投资发展的"情报器"，它帮助投资双方降低了信息不对称性和投资风险(赵欣宇，2011)。会计师事务所能够帮助降低投资双方的道德风险，协助投资机构加强对创业企业的监管；律师事务所能为创业风险投资机构提供法律保障；资产评估机构能为风险投资的退出提供可靠依据；资信评估机构和信息咨询机构通过迅速、准确的信息传递来帮助投资者进行信息分析和决策，从而降低投资风险(付玉秀，1999)。律师事务所、会计师事务所、资产评估机构和投资银行等社会中介服务机构的服务为风险资本从创业企业中退出提供强有力的支持。律师事务所可以帮助创业企业和投资方完成其法律协议，在创业企业公开发行股票时给予法律咨询(尤天慧等，2002)；会计师事务所能够为投资机构和创业企业提供财务政策咨询并为创业企业提供编制和上市有关的财务报告；资产评估机构负责对创业企业资产和股权进行评估，为风险资本的退出、定价提供价值判断依据(赵欣宇，2011)；投资银行对创业企业的重要作用主要体现在3个方面：(1)协助企业进行上市前的申请报批及招股说明书拟定等具体策划工作；(2)对企业股票发行的种类与时机选择等方面提出具体建议；(3)承销创业企业发行股票(康伟，2003)。

科技中介服务机构有助于促进产学研三者间的互动，通过进行技术搜寻、评估和传播等形式促进创业企业创新绩效(杨爱杰，2004)；专业性融资担保机构可以为创业企业向银行等金融机构申请贷款提供担保服务，从而降低企业融资成本，缓解企业资金压力(李雪灵，2005)；投资银行对风险投资的帮助则主要体现在为企业提供融资服务和帮助成熟企业上市2个方面(付玉秀，1999)。因此，社会中介服务机构，一方面是各种资源和信息汇集处，另一方面能够帮助创业企业与外部机构建立丰富的联系(陈英英，2011)，有利于创业企业的发展。

(5)创业企业实际控制人的人品、管理能力、专业知识和经验。

创业企业实际控制人是影响企业绩效最重要的因素之一。Herron、Robinson(1993)指出风险资本家已经把创业企业实际控制人因素作为一个企业成功与否的重要因素进行考量。创业企业实际控制人的专业知识和经验能够帮助其发现市场中潜在的机会，这种发现机会的能力对企业绩效能够产生直接影响(汪华，2008)；创业企业实际控制人先前的经验虽然不能直接作用于新企业绩效，但可以通过个人专长、主导逻辑、决策能力等人力资本，对新企业绩效产生一定正向影响(王瑞等，2010)。

创业企业实际控制人的管理能力，即组织协调能力可以直接为企业带来经济效率，包括利润的提高和市场占有率的上升(Chandler and Hanks，1994)。因此，风险投资机构越来越关心创业企业实际控制人及其管理团队的管理能力(李延喜等，2002)。

创业企业实际控制人的努力程度和能力水平共同决定了其管理行为，从而共同作用于企业绩效(黄群慧，2000)。张凯(2005)认为，创业企业实际控制人的人品非常重要，如果创业企业实际控制人隐藏项目盈利能力并对项目进行“窗饰”甚至在职消费等，其直接后果要么是风险资本被侵吞(如做假账、滥用资本等)，要么是降低风险资本的使用效率，两者都会对企业收益造成直接影响。此外，朱至文(2009)的研究表明，创业企业实际控制人的创业精神直接影响企业绩效。可见，大多数学者都认为创业企业实际控制人人品、管理能力、专业知识和经验对企业绩效有一定促进作用，创业企业实际控制人较高的能力水平很有可能达到较为理想的企业绩效水平。

(6)创业企业上市难易程度。

A. J. Leslie 等(2000)认为 IPO 是风险投资最重要的决定性因素。活跃的证券市场能极大地刺激风险投资的发展。风险投资家的投资回报率与证券市场筹资功能强大与否、筹资机制灵活与否密切相关,证券市场筹资功越强大、筹资机制越灵活,风险资本越容易退出,投资回报率也越高(Murray,1994)。意大利学者 Marco Da Rin 等(2004)通过对欧洲 14 个国家 1988—2001 年的统计数据的分析研究发现,面向创业企业的金融市场开放程度对风险投资的回报有十分重要的影响。缺乏风险投资家和合适的退出渠道,缺少公开、活跃、成熟、稳定的资本市场等因素导致了中国风险投资市场的活跃度不高,在一定程度上加大了风险资本退出的难度和风险,降低了风险投资的回报率(Chen and Cetal,2005)。

此外,被投企业上市难易程度与被投企业绩效也有密切关系。Jain、Kini(1994)运用美国 1976—1998 年的 682 家实施了 IPO 的公司数据,首次对企业 IPO 之前和之后的经营绩效变化进行了全面的经验研究。研究发现 IPO 后,企业的销售收入和资本支出增长很快,且创业企业实际控制人持股比例高的公司绩效要优于其他公司。桂荷发等(2005)在此基础上对我国 IPO 公司进行实证研究,发现我国上市公司在 IPO 后,不仅其主营业务收入和利润增长显著,股东权益也大幅增长。此外,Pagano 等(1998)的研究还发现,企业 IPO 之后银行的信贷融资成本也会降低。

(7)法律政策环境。

回顾世界各国风险投资的发展历程,政府都起了至关重要的作用。Marco Da Rin 等(2004)考察了欧洲 14 个国家发现,资本所得税的下降带来了风险投资早期回报的增加。Kuntara P. 等(2007)探索了金融风险活动与国家特征之间的联系,认为一个独立合适的司法制度和一个有效的合同实施方案能够为风险投资家提供线索,从而在投资过程中起到一定的规避风险的作用。Bygarve(1987)的研究表明,完善的法律法规可以保护投资者的利益,减少风险投资的法律风险。隋振婥(2012)采用博弈分析、实证分析与规范分析相结合的研究方法,探讨了我国风险投资市场的政府作用,认为优惠的税收政策可以降低风险投资公司的成本,增加其利润。同时,风险投资公司和创业企业在技术研发和产品转化的过程中承担了巨大的技术风险和市场风险,完善的国家法律政策有利于减少仿冒行为的出现,保护投资双方的利益。

此外,法律政策环境对创业企业成长绩效也会产生很大影响。程静(2000)研究了外国政府对风险投资的扶持政策,指出政府担保鼓励商业银行为风险投资所投的创业企业提供贷款,促进了民间资本向创业企业的流动,是增强创业企业融资能力的重要途径。政府采购通过提供高新技术产品的初期市场,有效降低了高技术产品的市场风险,帮助高科技企业迅速拓展市场。政府的信息服务有助于创业企业迅速和准确地把握市场需求变化信息和国内外高新技术发展的前沿动态,避免重复创新,降低开发风险,增强企业技术创新能力。Douglas 等(2008)研究了法律环境对创业企业的影响,指出完善的法律环境可以培育和促进 IPO 市场的发展,为创业企业的上市提供保证。Christian 等(2001)的研究表明,政府通过对创业企业开展培训和财政补贴等政策来扶持风险投资业,从而促进了创业企业的发展。在税收政策方面,投资收益税率的下降能够刺激风险资本的供给,促进创业企业的融资(Friedman,1989)。资本所得税的降低可以降低创业企业的资金的需求,降低研发成本(Gompers,1998)。

(8)创业企业成长绩效与风险投资绩效的关系。

创业企业得到风险投资的资本支持后快速发展起来。当创业企业由小变大,发展成熟后,使得原投资的风险资本得以迅速膨胀,通过资本权益的转让、退出手段,风险投资机构可以获取高额的利润回报(毛冬等,2001;谈毅等,2002)。风险投资的绩效很大程度上取决于创业企业的经营业绩,在帮助创业企业发展相对成熟,股权价值增值最大后,风险投资机构就会通过上市、股权转让等手段退出资本,此时其投资收益最大(吴青,2010)。创业企业的股权越增值,风险投资退出的预期回报就会越丰厚(褚菊芬,2009)。当创业企业由小到大顺利成长时,它所面临的人力、市场、研发等风险将会逐渐变小,风险投资的风险也会减小,随之带来的股权增值效应就会变大,风险投资机构的回报也会较大。可见,通过有效的投资,风险投资公司与其所投资的企业可以达到双赢的局面从而推动社会的技术进步(Gary,2005)。

2. 风险投资退出决策研究

风险投资退出决策的研究包括风险投资的退出时机和退出方式两方面。关于退出时机的研究,近年来主要有以下几方面:

彭海城、林建坤(2011)认为信息不对称是风险投资过程中的一个重要特征,风险投资机构应准确把握投资过程中各种信息不对称的状况,选择能促进退出收益最大化的最佳退出时机。陈晔峰(2010)运用实物期权理论建立退出决策模型,对退出时机选择进行定量分析,并分析了何时采用何种方式退出以实现社会福利最大化。李璐、彭海城(2012)从风险投资市场资源稀缺的特征出发,建立了风险投资退出时机选择模型,并运用了2004—2011 年中国风险投资退出机制的季度数据,考察了技术冲击和市场利率等因素变化对风险投资退出时机的影响。但这些研究并未从投资资产安全性的角度来分析风险投资的最佳退出时机。

关于退出方式的研究,近年来主要有以下几方面:

李璐、彭海城(2012)构建了以效用为标准来选择的退出方式指标体系,并据此比较了并购和上市两种退出方式,分析了退出方式的相机抉择机理。李文丽(2010)认为风险投资退出方式并不是固定不变的,它会伴随着经济形势的变化而发生变化。虽然IPO是收益最大的退出方式,但在股票上市不畅时,股权转让可能是最值得考虑的退出方式。另外,丁敏(2012)认为我国风险投资业和国外相比仍处于起步阶段,退出渠道不畅通、退出机制不健全阻碍了我国风险投资业的发展,必须立足于现状,寻求适合我国风险投资机构的退出模式。国内学者们对退出方式和时机的研究丰富了退出决策理论,但从资产安全性角度考虑合适的退出时机,在被投企业可能出现经营危机之前退出,以避免更多的投资损失这方面的研究比较缺乏。另外,未见采用决策树法,以预期收益为标准来辅助进行风险投资退出方式的决策。

五、研究述评

风险投资具有高风险、高收益的特征。风险投资的投资决策实际上是在不确定条件下进行的,单一阶段的投资决策已很难适用于未来市场极不确定、风险极高的风险投资决策(洪怡恬,2003)。为了实现投资预期收益,风险投资的决策过程应该是一个动态的多阶段过程,不仅包括投资前项目选择的决策,而且包括对投资后的管理(范柏乃,2002)。关于风险投资决策优化问题,以往的研究主要集中在风险投资家对风险项目(企业)的选择决策上,这其实是狭义层面的决策,这方面的研究已经相对成熟,而关于广义层面的决策优化问题仍有较大的研究空间。本章基于广义决策的视角,从风险投资的风险识别、量化,项目的投资组合优化,投后绩效管理与退出决策等几方面来展开相应的文献综述。

对于风险因素的识别,国外学者的研究内容主要集中于被投企业的企业家及其管理团队、代理风险与契约关系安排、技术和市场风险、法律经济和政策环境、风险投资家本身的能力等几方面。研究方法上主要采用深度访谈、问卷调查、统计分析、案例研究、建立模型或引入和检验模型、使用新数据库等方法。国内学者对于风险投资的风险因素识别较早是从分析技术创新、科技成果转化阶段的风险开始的,国内学者们(李建华、葛宝山,

1994；翁亮，2002；刘曼红、胡波，2004；陈建华，2006；王庆民，2009；包乌日汉，2012 等）都从各自的视角对风险投资风险进行了识别和分析。但总的来说，立足中国国情，从创业企业、风险投资机构以及企业外部环境 3 方面比较系统、全面地分析风险投资过程中所面临的风险还比较缺乏，故应加强基于中国国情的比较系统、全面的风险投资风险因素识别的研究。

风险度量主要指金融风险度量，随着风险投资复杂性的增加，投资理论的发展，投资风险度量的方法也层出不穷（王洪礼等，2006）。从研究文献上来看，风险度量方法主要有方差、标准差、半方差、离差、绝对偏差等偏离期望值的各种变形形式等，在险值 VaR 法，条件在险值 CVaR 法等。

方差、半方差、绝对偏差等方法主要用于对投资风险的度量。随着风险测度理论研究的逐渐发展，人们对风险本质的认识也日益深入。研究者们发现，用方差方法不能准确地度量真实风险的大小（单伟勋，2013）；使用半方差法进行风险度量时，首先需要设定目标收益率，这种设定具有一定的主观性（苏经伟，2010）。而绝对偏差法，由于用投资收益率的一阶绝对中心矩来代替二阶中心矩，发散的可能性比较低，因而从理论上说，风险的绝对偏差度量要优于方差度量（徐绪松、王频、侯成琪，2004）。

在险价值 VaR（Value at Risk），一般被理解为在给定的市场条件和给定的置信水平下，在未来某个持有期间内，某一投资组合预期会发生的最大损失（卢亚娟，2012）。考虑到 VaR 不是一个一致性风险度量（Artzner P，Delbasen F，Eberl N and Reah D.，1997），理论界在 1997 年提出了 VaR 的修正方法，即条件风险价值（CVaR）。它是指在投资组合的损失大于某个给定的 VaR 值条件下的期望损失。CVaR 与 VaR 的区别首先在于，CVaR 不是一个单一的分位点，而是尾部损失的均值，当所有大于 VaR 的损失值都被考虑到时才能计算。因此 CVaR 对尾部损失的测量是比较充分的（肖甲山，2008）。VaR 法和 CVaR 法主要被用作度量和管理损失。

对于绝对偏差方法的应用研究，国内学者武敏婷、孙滢、高岳林（2010），张鹏（2011），西爱琴（2006）等做了尝试，并很好地解决了度量和控制投资风险、多阶段投资组合优化以及农业生产风险的度量等问题。鉴于此，笔者认为结合 MOTAD 模型对风险度量的要求，选择“绝对偏差方法”来度量风险投资的投资风险是比较合适的。

关于投资组合优化理论的研究，经历了以 Markowitz 投资组合理论为基础的现代投资组合理论和行为组合理论两大发展阶段。早期的投资组合理论，已经有了在风险条件下追求收益最大化、风险最小化的思想（现代投资组合理论的精髓），但还没有使用量化的方法。1952 年，Markowitz

(1952)发表题为《证券投资组合的选择》的论文，对充满风险的证券市场的最佳投资问题进行了开创性的研究，标志着现代投资组合理论的产生。现代投资组合理论考虑的是理性投资者如何借助于分散投资来优化其投资组合，其研究问题的基点在于投资者的投资决策是“预期收益最大化”和“风险最小化”2个目标的权衡(Markowitz and Harry M.,1952)。现代投资组合理论中基于效用理论形成的各种预期效用最大化模型，可以分析投资者的风险反应及风险条件下的决策行为(西爱琴,2006)。

在投资组合的优化决策模型中，应用最广泛的要属 Hazell 提出的“MOTAD 模型”。笔者认为风险投资者投资决策与农场生产的风险决策本质是一致的，即其基本思想都是寻求在风险最小化条件下获取收益最大化的最佳投资组合。但现有研究文献中很少见到将 MOTAD 模型用于风险投资决策中。鉴于此，本书尝试将 MOTAD 模型应用于风险投资的投资决策优化行为分析和投资组合优化问题的研究。

现代投资组合理论的基本假设在近些年来受到了行为组合理论的挑战。如 Tversky、Slovic、Kahneman(1982)提出当决策人需要将不确定的判断进行量化处理时，可能会引起系统偏差，因此在预期效用最优化问题上应考虑行为偏离等。但是同时一些经济学家的研究表明，几乎所有违背现代投资组合理论假设的情况都是在精心设计的实验中获得的(Mette Wik and Stein Holden,1998)。Bar-Shira 等(1997)也指出，一些研究(Rubinstein,1988; Bar-Shira,1992; Buschena and Zilberman,1992)证明，只有当结果或者概率不可区分的情况下才违背预期效用假设。尽管现代投资组合理论难免存在缺陷，且存有争议，但目前并没有发现更好的理论(Morrison,2000)；并且，退一步来说，即便出现如 Tversky、Slovic、Kahneman(1982)提出的当决策人需要将不确定的判断进行量化处理时，可能会引起系统偏差的问题，在实际的投资决策中仍然可以用投资后管理来进一步的跟踪决策。因此，在解决投资组合优化问题没有更好的理论情况下，预期效用理论仍不失为一种有效的方法(Kahneman and Tversky,1979; Tversky and Kahneman,1992; Butler,2000)。

作为新兴理论的行为组合理论，目前的研究尚处于理论分析阶段，大量的实证检验将是今后主要的研究方向。

要在达到预期收益的情况下，使总投资风险最小，风险投资机构除了要做好投资前项目选择决策外，还必须考虑投资后对创业企业的管理，以控制投资风险，提升投资绩效。这是风险投资决策优化的总目标。

现有投资后管理的研究，大都侧重于风险投资机构如何帮助创业企业获取融资资源，协助规划战略，帮助雇佣管理层，协助制定运作计划，介绍潜在的客户和供应商等增值活动（Gorman and Sahlman，1989；Bygrave and Timmons，1992；Barney，1996；Dotzler，2001）以及监控创业企业财务绩效、监控创业企业的资金运用、监控创业企业的管理层等监控活动（Sapienza，1994；Pruthi，Wright and Lockett，2003；Knockaert，2005），而对投资后风险投资绩效的关键影响因素及其相互作用机制的研究还比较缺乏。笔者通过对风险投资业界的实地访谈和文献研究，整合了投资后将会对风险投资绩效产生影响的主要因素，即知识产权保护，知识产权价值，投资后管理，社会中介服务体系，创业企业实际控制人的人品、专业知识、经验、管理能力，创业企业上市难易程度、法律政策环境等因素。

国内学者们对退出方式和时机选择的研究丰富了退出决策理论，但从资产安全性角度考虑合适的退出时机，以及采用决策树法，以预期收益为标准来辅助进行风险投资退出方式的决策还不多见。

本章小结

风险投资业作为促进高新技术产业发展的关键产业，对加快科技创新，支持创新创业，转变经济发展方式发挥着非常重要的作用。由于风险投资的高风险特性，决定了风险投资决策过程是一个复杂且多阶段的过程。对于风投机构来说，投资决策实际上是一种风险行为，如果决策缺乏科学性，则必将导致投资最终的失败。

本章首先阐述了本书关于风险投资决策优化问题研究的理论基础，分别是风险投资者投前决策行为分析的理论基础——预期效用理论以及风险投资者投后管理行为分析的理论基础——委托—代理理论。接着，对国内外风险投资决策优化相关研究进行了综述。从现有文献来看，尽管国内有不少学者从不同的角度研究了风险投资决策优化相关的一些问题，为后人的研究打下良好的基础。但尚存不足之处：在研究内容上，现有研究主要集中在风险投资家对风险项目（企业）选择的优化决策上，但尚未有深入探讨不同类型的风投机构在投资决策时的风险决策特征及优化风险反应以及分析投资风险对投资者预期收益及投资项目（行业）选择等方面的影响；在研究方法上，由于风险投资在我国尚处于初级发展阶段，与已经成功经营了几十年的发达国家不同，多数项目还处于运行状态，使得研究缺乏丰富的数据支持，并且深入结合具体案例进行的分析也不多见；在研究视角上，现有研究主要关注狭义层面的决策，而关于广义层面的决策优化问题仍有较大的研究空间。

综上所述，本书将在风险投资的风险识别、量化，投资组合优化以及投后风险投资绩效影响因素与退出决策研究等相关的研究成果的基础上，采用 MOTAD 模型、结构方程模型以及绝对偏差方法、三角模糊数随机模拟方法等，基于广义决策视角，从风险投资风险的识别、量化，投资组合优化以及投后管理等方面对风险投资的决策优化问题开展理论和实证研究，以期能够更为准确地把握风险投资决策优化的反应机制，分析政策变化对风险投资决策优化的影响效应以及探究投后绩效的关键影响因素与合适的退出时机和方式，确保最终实现风险投资预期的投资目标。研究成果将可为政府部门制定风险投资政策时提供决策参考，为风险投资机构的决策优化提供有益的理论指导。

第二章 风险投资决策优化问题研究的理论分析框架

第一节 整体分析框架

一、风险投资决策的内涵

对于风险投资决策的内涵,许多学者提出了他们的观点。苏永江、李湛(2001)认为与一般金融投资决策不同,风险投资决策可以理解为一个过程,但不是静态、单阶段过程,而是动态、多阶段过程,不仅包括投前决策,也包括投后管理。范柏乃(2002)指出从狭义的视角来看,风险投资决策仅仅是指投资前的决策,而从广义的视角来看,风险投资决策不仅指投前的决策,而且也包括投后管理。洪怡恬(2003)认为传统的、单一阶段的投资决策已很难适用于未来市场极不确定、风险极高的风险投资决策。综合这些学者的观点,笔者认为从广义视角来理解风险投资决策应该更科学。这是因为风险投资决策是一个动态、多阶段、多层面的过程,由多方面的决策组成的一个有机系统,不仅包括项目筛选、组合优化决策等投前决策,而且包括投后风险投资绩效管理与退出决策等。只有在风险投资的各个阶段、各个层面都做到科学合理的决策,风险投资才能实现高收益高回报的初始目的。

二、风险投资决策过程

风险投资具有高风险、高收益的特征,风险投资决策的科学性对于风险投资的成败起着关键的作用。最早研究风险投资决策过程的学者是Wells。随后,美国著名学者 Tyebjee、Bruno(1984)从广义决策的层面上,首次对风险投资机构的决策过程进行了深入的探讨,提出了风险投资的 5

阶段决策模型，即投资项目的产生、投资项目的筛选、投资项目的评估、投资合同设计、投资后管理，如图 2-1 所示。之后，Roberts(1991)在实地调查和分析基础上提出风险投资决策过程是一个从投资项目选择到风险资本撤出的多阶段决策过程。Fried、Hisrich(1994)，Boocock、Woods(1997)等在 Tyebjee、Bruno(1984)5 阶段决策模型基础上对决策过程的内容进行了细化和补充。国内学者苏永江、李湛(2001)，范柏乃等(2002)，杨敏和等(2008)，姚丰桥(2011)也对中国风险投资机构的风险投资决策过程进行了研究。

图 2-1　Tyebjee、Bruno 风险投资决策模型

总的来说，在风险投资决策过程的研究方面，目前国内外学者的研究结论与 Tyebjee、Bruno(1984)的结论基本一致(孔祥丽，2011)。即风险投资决策过程是一个广义的投资决策过程，特指从项目产生到投资变现的全过程。在风险投资决策的实践方面，我国绝大多数风险投资机构基本效仿发达国家同行的做法。不同的风险投资机构，由于从业人员经验与素质、风险资本规模与来源、投资偏好以及所处的市场环境的不同，决策过程会有一定的差别，但其基本结构与内容通常都涵盖了 Tyebjee、Bruno(1984)提出的风险投资决策过程的 5 个基本阶段(范柏乃，2002)。

因此，对于风险投资决策优化问题的研究，本书也将基于 Tyebjee、Bruno(1984)提出的 5 阶段决策模型来展开。5 阶段决策模型中的第 1 阶段：投资项目的产生(Deal Origination)，该阶段的任务是获取投资机会，投资机会一般来源于风险投资家主动搜寻、他人推荐、风险企业家自荐。第 2 阶段：投资项目的筛选(Screening)，该阶段的任务是从大量的投资机会中筛选出少数有发展前景的项目(企业)。在投资项目(企业)的筛选过程中，不同的风险投资机构通常会使用不同的筛选标准，但大多数的风险投资公司一般都要在对投资项目(企业)所面临的各种风险因素和预期收益进行综合评价的基础上来做出选择。第 3 阶段：投资项目的评估(Evaluation)，该阶段的任务是对拟投项目进行更加广泛、深入、细致的调查，在各个方面了解拟投项目的同时，做出是否投资的决定。第 4 阶段：投资合同的设计(Deal Structuring)，该阶段的任务是在对风险投资项目的预期风险与收益进行严格评估后，评估结果是风险投资机构认为可以接受的，风险投资机构与风险企业家将共同设计一个双方都可以接受的投资合同,其内容包括确定风险投资的形式、数量、价格、风险投资保护性契约以及对风险投资项目(企业)管理层的激励机制等。第5阶段:投资后管理(Post Investment Activities),该阶段的任务是在风险投资机构选定了投资对象并根据投资协议向风险企业注入了资金后,对所投项目(企业)提供各种增值服务以及实施的一系列监督与控制活动。

由于风险投资项目(企业)存在着高度的不确定性,人们其实很难获取关于风险投资过程比较完整的信息,即信息是残缺的,这使得风险投资机构对风险投资项目(企业)的筛选与评价变得十分困难。尤其是面对"项目池"中的待投项目,应该选择投资哪些项目?每个项目的投资规模是多大?即面临投资项目的投资结构和投资规模的决策问题时,绝大多数风险投资机构是根据对风险投资项目(企业)的主观评价结果来进行决策的(范柏乃,2002)。

因此,笔者认为对于Tyebjee、Bruno(1984)提出的决策过程的前4个阶段(笔者统称其为投资前的项目选择阶段),其研究的重点应该是如何解决有随机性、模糊性和数据资料不精确等多种不确定性因素综合作用下的风险投资项目的筛选问题,以及在面临比较多的可投资项目时如何做出合理的投资组合优化决策。

对于Tyebjee、Bruno(1984)提出的决策过程的第5个阶段,即投资后管理阶段,学者们研究得比较多的是风险投资机构如何对被投企业实施诸如战略建议、融资顾问、招募关键员工等管理增值服务(Tyebjee and Bruno,1984;MacMillan,Kulow and Khoylian,1989;Bygrave and Timmons,1992;Barney,1996;Dotzler,2001),以及监控财务状况、监控CEO报酬、监控市场销售状况等监控活动(Sapienza et al.,1994;Pruthi,Wright and Lockett,2003;Knockaert,2005)。但笔者认为仅有这些还不够。因为投资后管理的目的是实现被投企业价值增值,确保风险投资的绩效(项喜章,2002)。风险投资机构关注的对象不能仅局限于被投企业,还应拓宽视角,聚焦于一切与风险投资绩效有关的因素。关于投资后风险投资绩效的影响因素研究,国内外大都侧重于投资规模(Masona C and T Harrison,2002)、投资行业(Das S and M Jagannathan,2003)、退出方式(王晓东、赵昌文、李昆,2004)、宏观环境(李雪灵,2005)等因素的研究。从风险投资机构决策优化视角,来比较系统地分析和识别投资后风险投资绩效的关键影响因素并据此提出针对性管理措施的研究还比较缺乏。此外,风险投资的退出决策对实现风险投资收益,控制风险投资风险有着重要的意义。因此，笔者认为在投后管理阶段的研究重点应聚焦在投资后风险投资绩效的关键影响因素识别及退出决策上。

三、风险投资决策优化的重点

结合上述风险投资决策过程及其重点的分析，本书围绕控制投资风险，实现预期收益的投资总目标，从风险投资项目（企业）初选决策、风险投资项目（企业）风险量化、风险投资项目（企业）组合优化决策、投后风险投资绩效管理与退出决策等几方面展开对风险投资决策优化问题的研究。

1. 风险投资风险因素的识别

在文献研究、风险投资者和被投企业家访谈与实地调查的基础上，从被投企业、外部环境、风险投资机构 3 个维度来系统识别影响创业企业风险投资的主要风险因素，为后续的风险度量和评价研究打好基础。

2. 风险投资项目（企业）风险的量化

风险投资项目（企业）的组合优化决策需要有风险投资各行业（项目）投资风险的量化数据支持。由于风险投资风险具有动态性、联动性、时滞性等特征，对于风险投资项目（企业）风险的量化存在一定的难度。如何采用合适的方法来度量风险投资项目（企业）的风险成为风险投资决策优化问题的第二项研究内容。本书拟采用绝对偏差方法来进行风险投资项目（企业）风险的量化。

3. 风险投资项目（企业）的初选决策

风险投资的高风险、高收益特征决定了投资前项目选择的重要性。风险投资机构不会对所有申请项目都进行投资，而是经过初步筛选后对有价值的投资项目（企业）进行投资。如何在有随机性、模糊性和数据资料不精确等多种不确定性因素综合作用的状态下，有效筛选出有价值的投资项目，成为风险投资决策优化问题的一项重要研究内容。本书基于风险投资项目的风险识别和评估来进行风险投资项目（企业）的初选决策，拟采用三角模糊数随机模拟方法来评估风险投资项目（企业）的综合风险，在权衡项目的预期收益和风险的基础上，初选出一批良好的具有投资价值的项目，形成“项目池”，为后续的投资项目的组合优化打好基础。

4. 风险投资项目（企业）的组合优化决策

风险投资项目组合优化决策是风险投资的一个核心环节。由于风险投资周期长、风险大，风险投资机构的运作资金有限，在其进行风险投资时一般不把资金全部投向一个行业或项目,而是将资本分散投向一个包含多个不同项目的项目群中,而且每一个项目的投资额限制在一定的范围内,利用其中成功上市或出售实现蜕资的项目所取得的高回报抵偿失败项目的损失并获得赢利,以达到分散风险的目的。因此面对纷繁复杂的项目,风险投资项目的组合优化决策是否科学、合理显得十分的重要。如何建立风险投资项目(企业)组合优化决策模型,对投资项目进行科学的组合优化,是风险投资决策优化问题的核心研究内容。本书通过引入MOTAD模型来构建风险投资项目(企业)的组合优化决策模型,解决风险投资项目(企业)的组合优化问题。

5.投资后的风险投资绩效管理

投资后管理是风险投资机构在与被投企业签订投资合约后有目的、有意识地通过计划、组织、控制等活动来阻止、防范风险,特别是被投企业实际控制人的道德风险的发生,削弱风险损失发生的影响,以获取最大利益的关键阶段之一,它是科学决策过程中不容忽视的一个环节。投资后管理起自投资合约的签订,止于风险资本的退出(刘二丽,2011)。根据前一章节的分析,影响投资后风险投资绩效的关键因素主要涉及被投企业实际控制人的人品、专业知识、经验、管理能力,投后非资本增值服务,知识产权价值,知识产权保护,社会中介服务体系,被投企业上市难易程度及法律政策环境等。本章将投资后风险投资绩效的关键影响因素识别作为风险投资决策优化的第四项研究内容,并拟采用结构方程模型方法来展开实证研究。

6.风险投资退出决策

根据风险投资运作周期,当被投企业发展到一定阶段以后,风险投资机构认为有必要或者是时候将风险资本从被投企业中退出时,风险投资机构就会选择一定的方式通过资本市场将风险资本撤出,以求实现资本增值或者降低损失,为进入下一轮投资做准备。风险投资退出是整个风险投资运作过程的最后一个环节,也是最重要的环节,是风险投资成功与否的关键之一。退出方式和退出时机的选择是风险投资退出决策过程中最重要的2个问题,也是本书风险投资决策优化问题的第五项研究内容。本书拟采用因素评分法和决策树法来辅助进行风险投资退出的决策。

综上所述,风险投资作为一种新型的投、融资体制,本身潜藏着巨大的风险(郑君君,2013)。风险投资不同阶段发展的不确定性增加了风险投资决策问题的难度和复杂性。传统的、单一阶段的投资决策已很难适用于未来市场极不确定、风险极高的风险投资决策(洪怡恬,2003)。因此,本书聚焦于风险投资整个投资过程决策的系统性、科学性问题。基于 Tyebjee、Bruno(1984)的风险投资广义决策模型,将风险投资决策分为投资前的项目选择和投资后管理两大阶段,并遵循提出问题—分析问题—解决问题的逻辑,提出了风险投资决策优化问题的整体分析框架,如图 2-2 所示。

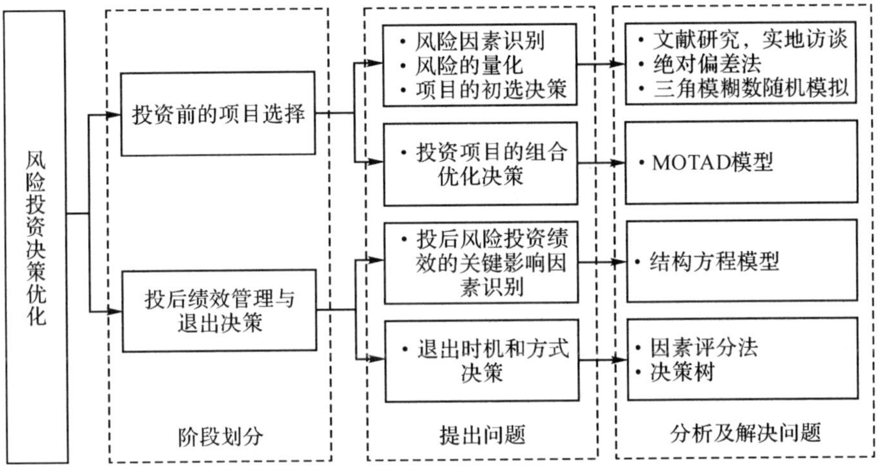

图 2-2　风险投资决策优化问题的整体分析框架

总之,只有在风险投资决策过程的不同阶段,灵活运用不同的决策方法,科学合理地进行投资项目的选择和组合优化,有效地进行投后风险投资绩效管理和退出决策,才能控制投资风险,实现高收益、高回报的目的。

第二节　模型与方法

基于以上分析,本节将围绕风险投资决策优化问题研究的整体分析框架,对风险投资决策优化各阶段所采用的模型与方法展开较为详细的描述。

一、风险投资项目(企业)初选决策:基于风险的识别与评估

1. 风险投资风险因素的识别

在对创业企业进行风险投资的过程中,投资可能的风险主要来源于 3

个方面:一是来自被投企业的风险;二是来自外部投资环境的风险;三是来自风险投资机构本身的风险。通过文献研究和对风险投资者的实地访谈获取的风险因素具体如下:

(1)来自被投企业的风险。

①被投企业实际控制人。无论是风险投资还是天使投资都强调人的重要性。美国 Tech Coast 天使投资团的负责人 Luis Villalobos(1989)指出,风险投资最重要的是选对创业团队,尤其是创业团队的 CEO。被投企业实际控制人的风险因素主要有以下几方面:

A11 行业经验与专业知识。企业家的行业经验与专业知识有助于对资源提供者进行识别和构建完善的选择标准,获得有利的合同条件的能力等(Hart and Myra Maloney,1995)。

A12 管理能力。企业家的管理能力包括战略思想、经营观念、开创精神、判断力、概念能力、商业模式优化能力、社会交往能力、经营决策能力、风险管理能力(风险识别能力、环境威胁抵抗力、控制风险能力)、整合团队的能力、管理知识产权的能力、熟悉中国法律知识和应对中国复杂的规制环境的能力,以及对财务、公司结构和治理的了解和对社会资本网络重要性的认识。企业家的管理能力对企业经营绩效有很大影响(Bill Unger,1990)。

A13 人格特质。包括个人品格(自信心、责任感、使命感、正直诚实、勤奋敬业、信用记录)、个性(是否有耐心,是否可以合作)、对股东和员工的尊重程度。另外,由于风险投资家和被投企业的企业实际控制人之间的代理关系的存在,使得被投企业实际控制人的人品问题成为一个重要的风险源,在投资协议签订之后,由于风险投资家和风险实际控制人利益的不一致,被投企业的企业实际控制人人品不好的话,会产生道德风险,进而损害投资者利益(Ray,1991)。

A14 身体素质。众所周知,企业家良好的身体状况是能够胜任管理工作的首要条件(马莉莉,2011)。

A15 被投企业实际控制人的财力。被投企业家的财力比较雄厚,能保持被投企业资金链不断,在危机时刻能够帮助被投企业渡过难关(Wells,1974)。

A16 风险偏好特征。不同的企业家有着不同的风险偏好,它决定了企业家在风险决策中某些行为特征,而这些决策行为往往会导致决策偏差,进而影响企业的经营绩效(Covin and Slevin,1991)。

②管理团队。

一个企业最终获得成功,除了拥有好的技术、产品和市场外,更重要的是一个强有力的管理团队。一个并不出色的商业计划交给一个会根据客观状况调整原计划的一流管理团队去运作,往往会成功;反之,一个出色的商业计划由一个平庸的团队去操作,往往会夭折(刘曼红,2011)。

A21 团队结构的合理性。包括团队成员的知识结构(人员知识互补性)、能力结构、背景特征结构(性别、年龄结构)。团队结构不合理,很难取得满意的经营业绩,也极易产生团队成员间的摩擦,影响团队的工作效率,增加被投企业团队磨合及稳定性的风险(王良军,2007)。

A22 团队组成人员的经历和素质。包括团队组成人员过去的经历记录、能力和人格特质、技术背景、行业经验与专业知识等因素。曾亲身见过、做过或遭遇过的事对其现在和今后的工作会产生影响,工作经历越不丰富,越不能胜任现有工作(Guzzo and Shea,1992)。

A23 团队的能力。指管理团队所具有的企业经营所需的专业能力的完整性、互补性。尤其当企业家专业能力较弱时,需要团队能力予以补充(Knight and Edwin,1997)。

A24 团队的激励、赋权程度。科学的激励与赋权将很好地调动管理团队的积极性和创造性,并有利于团队的稳定(团队的演变过程、磨合程度、知识产权不外泄)和合作(团队精神)(武勇,2006)。

③被投企业初始注册风险。

A31 被投企业初始注册风险。企业初始注册时,创始人一般拥有核心技术,但缺乏资金,因此往往用无形资产评估作价出资(按现有《公司法》最多可占总股本的70%)。作为注册资本,评估作价的方法一般是盈利预测法。可是,一旦预期盈利无法实现,就会造成出资不实,成为上市重大障碍,影响其长远发展。专业的风险投资机构往往不愿意在这个"出资不实"的问题解决前进行投资,因此此类被投企业在初始注册时可能已经埋下了今后发展的障碍。

④技术风险。

技术风险是指风险投资在投资于初创高新技术企业过程中,因技术因素及与技术相关环境的不确定性导致投资失败的可能性。其主要来源有:

A41 技术的独特性。包括技术创新的独特性、技术的专利化程度、政府对产品技术的鼓励政策。技术优势越明显,新技术创造的产品或服务就越具有竞争力,投资的技术风险会减少(Trester,1998)。

A42 技术前景的不确定性。很多风险投资家都有一定的技术背景,并且对投资机会相对挑剔。但是,面对一项新技术,他们还是会被那些天马行空的创意所折服，从而忽略了对技术背后市场价值的认真考量（刘曼红，2011）。这里的技术前景主要是指技术的市场前景，指技术能否被市场所接受的不确定性，预期投放市场的盈利能力以及可能的副作用（环境污染、破坏生态）。技术超群却没有任何市场前景的创意计划随处可见。

A43 技术能否持续（初创—产业化）成功的不确定性。包括技术的成熟程度，技术在实际生产上的可行性（有些时候，新技术并不能使用于大规模的生产或应用），技术人才的研发能力、应用能力以及持续创新的能力（宗明华，2001）。

A44 技术寿命的不确定性。当前，高科技创新发展的周期大为缩短，新产品的开发与市场竞争日趋激烈，技术的可替代性和易模仿性导致技术寿命缩短成为技术风险的主要来源（马扬，1999）。

A45 知识产权风险。主要指技术的被侵权、被泄密风险，控制好知识产权风险对科研成果转化非常重要（王京坡，2003）。

⑤生产风险。

A51 量产的可靠性。指企业能否按设计要求批量生产出产品。生产设备、人员素质、原材料、生产工艺、批量生产标准化程度及周边产业的配套情况都会影响到企业的生产能力。如生产工艺不成熟，很难确保生产出质量一致的合格产品，产品就不能批量投产（Rah，1994）。

A52 生产系统的成本优势。生产系统的成本优势决定了被投企业的竞争优势，如果被投企业生产系统的成本非常高，那么该企业在激烈的市场竞争中会被迅速淘汰，投资风险就高（张国富，2001）。

⑥市场风险。

市场风险指创新产品未被市场充分、有效地接受或由于市场竞争过于激烈，产品的市场周期短暂导致投资收益下降的可能性，具体为：

A61 市场容量的不确定性。包括目标市场的规模和成长潜力，即新技术创造的产品能否有较好的市场接受度，潜在顾客有哪些，市场需求波动带给产品销售的影响有多大。初创期的市场风险主要来自于新技术创造的产品是否能满足市场潜在需求的不确定性（Tybjee，1984）。

A62 市场竞争的不确定性。潜在进入者成为现实进入者时必须克服的困难越少，投资风险就越大。如果目标市场中存在强劲的竞争对手，投资风险就大大提升（MacMillan，1985）。

A63 产品是否经过市场验证。对于创业企业，由于所开发的产品属于技术创新，面临的是全新的市场，因此很难判断新产品能否被市场所接受。新技术创造的产品如能经过市场验证并被用户所认可，则产品的市场风险会小些(谢科范,1999)。

A64 预期产品市场周期。是指产品从投入市场到最终退出市场预期所持续的时间。预期产品市场周期的长短与产品的市场风险成正比(陈建华,2007)。

⑦财务风险。

A71 财务数据的真实性。虚假的财务信息会带来巨大的投资风险(李涛,2003)。

A72 财务数据结构的合理性。收入和利润是否同步增长,利润的来源是否主要来自主营业务,资产负债率是多少,负债中短、中、长期的比例如何,这些数据不合理的话,都会带来投资风险(傅家骥,1992)。

A73 毛利率。被投企业毛利率越高,企业的竞争优势就越强,随着企业规模的不断扩大,企业盈利的持续成长性就越好,风险投资家的投资回报率就越高。反之,投资风险加大(Beaver,1966)。

A74 经营性净现金流。经营性净现金流反映了净利润的真实性,经营性净现金流越高,利润越真实,企业的抗风险能力就越强,反之,就会带来投资风险(Altman,1968)。

⑧商业模式。

A81 商业模式。指一个完整的产品、服务和信息流体系,其核心概念是业务系统,定位于满足顾客需求的方式。需要大量资源性投入的商业模式相对来讲风险比较大。

⑨盈利模式。

A91 盈利模式。指按照利益相关者划分的企业的收入结构、成本结构以及相应的目标利润。盈利模式也指企业盈利的结构性和可持续性,盈利来源于主营业务还是依赖于政府补贴,主营业务利润来源于产品销售、服务还是工程。盈利模式有问题,投资风险加大。

⑩退出风险。

A101 退出风险。指风险资本从被投企业中退出时,面临的不能在适当时机或期望的价格上变现的风险。决定风险投资退出的风险因素很多,从退出的难易程度来看,主要有证券发行机制健全与否、投资项目价值、宏观经济情况等;从退出的渠道来看,主要有产权交易市场的完善程度等(张军,2005)。

⑪企业战略风险。

A111 企业战略风险。企业战略对创立初期企业非常重要。被投企业家必须从持续发展的角度来慎重选择战略方向,一旦战略选择错误,被投企业将会被领入错误的发展轨道,这对企业来讲是致命性的(宋逢明,1999)。

⑫组织风险。

A121 组织风险。指初步创立的企业由于其组织结构欠合理产生的风险。被投企业面临的最大问题往往是企业组织内部各级职务职位的权责范围不清,管理体制不健全、不完备,极易在管理方而出现失误或漏洞,造成技术创新失败(魏星,2004)。

(2)来自外部投资环境的风险。

鼓励风险资本投向创业企业需要一个良好的外部环境,这个外部环境主要包括宏观经济环境、政府政策环境、国家法律规制、资本退出市场(证券市场、产权交易市场)等。

①B1 宏观经济环境。包括经济发展周期所处阶段、金融危机以及通货膨胀率、利率、汇率、税率的变化都会对投资的收益产生影响。如在金融危机时期很少会有风投机构将资本投向风险较大的新产品(Gans,2009)。

②B2 法律环境。创投行业的法律法规的不够完善,法律监管环境状况不够好,如打官司难度大(受理要求标准高)、效率低、执行难度大等都会带来投资风险。此外,法律系统会影响风险投资家和创业家之间的关系(Bottazzi Laura,Rin M D and Hellmann T.,2009),法制环境可以减轻外部股东和创业家之间的代理问题(Cumming,Fleming and Schwienbacher,2006)。法律上的差异对风险投资业投资项目的治理结构带来显著的影响。法律环境不好的国家往往有更高的固定管理费用和更低的业绩水平(Cumming and Johan,2009)。

③B3 政策环境。包括税收、引导基金等扶持政策。目前中国风投机构的税负普遍较一般个人投资者高,合伙企业类型的风险机构目前无任何的减免政策,无法体现对风投行业的鼓励。此外,政府产业政策的不确定性也是大多数风险投资家拒绝投资某些高新技术企业的主要原因之一(Vanacker,2006)。

④B4 资本市场风险。完善的资本市场可以为风险投资提供风险资本,并为风险投资的安全退出提供通道,使其获取与投资风险相匹配的收益。反之,不健全的资本市场将给投资者带来风险(邓亮,2006)。

B4-1 证券发行机制不健全。证券市场的证券发行机制不健全,经常中断发行,会影响风险投资的退出,带来退出风险。

B4-2 产权交易市场不够完善。产权只有在市场的流动中才能实现自身的交易,因而产权交易市场的完善程度决定了产权的可交易性。

(3)来自风险投资机构本身的风险。

对创业企业进行风险投资的核心任务就是通过对拟投企业进行分析判断,选择值得投资、有成长空间的好企业。在这个过程中,有各种不确定因素影响着投资决策的制定,导致做出的决策不具科学性,从而产生了决策风险。这些不确定因素主要有风险投资家、风险投资管理团队、风险投资机构组织结构和决策流程、风险投资数量、风险投资结构与投入方式、投资产业(行业)选择、风险投资机构所处的发展阶段、拥有的社会资本和信息网络建设等。风险投资的不可逆转性较强,一旦决策失误,就会给风险投资机构带来无可挽回的损失。

①风险投资家。

风险投资家的素质、管理能力等是分析、控制创业投资风险的关键(Vance H. Fried and Robert D. Hisrich,1995)。

C1 素质。包括对创业企业进行投资决策和管理所具备的系统知识、技能和丰富经验,了解宏观经济状况和所投资行业的基本状况,熟悉市场经济的运行规则等。投资过程的每一个步骤都是复杂的,有经验的风险投资家凭借意识即可处理这些复杂的事务。如在项目筛选阶段,风险投资家的智慧、知识结构、经历、经验等决定了他的筛选项目的能力(Dean A. Shepherd,2003);又如在尽职调查阶段,如果缺乏技术背景就很难充分评价投资所获得的产品和技术的含量(Yung,2009)。

C2 管理能力。包括是否具有较强的组织协调、人际沟通和社会交际能力;能否组织投资团队,建立科学的投资决策机制,倾听专业人士意见;是否拥有足够的信息量来帮助决策;对被投企业家的了解程度,风险投资家与被投资者的信任关系,对投资领域的了解程度等。风险投资家的管理能力不足极有可能产生投资决策风险,同时,也很难对被投企业提供管理增值服务(Hellmann and Puri,2002)。

C3 风险偏好。风险是一种不确定性,风险投资家面对这种不确定性所表现出的态度、倾向便是其风险偏好(Risk Appetite)的具体体现。风险投资家的风险偏好可分为风险回避者、风险追求者和风险中立者。风险追求者将面临更高的投资风险。

C4 投资偏好。风险投资家的投资偏好是决定投资项目风险大小的一个主要因素。如投资消费型被投企业比投资高科技被投企业风险要相对小一些(马莉莉,2011)。

②风险投资管理团队。

风险投资的成功,不仅依赖于被投资企业的质量,一个有经验、决策得当的风险投资管理团队也是必不可少的关键因素。

C5 团队成员结构。团队成员结构要考虑团队成员知识互补性、投资经验互补性、易合作性、社会网络资源的可获得性。团队的成员结构欠合理,直接会影响投资决策的质量,从而增加投资风险(尹航,2008)。

C6 团队专业能力。风险投资管理团队最主要的专业能力是信息收集与分析能力和项目与资金来源的筹措能力。项目来源越广,数量越充裕,可选择的余地越大,才能保证筛选出高质量的项目。如果团队缺乏这些专业能力的话,就无法筹措到使公司持续发展的投资资金,无法拿到好的投资项目,无法对项目进行全面深入的分析,无法做出科学的投资决策,风险投资将面临极大的风险(Barry,1990)。

C7 团队成员的激励模式。好的激励模式是激发团队成员的工作积极性和潜能最好的方式,合适的激励模式和赋权程度可以保证管理团队的有效运作,提高风险投资风险的管理能力(尹航,2008)。

③风险投资机构的组织结构和决策流程。

C8 组织结构。风险投资机构的组织结构(经营班子、董事会、股东会、投资决策委员会)不同,其运行的效率不同,对风险的控制能力不同(Sahlman,1990)。

C9 决策流程。风险投资决策流程是否完备、科学,将直接影响风险投资的决策质量,从而产生决策风险(Vanacker,2006)。

上述是对风险资本投向创业企业可能存在的风险的分析,它可以为投资者的风险评估提供依据。需要指出的是,上述各风险指标是相互关联、相互影响的,它们从各个侧面反映了投资创业企业可能的潜在风险。另一方面,这些指标又是动态的、变化的,且在信息不完整的情况下表现出极大的模糊性。因此,在具体风险识别、评估过程中应根据创业企业不同发展阶段所处的实际情况,选择具有主要影响的风险因素构造评价指标体系,并选择合适的风险评价方法来评价风险的大小,从而降低投资创业企业的风险。

2. 风险投资项目(企业)综合风险评估模型:基于三角模糊数随机模拟方法

风险投资机构对投资项目(企业)的筛选评估方法各种各样。在投资项目(企业)筛选评估标准的选择与确定方面,Tyebjee、Bruno(1984),MacMillan(1985),Fried、Hisrich(1994)等的研究提出:被投企业实际控制人的人品、管理能力,产品或技术的独特性以及市场潜力、财务管理、企业发展阶段、权益比例等因素构成了投资企业(项目)筛选评估指标体系的主要组成部分。在投资企业(项目)筛选评估方法的使用方面,不少学者采用了现金流分析法、层次分析法、市盈率法、数据包络法、SMART 法等多种方法。由于风险投资项目的评估是一个动态和多阶段的过程,各项评估指标是相互关联、相互影响的,且又是动态的、变化的,大多是难以描述的,表现出极大的模糊性(戴红梅,2006),使得用上述这些方法来定量评价投资项目的效果都不太理想(李虹,2008)。而采用三角模糊数随机模拟法能较好地解决有随机性、模糊性和数据资料不精确等多种不确定性因素综合作用下的项目风险评估问题(金菊良,2011)。以下为三角模糊数随机模拟方法概述。

三角模糊数的定义为:设 3 个实数以 a_1,a_2,a_3 分别为模糊变量 A 的最小可能值、最可能值和最大可能值,这里 $a_1 \leqslant a_2 \leqslant a_3$。$A$ 可用以式(2-1)为隶属函数的三角模糊数 $A=(a_1,a_2,a_3)$ 表示:

$$\mu_A(x)=\begin{cases}\dfrac{x-a_1}{a_2-a_1}, a_1 \leqslant x \leqslant a_2 \\ \dfrac{a_3-x}{a_3-a_2}, a_2 \leqslant x \leqslant a_3 \\ 0, x<a_1 \text{ 或 } x>a_3\end{cases} \tag{2-1}$$

式(2-1)中,x 模糊变量为讨论中的可能值变量。

用式(2-1)隶属函数曲线与 x 围成的面积 $0.5(a_3-a_1)$ 除该隶属函数,得到的值可作为三角模糊数 A 的可能性概率密度函数:

$$f_A(x)=\begin{cases}2(x-a_1)/[(a_2-a_1)(a_3-a_1)], a_1 \leqslant x \leqslant a_2 \\ 2(a_3-x)/[(a_3-a_2)(a_3-a_1)], a_2 \leqslant x \leqslant a_3\end{cases} \tag{2-2}$$

把式(2-2)转换成概率分布函数,再用逆变换法得到可能值变量的随机模拟公式为

$$x=\begin{cases}a_1+[u(a_2-a_1)(a_3-a_1)]^{0.5}, u \leqslant (a_2-a_1)/(a_3-a_1) \\ a_3-[(1-u)(a_3-a_2)(a_3-a_1)]^{0.5}, u>(a_2-a_1)/(a_3-a_1)\end{cases} \tag{2-3}$$

式中,u 为区间[0,1]上的均匀分布随机数。

三角模糊数随机模拟是指采用随机模拟方法(称 Monte Carlo 方法)模拟三角模糊数,把三角模糊数及其函数之间的运算简化为普通的实数之间的运算,通过建立基于三角模糊数随机模拟的风险投资项目的风险评价模型,并据此模型,构造风险投资项目风险评价值的置信区间,开展投资项目风险评估的实例分析,进而得出投资项目的综合风险值。

近年来,三角模糊数随机模拟理论被广泛应用于具有随机性、模糊性

和数据资料不精确等多种不确定性因素综合作用的风险问题的评价。如国际项目的风险评判(刘仁辉、安实,2008)、煤与瓦斯突出危险性评价(刘勇,2011)、地下水环境系统综合风险评价(金菊良、刘丽等,2011)等,在解决具有随机性、模糊性和数据资料不精确等多种不确定性因素综合作用下的风险评估问题方面,取得了不错的成效,但未见将该理论应用于风险投资的风险评估的成功案例。

因此,本书将构建基于三角模糊数随机模拟的风险投资项目风险评价模型,以解决有随机性、模糊性和数据资料不精确等多种不确定性因素综合作用的风险投资项目筛选的综合风险评价问题。

3. 风险投资项目(企业)初选决策

风险投资项目(企业)的初选决策是在对投前项目进行综合风险评估的基础上进行的,其运作程序是:

(1)风险投资项目风险评估模型的建立。

①通过文献查阅和实地访谈,建立风险投资项目风险评估的指标体系。

②运用层次分析法确定指标体系中各元素的权重。

③对各指标的风险等级和风险重要性进行定量描述和模拟。

④产生研究风险投资项目风险的模拟值系列。

⑤构造研究风险投资项目风险值的置信区间。

(2)风险投资项目初步筛选。

在构建风险投资项目风险评估模型对所评项目(企业)的综合风险进行评价的基础上,风险投资机构可以根据投前项目的预期收益(假定已评估得出)和综合风险值,做出投前项目的选择判断,以便为后续项目的投资组合优化打好基础。

二、风险投资项目(企业)风险量化方法:绝对偏差方法

风险投资项目(企业)风险的量化是风险投资项目组合优化决策的基础,风险度量不准确,就会导致风险投资优化决策的失败。为了对投资项目的风险水平进行科学的量化分析,国内外许多学者对此进行了研究。根据相关文献的收集和整理,了解到金融风险测度的方法主要有方差法、标准差法、半方差法、离差法、绝对偏差法等偏离期望值的各种变形形式以及VaR法、CVaR法等,这些方法各有其优缺点和适用场合。VaR法主要考

察投资人资产的最大损失值，侧重于对影响投资绩效的不利收益率的度量（苏经伟，2010），但 VaR 不是一个一致性风险度量（Artzner et al.，1997）。鉴于 VaR 的缺陷，理论界在 1997 年提出了 VaR 的修正方法，即条件风险价值（CVaR），它是指在投资组合的损失大于某个给定的 VaR 值条件下的期望损失，本质上也是对投资损失值的度量。方差法由于具有良好的统计特性（尤其是收益率服从正态分布）且其度量风险简便易行、适应性强，所以在投资管理中得到了广泛的应用。尤其是在风险投资决策模型中，很多学者使用方差、标准差等变异指标作为风险的度量，例如美国著名学者 Freund 在 20 世纪 50 年代提出的风险决策的二次规划模型中，就使用方差作为风险量化的指标。但使用方差作为风险的度量，有可能会掩盖均值的差异。例如方差相同但是均值不同的 2 个方案，若使用方差作为风险的度量，则 2 个方案的风险水平是相等的，但实际上两者是有差异的。若使用总绝对偏差作为风险的度量，就可以避免上述问题。绝对偏差是样本值偏离均值的程度，总绝对偏差就是各样本值减去均值之差的绝对值之和，可以较充分地描述样本值的离散程度，因此可以作为风险水平的有效衡量指标（西爱琴，2006）。

总绝对偏差的计算公式为

$$V_{tj}=\sum_{j=1}^{n}\left|C_{tj}-\bar{C}_j\right| \tag{2-4}$$

式中，V_{tj} 表示风投项目 j 在第 t 年的风险水平，也就是该项目各年的偏差绝对值之和，即总绝对偏差；C_{tj} 是风投项目 j 在第 t 年的实际收益水平；$\bar{C}_j$ 是项目 j 的平均收益水平；$j=1,2,\cdots,n$；$t=1,2,\cdots,m$；其中 n 是风投项目的总数，m 是自然状态的总数目。

当 $C_{tj}>\bar{C}_j$ 时，式(2-4)就相当于

$$V_{tj}=\sum_{j=1}^{n}(C_{tj}-\bar{C}_j) \tag{2-5}$$

当 $C_{tj}<\bar{C}_j$ 时，式(2-4)可以转化为

$$V_{tj}=-\sum_{j=1}^{n}(C_{tj}-\bar{C}_j) \tag{2-6}$$

根据式(2-4)，V_{ij} 值越大，表明样本值越分散，即在风险状态下，样本值偏离平均值的程度越大，因此风险水平也就越高。

绝对偏差方法最早由 Roger Joseph Boscovich 于 1957 年提出。20 世纪 80 年代以来，经过 Huber、Basset 等的长期研究，理论方面得到了很大

的发展,其对于大样本数据研究的稳健性得到了共识。因而从理论上说,风险的绝对偏差度量要优于方差度量。

对于绝对偏差方法的应用研究,国内学者武敏婷、孙滢、高岳林(2010),张鹏(2010),西爱琴等(2006)作了尝试,并很好地解决了度量和控制投资风险、多阶段投资组合优化以及农业生产风险的度量等问题。鉴于此,笔者认为结合 MOTAD 模型对风险度量的要求,选择"绝对偏差方法"来度量风险投资的投资风险是比较合适的。

三、风险投资项目(企业)组合优化决策模型:MOTAD 模型

风险投资者最关心的 2 个核心问题是投资收益的高低及风险的大小。由于投资收益受各种风险因素影响,因而可以将其看作一个随机变量。人们常常用一定时期内某种风险预期收益期望来衡量风险投资获利能力。投资的风险可以用该种风险投资收益方差(收益的不确定性)来度量,方差越小投资的风险越小。降低投资风险获得尽量高收益的有效途径是组合投资方式,即投资两种或以上项目,然后资金按不同比例分配到各种不同的项目上,以达到分散风险的目的,即使收益方差最小。那么如何度量组合投资的风险与收益,如何平衡风险与收益进行投资资本的分配是风险投资者迫切需要解决的问题。

在以往的风险投资项目(企业)组合优化决策中学者们建立了各种组合优化决策模型来获得最佳投资策略和最优的项目投资组合。如基于多目标动态整数规划的组合投资模型(杨青,2002;王丽燕,2006)、期权定价模型(吴东晟、余涛,2006)、基于 AHP 的风险投资方案择优模型(于本海,2009)以及基于价值函数的单、多心理账户行为风险投资组合优化模型(熊晶晶等,2011)等。这些模型的建立为风险投资项目(企业)组合优化决策的研究打下了良好基础,但并未在投资决策中充分考虑风险因素,没有对投资项目的风险进行系统的识别和量化,也未涉及风险投资决策的优化反应机制等问题,研究结论缺乏丰富的数据支持。鉴于此,本书尝试引入 MOTAD 模型来对风险投资项目(企业)的组合优化进行决策。

根据由多个项目的投资收益率构成的多维随机向量的期望向量和协方差矩阵,可以计算组合投资的数学期望和方差,建立均值—方差模型(Eexpected Value-Variance Model,简称"E-V 模型"),以达到在预期收益率下使方差最小的目的。

学者 Hazell 在 1971 年提出的总绝对偏差最小化模型(Minimization of Total Absolute Delivations Model,简称 MOTAD 模型)是二次规划模型的线性替代形式,或者说是 E-V 模型的一个线性近似模型。理论上,MOTAD 模型对于解决预期效用问题与二次规划一样有效(Danald Johnson et al. ,1981),不仅能够充分描述风险投资机构的各种投资行为,而且它的建模方法和运算也比较简便,还具备了二次规划模型的很多优点(Hazell,1971),因此该模型得到了广泛应用(西爱琴,2006;杨梭,2011;朱宁、马骐,2013)。

1. MOTAD 模型概述

在二次规划的 E-V 模型中,目标函数为

$$\min V = \sum_{j=1}^{n}\sum_{k=1}^{n} x_j x_k \sigma_{jk} \tag{2-7}$$

式中,x_j 和 x_k 分别是第 j 和第 k 项活动的规模;σ_{jk} 是当 $j \neq k$ 时,第 j 项活动和第 k 项活动收益水平的协方差;n 是活动总量。式(2-7)可以写为

$$\min V = \sum_{j=1}^{n}\sum_{k=1}^{n} x_j x_k \left[\frac{1}{s-1}\sum_{h=1}^{s}(c_{ij} - g_j)(c_{tk} - g_k)\right] \tag{2-8}$$

式中,c_{tj} 和 c_{tk} 分别是第 j 项活动和第 k 项活动在自然状态 t 下的实际收益;g_j 和 g_k 分别是第 j 项活动和第 k 项活动的期望收益水平;s 是自然状态的数量;t 的取值范围为:1—s。式(2-8)中的 V 可以转化为

$$V = \frac{1}{s-1}\sum_{t=1}^{s}\left[\sum_{j=1}^{n} c_{tj}x_j - \sum_{j=1}^{n} g_j x_j\right]^2 \tag{2-9}$$

式中,$\sum_{j=1}^{n} c_{tj}x_j$ 是风险投资机构各投资项目的实际收益之和,$\sum_{j=1}^{n} g_j x_j$ 是风险投资机构各投资项目的期望收益之和。

Hazell(1971)指出上述方法存在计算上的困难,因此建议将式(2-9)用平均绝对偏差替代:

$$A = \frac{1}{s}\sum_{t=1}^{s}\left|\sum_{j=1}^{n}(c_{tj} - g_j)x_j\right| \tag{2-10}$$

A 表示样本收益的平均绝对偏差(Mean Absolute Deviation,简称 MAD),是总体平均绝对收益偏差的无偏估计(Hazell,1971)。将 A 作为风险的度量,因此 E(预期收益)和 A(风险水平)就成为决策者做出决策时所要遵循的适用原则和标准。这样,风险决策模型的目标函数不是最小化一系列约束条件下投资计划收入的方差,而是最小化收入的总绝对偏差(Total Absolute Deviation,简称 TAD),也就是 sA。

为了将 sA(TAD)转化为线性目标函数,Hazell 引入一个类似于 Ashar

和 Wallace(1963)曾使用过的步骤,即:对于特定的 t,定义新变量 Z_t:

$$Z_t = \sum_{j=1}^{n} (c_{tj} - g_j) x_j \tag{2-11}$$

$$s.t.\quad Z_t = Z_t^+ - Z_t^-$$

$$Z_t^+, Z_t^- \geqslant 0$$

式中,Z_t 表示某自然状态下各投资项目收益的偏差之和,符号没有限制,可正可负。Z_t^+ 表示某自然状态下,各投资项目中实际收益水平大于样本平均水平的绝对偏差之和,Z_t^- 表示某种自然状态下各投资项目中,实际收益水平小于样本平均水平的绝对偏差的绝对值之和。如果进行适当变换,可以将 Z_t^+ 或 Z_t^- 其中之一变为 0,则有,$|Z_t| = |Z_t^+ - Z_t^-| = Z_t^+ + Z_t^-$,$(t=1,2,\cdots,s)$。于是就得到了总绝对偏差最小化模型(MOTAD 模型),其具体的模型结构为

$$\min sA = \sum_{t=1}^{s} (Z_t^+ + Z_t^-)$$

$$s.t.\quad \sum_{j=1}^{n} (c_{tj} - g_j) x_j - Z_t^+ + Z_t^- = 0$$

$$\tag{2-12}$$

$$\sum_{j=1}^{n} g_j x_j = \lambda$$

$$\sum_{j=1}^{n} a_{ij} x_j \leqslant b_i$$

$$x_j, Z_t^+, Z_t^- \geqslant 0$$

由于关系式 $\sum_{t=1}^{s} Z_t^- = \sum_{t=1}^{s} Z_t^+$ 恒成立,因此负偏差的绝对值之和在数值上就等于总绝对偏差的一半,因此可以用最小化负偏差之和作为目标函数。同时对约束条件做相应调整,就可以得到 MOTAD 模型的简化形式,相应的模型结构为

$$\min(sA/2) = \sum_{t=1}^{s} Z_t^- \tag{2-13}$$

$$s.t.\quad \sum_{j=1}^{n} (c_{tj} - g_j) x_j + Z_t^- \geqslant 0 \quad (j = 1,2,\cdots,n),(t = 1,2,\cdots,s) \tag{2-14}$$

$$\sum_{j=1}^{n} g_j x_j = \lambda \tag{2-15}$$

$$\sum_{j=1}^{n} a_{ij} x_j \leqslant b_i \quad (i = 1,2,\cdots,m) \tag{2-16}$$

$$x_j, Z_t^-, \geqslant 0 \tag{2-17}$$

上述模型中，g_j 代表第 j 项风险投资项目的单位期望毛利；$\sum_{j=1}^{n} g_j x_j$ 代表各投资项目的总期望收益 E；λ 是收益参数；a_{tj} 为投资系数，表示单位投资要消耗的资源量；b_t 为资源约束限值，即第 i 个投资机构（基金）用于投资的资金总数量。

2. 国内外关于 MOTAD 模型应用的研究

在投资组合的优化决策模型中，应用最广泛的要属 Hazell(1971) 提出的 MOTAD 模型，它的基本思想是寻求风险最小化情景下的收益最大化的最佳投资组合。理论上，MOTAD 模型在解决预期效用问题方面与二次规划一样有效(Donald Johnson et al.，1981)，目前该模型在国际上被广泛应用于农场生产的风险决策，不仅能较充分地描述微观农业的各种生产行为，且其建模方法和运算也相对简便。国外关于 MOTAD 模型的应用研究主要有：Ford 等(1995) 建立了 3 个 MOTAD 模型，分别用历史数据、期货和期权数据来设定风险，其研究结果表明，使用历史数据在规划模型中进行风险度量，与使用基于期货及期权市场价格的信息所得到的结果同样好，甚至更好。Stott(2003) 构建了苏格兰的“母牛 — 小牛群”的农场风险决策 MOTAD 线性规划模型，模拟分析了 BVD(Bovine Viral Diarrhea) 疾病预防对整个农场的收益和农场收益的波动的影响。Kehkha 等(2005) 采用 MOTAD 风险规划模型，基于从伊朗边远省份 31 个村随机抽取的 194 个农民的数据资料，研究风险对于耕作方式和农民收入的影响，以及风险对于稀缺资源影子价格的影响。其研究结论为：农民种植作物总收入的变化对农民耕作方式有显著影响，但随农民居住地区和个体特征不同而有所不同，种植作物数量较多的农场收益稳定性程度高，但是收益水平较低。陆文聪、西爱琴(2005) 以“总绝对偏差”最小化为目标函数，以浙江省“典型农户”为例，在构建农户种植制度选择的 MOTAD 模型基础上，对典型农户的生产行为进行了分析。杨俊(2011) 利用 MOTAD 模型对农户在风险状态下如何优化农业生产组合进行了研究。朱宁、马骥(2013) 采用 MOTAD 模型，通过对北京市蔬菜种植户的抽样调查，获得了相关截面数据，据此实证分析了蔬菜种植户在风险条件下种植制度选择行为及其生产经营状况。综上所述，从国内外学者的研究来看，虽然 MOTAD 模型并未见用于风险投资项目的组合优化研究，但其已广泛用于风险条件下生产行为分析、农业生产的组合优化等问题的研究。笔者认为风险条件下风险投资者投资项目的组合优化决策与农户的农业生产的组合优化决策要考虑的问题比较相似。

鉴于此,本书尝试将 MOTAD 模型应用于风险投资的投资决策优化行为分析和投资组合优化问题的研究。

3. 风险投资项目组合优化决策模型的建立

基于上述对 MOTAD 模型理论及其应用研究的阐述,笔者尝试应用 MOTAD 模型来进行风险投资项目组合优化的决策,分析风险状态下不同规模风险投资基金(机构)的最优投资组合,以在微观层次上揭示不同规模的风投机构的风险决策特征及风险反应。

(1) 模型结构。

图 2-3 所示,较为直观地展现出风险投资项目组合优化决策模型的基本结构,它由模型假设、决策变量、目标函数以及约束条件等 4 部分构成。其中,模型假设假定投资活动是围绕预期收益最大化、风险最小化目标进行,投资者是理性人等;决策变量主要包含投资哪些项目及各项目的投资额等;目标函数主要包含了收益和风险 2 个决策变量。其中,收益是指全部投资项目的总期望收益,风险是指全部投资项目总收益的绝对偏差;约束条件主要是指风险投资收益偏差、总期望收益和总投资额约束、单个项目投资额约束等。

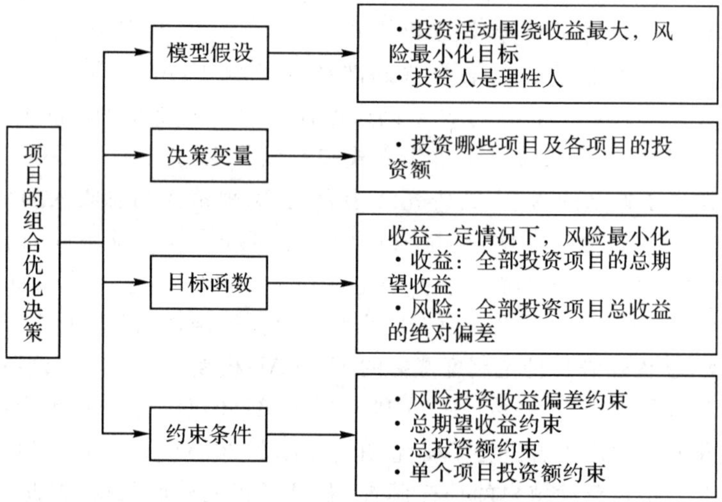

图 2-3 风险投资项目组合优化决策模型基本结构

(2) 数学表达。

风险投资中因所投项目的企业家人品、管理能力、市场、技术和外部环境等因素影响被投项目绩效的不确定,最终都将表现为投资收益的波动。

在相同的收益水平下，如果风险投资者可获得的收益波动幅度越大，则说明其面临的投资风险也就越大；相应地，在收益波动幅度一定的情况下，如果风险投资者的收益较高，则表示其面临较低的投资风险。在 MOTAD 模型中，风险投资的风险水平可由投资项目总收益的总绝对偏差（Total Absolute Deviation，简称 TAD）或平均绝对偏差（Mean Absolute Deviation，简称 MAD）来量化。

在模型结构上，MOTAD 风险决策模型由目标函数和约束条件组成，其中目标函数是实现收益一定情况下的风险投资项目风险的最小化，约束条件涉及风险投资收益偏差、总期望收益和投资资金等几个方面，具体由式(2-18) 至式(2-23) 组成简化形式的 MOTAD 模型，即：

$$\min \sum_{t=1}^{s} Z_t^- = \min - \sum_{t=1}^{s} \left(\sum_{j=1}^{n} (C_{tj} - \bar{C}_j) x_j \right), C_{tj} < \bar{C}_j \tag{2-18}$$

$$s.t. \quad \sum_{j=1}^{n} (C_{tj} - \bar{C}_j) x_j + Z_t^- \geqslant 0, (j=1,2,\cdots,n), (t=1,2,\cdots,s) \tag{2-19}$$

$$\sum_{j=1}^{n} \bar{C}_j \cdot x_j = \lambda \tag{2-20}$$

$$\sum_{j=1}^{n} x_j \leqslant b_i \quad (i=1,2,3\cdots,m; j=1,2,\cdots,n) \tag{2-21}$$

$$x_j \leqslant a_t b_i \tag{2-22}$$

$$x_j, Z_t^- \geqslant 0 \tag{2-23}$$

式中，式(2-18)是目标函数，也即寻求现实风险投资全部投资项目总收益的绝对偏差(TAD)最小化或平均绝对偏差(MAD)最小化，也即风险最小化。其中，C_j 代表第 j 项风险投资项目的单位期望毛利，C_{tj} 代表第 j 项风险投资项目第 t 年的投资收益，x_j 代表第 j 项风险投资项目的投资额。约束条件式(2-19)是收益偏差约束，它表示某一自然状态下投资者所有投资项目的收益偏差不小于 Z_t^-，Z_t^- 表示某种自然状态下(第 t 年)各投资项目中，实际收益水平小于样本平均水平的绝对偏差的绝对值之和。约束条件式(2-20)是期望收益约束，它表示全部投资项目的总期望收益，是收益参数。在 λ 的初始值确定之后，可以通过对 λ 进行灵敏度分析来确定一系列相应的期望收益约束。λ 的初始值如何确定以及如何根据 λ 求得符合模型要求的期望收益，在本章后续 MOTAD 模型的求解步骤中会有详细说明。约束条件式(2-21)表示风险投资项目投资总金额的约束，为资源约束限值，表示第 i 个投资机构(基金)用于投资的资金总数量。约束条件式(2-22)表示每个投资项目所投资金的约束，对于不同的投资总金额 b_i，a_i 值会有所不同。约束条件式(2-23)表示非负约束。

(3)求解步骤。

由上述 MOTAD 模型结构可知，MOTAD 模型的解是向量($x_1,x_2,\cdots,x_n;Z_1^-,Z_2^-,\cdots Z_s^-$)的集合。其具体的运算求解步骤如下：

第一步，首先对非风险条件下的最大化期望收益进行求解，也即 MOTAD模型中第二个约束条件式(2-20)所对应的第一个 λ 值，可以通过求解相应的以收益最大化为目标函数的确定型模型来确定。以简化的 MOTAD 模型为例，单纯以收益最大化为目标函数的确定型模型，由 MOTAD 模型的约束条件式：式(2-20)至式(2-23)构成，其中约束条件式(2-20)转换为目标函数，约束条件式(2-23)也相应做适当调整。具体的模型形式如下：

$$\max E=\sum_{j=1}^{n}\bar{C}_j x_j \tag{2-24}$$

$$s.t.\quad \sum_{j=1}^{n}x_j\leqslant b_i\quad(i=1,2,\cdots,m) \tag{2-25}$$

$$x_j\leqslant a_i b_i \tag{2-26}$$

$$x_j\geqslant 0 \tag{2-27}$$

根据上述以收益最大化为目标函数的确定型模型，即可以求得在现有资源约束条件的最大化期望收益 E_0，也可以求得与最大化期望收益相对应的各项目的投资规模，也即 $x_j(j=1,2,\cdots,n)$所代表的数值。

第二步，将上述求得的最大化期望收益值 E_0，作为风险条件下的第一个收益值(称其为 E_1)，也就是收益参数的第一个值，带入 MOTAD 模型约束条件中式(2-20)，模型运行结果就得到一组 $x_j(j=1,2,\cdots,n)$和 $Z_t^-(t=1,2,\cdots,s)$及负的总绝对偏差(TAD/2)。然后根据关系式 $\mathrm{MAD}=\mathrm{TAD}/S=\frac{2}{S}\sum_{t=1}^{s}Z_t^-$，就可以求出第一个相应的平均绝对偏差值 MAD，也就是与预期收益水平下 E_1 所对应的风险水平。这样不仅可以得出第一组风险(MAD_1)和收益(E_1)的组合，还可以得到在这种风险收益水平下各投资项目的优化规模。

第三步，在求解上述 MOTAD 模型时，同时开展灵敏度分析，可以得到为保持最优基不变，允许减少的最大值。然后根据灵敏度分析的结果，确定 MOTAD 模型中收益参数[约束条件式(2-20)]的第二个值，即风险条件下的第二个收益水平 E_2。

第四步，将上述通过灵敏度分析得到的收益参数的第二个值代入 MOTAD模型，重复步骤二，就可得到第二组 MAD_2 与 E_2(风险收益)组合，以及与其相对应的优化投资规模。

第五步，重复步骤三和四，直到灵敏度分析结果显示收益参数λ的值为0或收益水平不能再减少或将λ值代入MOTAD模型后模型无解为止。

通过以上步骤，可以得到一系列有关MAD（风险水平）、E（风险收益）的组合，以及与其相对应的各投资项目的优化规模X_j。

（4）模型结果含义。

根据如上所述MOTAD模型的理论结构与求解步骤，可以得到以下几方面结果：

第一，投资项目的优化组合及各投资项目的最优规模。MOTAD模型的结果，给出了一定风险收益水平下相关投资项目的最佳组合及规模，也就是$X_j(j=1,2,\cdots,n)$所代表的数值。这是在资金约束和既定风险收益水平条件下各投资项目的优化投资规模，可以为投资者提供科学的决策参考，有利于资金的优化配置和高效利用。

第二，预期收益与风险水平和资金投入之间的互动关系。通过MOTAD模型的计算结果，可以得到一系列风险收益的组合及每种组合下各投资项目的优化规模，以及每种组合所需的资金的投入水平，因此可以分析投资风险与预期收益及资金投入水平三者之间动态的变化关系。这不仅为投资者在风险条件下的决策提供科学合理的依据，也有助于深入了解和分析风险投资者的决策优化反应。

第三，除了上述对风险条件下投资者决策的优化反应分析之外，由于在求解MOTAD模型之前，先对非风险条件下单纯以投资收益最大化为目标函数的确定型模型进行运算，得到了在现有资金约束条件下的最大化期望收益及与此相对应的各投资项目的优化规模，因此还可以对比分析风险投资者风险条件下与非风险条件下的决策优化反应，及现有风险投资机构微观投资结构优化调整的方向和空间。

总之，MOTAD模型可作为投资组合优化的决策工具，应用于风险投资项目的组合优化决策，以实现投资收益最大化、风险最小化的预期目标。

四、投后风险投资绩效影响因素识别的概念模型与研究假设

正如前文所述，风险投资决策可理解为一个过程，从广义的角度来看，风险投资决策不仅包括投资前的决策，而且也涉及投资后的管理。围绕风险投资决策优化的总目标：在达到预期收益的情况下，使总投资风险最小，

风险投资机构除了做好投资前项目选择决策外,还必须考虑投资后对被投企业的管理,以控制投资风险,提升投资绩效。

在现有投资后管理的研究内容中,大都侧重于风险投资机构如何帮助被投企业获取融资资源、协助规划战略、帮助雇佣管理层、协助制定运作计划、介绍潜在的客户和供应商等增值活动(Gorman and Sahlman,1989;Bygrale and Timmons,1992;Barney,1996;Dotzler,2001)以及监控被投企业财务绩效、监控被投企业的资金运用、监控被投企业的管理层等监控活动(Gsapienza,1994;Pruthi, Wrignt and Lockett,2003;Kuockaert,2005),而对投资后风险投资绩效的关键影响因素及其相互作用的机理研究还比较缺乏。因此,笔者将在分析选择影响投后风险投资绩效变量的基础上构建概念模型,提出研究假设,为后续基于SEM的实证检验打好基础。

1. 概念模型的构建

(1)变量选择。

构建投后绩效关键影响因素设别模型,首先需要分析可能影响投后绩效的各种因素。从国外学者的研究经验来看,投后绩效影响因素选择是否合理,直接关系到实证分析的科学性与准确性。笔者确定影响因素的依据主要来自2个方面:一方面源于当前国内外学者关于风险投资投后绩效研究的已有成果;另一方面则源于风险投资业界的实践经验。通过文献研究和对风险投资机构的实地调研,笔者获得了影响投资后风险投资绩效的各项微、宏观因素的相关信息,辨别出了有关被投企业实际控制人的人品、专业知识、经验、管理能力,投后非资本增值服务,知识产权价值,知识产权保护,社会中介服务体系,被投企业上市难易程度及法律政策环境等用以对投资后风险投资绩效影响因素进行分析的这些分析变量。

(2)模型构建。

风险投资的绩效很大程度上取决于被投企业的经营业绩。在帮助被投企业发展相对成熟,股权价值增值最大后,风险投资机构就会通过上市、股权转让等手段退出资本,此时其投资收益最大(吴青,2010);被投企业的股权越增值,风险投资退出的预期回报就会越丰厚(褚菊芬,2009)。影响被投企业绩效的因素有:①被投企业实际控制人的人品、管理能力、专业知识和经验(Herron and Robinson,1993;Chandler and Hanks,1994;汪华,2008;王瑞等,2010);②知识产权价值,它与企业市场价值呈显著正相关关系,对被投企业成长绩效会产生直接影响(Deng,1997;冯晓青,2001);然而,知识产权保护力度对知识产权价值会产生影响(万小丽等,2008;Ernst,2010),知识产权的保护强度、水平决定了知识产权的价值(王立新,2011);

③投后非资本增值服务。风险投资机构能够利用自身经验和人际关系网络，协助被投企业开发新技术、新产品，通过为被投企业招聘管理人员、梳理管理制度、协助公司治理等方式推动其技术创新绩效的增长（胡文抬，2010；龙勇等，2010）。同时，既影响被投企业成长绩效又会对风险投资绩效产生比较直接影响的因素有：①被投企业上市难易程度。A. J. Leslie 等（2000）认为 IPO 是风险投资绩效最重要的决定性因素，缺乏合适的上市退出渠道，缺少公开、活跃、成熟、稳定的资本市场，在一定程度上加大了风险资本退出的难度和风险，降低了风险投资的回报率（ChenC et al.，2005）。此外，被投企业上市难易程度与被投企业绩效也有密切关系。IPO 后，被投企业的主营业务收入和利润明显增长（Jain and Kini，1994；桂荷发等，2005）。②社会中介服务体系。由各专业化的社会服务中介机构形成的服务体系是否完善，对被投企业以及风险投资机构的绩效都会产生影响（付玉秀，1999；赵新宇，2011）。③法律政策环境。完善的法律政策环境可以保护被投企业和风险投资机构的利益，增加其利润（Bygrave，1987；隋振婷，2012）。

基于上述理论分析，笔者构建了投后风险投资绩效影响因素的概念模型图，如图 2-4 所示。

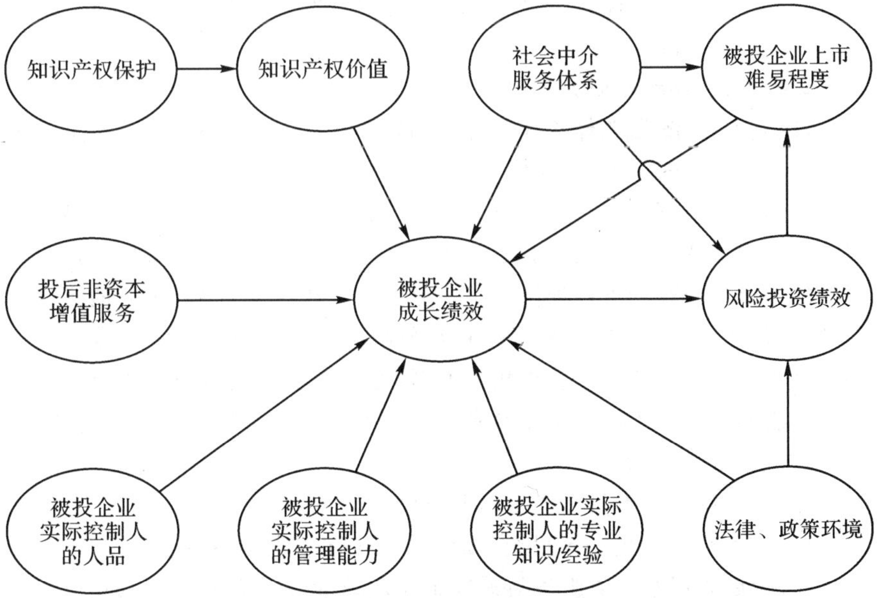

图 2-4　概念模型图

2.研究假设

根据图 2-4 概念模型,提出如下研究假设:

(1)知识产权保护与知识产权价值关系假设。知识产权保护是知识资本创造价值的内在要求,知识产权的保护强度和保护水平会影响知识产权的价值。高水平的知识产权保护机制能够降低知识产权市场价值的不确定性。竞争对手非法模仿的成本越高,确定知识产权的市场价值就越有保障(万小丽,2008;李振亚等,2010;Ernst,2010;马瑞峰,2011;王立新,2011)。

根据上述分析,本研究提出以下假设:

H1 知识产权保护水平与知识产权价值的实现成正向影响关系。

(2)社会中介服务体系与被投企业上市关系假设。社会中介服务体系包括律师事务所(帮助被投企业和投资方完成其法律协议,在被投企业公开发行股票时给予法律咨询)、会计师事务所(为投资机构和被投企业提供财务政策咨询并帮助被投企业编制和上市有关的财务报告)、资产评估机构(负责对被投企业资产和股权进行评估,为风险资本的退出、定价提供价值判断依据)和投资银行(协助被投企业进行上市前的申请报批及招股说明书拟定及承销被投企业发行的股票等),它们的服务为风险资本从被投企业中退出提供强有力的支持(尤天慧等,2002;唐伟,2003;赵欣宇,2011)。

根据上述分析,本研究提出以下假设:

H2 社会中介服务体系的完善与被投企业上市的难度成反向影响关系。

(3)知识产权价值与被投企业成长绩效关系假设。知识产权在被投企业的经营中被认为是一项十分重要的无形资产,它往往能比有形资产带来更大的价值。专利的市场价值会对企业绩效产生正向影响,企业的市场价值越大,其在商业化、市场化过程中为企业带来的收益就越大。专利的引用与企业的市场价值有显著正相关关系,专利被引用次数越多为企业带来的收益就越大,反之则会减少企业收益(Deng,1999;Hall,2000;冯晓青,2001;万小丽,2008)。

根据上述分析,本研究提出以下假设:

H3 知识产权价值与被投企业成长绩效成正向影响关系。

(4)投后非资本增值服务与被投企业成长绩效关系假设。风险投资机构能够利用自身专业知识、经验和广泛的社会网络,为被投企业带来利益。如协助被投企业开发新技术、新产品并帮助其实现技术商业化;积极参与其所投企业对经理的吸引、识别和建议工作，从而降低企业的管理风险和招募成本；通过为被投企业梳理管理制度、协助公司治理等方式推动被投企业技术创新绩效增长等（Antonio et al.，1997；Gompers et al.，1999；胡文哲，2010；尤勇等，2010；Fabio et al.，2011）。

根据上述分析，本研究提出以下假设：

H4 投后非资本增值服务与被投企业成长绩效成正向影响关系。

（5）被投企业实际控制人的人品、管理能力、专业知识和经验与被投企业成长绩效关系假设。被投企业实际控制人是影响企业绩效最重要的因素之一。被投企业实际控制人的创业精神、努力程度直接影响企业绩效。被投企业实际控制人隐藏项目盈利能力、对项目进行“窗饰”甚至在职消费等不诚实的行为会对企业收益造成直接影响（黄群慧，2000；张凯，2005）。被投企业实际控制人的管理能力，可以为企业带来利润的提高和市场占有率的上升（Chandler and Hanks，1994；李延喜等，2002；朱至文，2009）。被投企业实际控制人的专业知识和经验能够帮助其发现市场中潜在的机会，这种发现机会的能力对企业绩效能够产生直接影响。被投企业实际控制人的经验虽然不能直接增加企业绩效，但可以通过个人专长、主导逻辑、决策能力等人力资本，对新企业绩效产生一定正向影响（Herron and Robinson，1993；汪华，2008；王瑞等，2010）。

根据上述分析，本研究提出以下假设：

H5 被投企业实际控制人的人品与被投企业成长绩效成正向影响关系；

H6 被投企业实际控制人的专业知识和经验与被投企业成长绩效成正向影响关系；

H7 被投企业实际控制人的管理能力与被投企业成长绩效成正向影响关系。

（6）被投企业上市难易程度与风险投资绩效关系假设。IPO是风险投资最重要的决定性因素。风险投资家的投资回报率与证券市场筹资功能、机制密切相关。证券市场筹资功越强大、机制越灵活，风险资本越容易退出，投资回报率也越高。缺乏合适的退出渠道和公开、活跃、稳定的资本市场会加大风险资本退出的难度和风险，降低风险投资的回报率（Murray，1994；Leslie，A. J et al.，2000；Marco DaRin et al.，2004；Chen C et al.，2005）。

根据上述分析，本研究提出以下假设：

H8 被投企业上市难易程度与风险投资绩效成反向影响关系。

(7)被投企业上市难易程度与被投企业绩效关系假设。Jain、Kini(1994),Pagano等(1998),桂荷发等(2005)通过实证研究发现:IPO后,企业的销售收入和资本支出增长很快,主营业务收入和利润增长显著,固定资产净值、资产总额和股东权益也都大幅增长,银行的信贷融资成本也会随之降低。

根据上述分析,本研究提出以下假设:

H9 被投企业上市难易程度与被投企业成长绩效成反向影响关系。

(8)法律政策环境与风险投资绩效关系假设。回顾世界各国风险投资的发展历程,政府都在其中起到了至关重要的作用。Marco Da Rin(2004)、隋振婥(2012)的研究表明优惠的税收政策可以降低风险投资公司的成本,增加其利润。Bygarve(1987)、Kuntara P.等(2007)认为独立合适的司法制度和有效的合同实施方案能够为风险投资家提供线索,从而在投资过程中起到一定的规避风险的作用。完善的国家法律政策有利于减少仿冒行为的出现,保护投资双方的利益。

根据上述分析,本研究提出以下假设:

H10 适合的法律、政策环境适宜性与风险投资绩效成正向影响关系。

(9)法律政策环境与被投企业成长绩效关系假设。Douglas等(2008)研究了法律环境对被投企业的影响,指出完善的法律环境可以培育和促进IPO市场的发展,为被投企业的上市提供保证。Friedman(1989)、Gompers(1998)、程静(2000)、Christian等(2001)的研究表明,政府对被投企业的扶持政策(如政府担保融资、政府采购、财政补贴、资本利得税的降低),促进了被投企业的发展。

根据上述分析,本研究提出以下假设:

H11 法律、政策环境适宜性与被投企业成长绩效成正向影响关系。

(10)社会中介服务体系与风险投资绩效的关系。风险投资是一项专业性很强的投资,社会中介服务机构能够帮助降低投资双方的道德风险,为投资机构提供法律保障,为风险资本的成功退出提供可靠依据等;社会中介服务机制专业化的服务降低了投资双方信息不对称性和投资风险(付玉秀,1999;赵新宇,2011)。

根据上述分析,本研究提出以下假设:

H12 社会中介服务体系完善程度与风险投资绩效成正向影响关系。

(11)社会中介服务体系与被投企业成长绩效的关系。社会中介服务机构一方面是各种资源和信息汇集处,另一方面能够帮助被投企业与外部机构建立丰富的联系。如有助于促进产学研三者间的互动,促进被投企业创新绩效；为被投企业向银行等金融机构申请贷款提供担保服务，从而降低企业融资成本，缓解企业资金压力；帮助成熟企业上市等（付玉秀，1999；杨复杰，2004；李雪灵，2005；陈英英，2011）。

根据上述分析，本研究提出以下假设：

H13 社会中介服务体系完善程度与被投企业成长绩效成正向影响关系。

（12）被投企业成长绩效与风险投资绩效的关系。风险投资机构将风险资本注入被投企业，使被投企业得以快速发展。当被投企业由小变大，发展成熟后，原投资的风险资本得以迅速膨胀。通过资本权益的转让、退出，风险投资机构可以获取高额的利润回报。风险投资的绩效很大程度上取决于被投企业的经营业绩；被投企业的股权越增值，风险投资的退出绩效越明显。通过有效的投资，风险投资公司与其所投资的企业可以达到双赢的局面，从而推动社会的技术进步（毛冬等，2001；谈毅等，2002；Gary，2005；褚菊芬，2009；吴青，2010）。

根据上述分析，本研究提出以下假设：

H14 被投企业成长绩效的增长对风险投资绩效有正向影响。

（13）知识产权保护与被投企业成长绩效关系假设。国家相关法律体系的完善和企业自身知识产权管理的能力决定知识产权保护水平（马瑞峰，2011）。在知识产权保护的外部环境方面，葛亮等（2004），盛辉（2008），郑亚莉、宋慧（2012）认为完善的知识产权保护制度可以为技术创新提供一种内在的动力机制和一个外部的公平竞争法律环境，对促进企业技术创新、加快企业发展具有重要作用。在企业自身的知识产权保护管理方面，杨拉克（2007）、史竹青（2011）等通过对我国550家创新型企业的调查研究表明，企业知识产权管理水平的提高有助于企业绩效水平的整体提高，并提出加强知识产权的自我保护已成为企业成长过程中不可或缺的竞争手段，更是中小企业能否做强做大的关键因素之一。

根据上述分析，本研究提出以下假设：

H15 知识产权保护水平与被投企业成长绩效成正向影响关系。

五、风险投资退出决策方法：因素评分法和决策树法

当被投企业发展到一定阶段，风险投资机构认为已经到了将风险资本从被投企业中退出的时候，就会选择一定的方式将风险资本撤出，以求实现资本增值或者降低损失。可行的退出机制是风险投资成功的关键。

退出方式和退出时机的选择是风险投资退出决策过程中最重要的2个问题。从国内外关于风险投资退出的研究现状来看，对于风险资本退出时机选择始终有争议（张晨宇等，2004）。有的学者认为风险资本退出的最优时机是实现风险投资家和被投企业实际控制人效用最大化的时候（Andreas Bascha et al.，2001）；有的学者则提出风险资本退出时机由被投企业边际增加值和边际成本共同确定，以实现风险资本增值最大化（吴正武等，2002）；有的学者则认为风险投资家首先应选择退出方式，再选择退出时机（张景宇等，2004）；等等。笔者通过对风险投资业界的调查认为当风险投资机构将风险资本投入到被投企业时，总是希望能在退出收益最大化的时机退出，但被投企业的成长过程充满了不确定性，风险投资机构不可能对被投企业的中长期发展有一个准确的把握。实际运作中，风险投资机构必须根据其在投资后对被投企业的运行监控中所获取的信息，适时做出风险投资是否退出的决策。

为此，笔者认为风险投资的退出时机应分阶段考虑，若被投企业已上市，则风险投资机构应选择能在退出收益最大化的时机退出；若被投企业还未上市，且上市的可能性不大，则应更多地从资产安全性角度考虑合适的退出时机，在被投企业可能出现经营危机之前退出，以避免更多的投资损失。

本书着重从资产安全性的角度，来考虑风险投资的退出时机问题。由于因素评分法具有比较通俗、易于推广、主观随意性比较少、可靠性强等优点，使其易于被人们所接受。故笔者引入因素评分法作为风险资本退出时机决策的评价方法，并设置风险投资退出风险系数最低值（风险阈值）。在对风险投资退出因素进行综合评价后，一旦确认被投企业经营不善，风险投资项目的整体风险水平处于比较高的状态，也即风险系数大于风险阈值，风险投资机构将着手实施风险退出资本。在决定退出方式时，笔者认为应根据被投企业的自身特点和当时的外部环境，并辅之以合适的量化分析方法，来评价选择退出方式。

决策树法是人们进行决策分析经常采用的一种有效的决策工具。它具有下列优点：

（1）决策树列出了决策问题的全部可行方案和可能出现的各种自然状态，以及各可行方法在各种不同状态下的期望值。

（2）能直观地显示整个决策问题在时间和决策顺序上不同阶段的决策过程。

（3）在应用于复杂的多阶段决策时，阶段明显，层次清楚，便于决策机构集体研究，可以周密地考虑各种因素，有利于做出正确的决策。

本书将用决策树方法来辅助进行退出方式的选择决策。以下对因素评分法和决策树法做一个简要介绍。

1. 因素评分法（用于退出时机的决策）

首先从待评价风险投资项目中确定主要风险评价因素并运用 AHP 法确定其权重，每个风险因素按标准评出一个相应的分数，然后根据待评价项目总分确定其所处的风险等级，并据此做出是否退出的决策。因素评分法的具体步骤为：

(1)选用若干风险评价要素，作为衡量风险程度高低的依据；

(2)确定评价要素的权重；

(3)确定评分标准表，作为评定程度高低的标准；

(4)把实际指标的状况与既定因素评分标准表相比较，按因素依次评定分数并算出总分；

(5)制定分数与投资风险等级换算表，根据所得评分换算投资风险等级，并依次做出是否退出的决策。

当然因素评分法除了它的优点之外也有其缺点，如比较费时，需投入一定的人力；评价要素定义和权重的确定有一定技术难度；要素的选择、等级的定义和要素权重的确定都有一定的主观因素。在具体使用该方法时笔者采用文献研究和风险投资业界调研确定评价要素，要素权重则通过专家调查法并运用 AHP 法确定，以较好地克服该方法带来的缺陷。

2. 决策树分析法（用于退出方式的决策）

决策树(Decision Tree)分析法是指分析每个决策或事件时，都引出 2 个或多个事件和不同的结果，并把这种决策或事件的分支画成图形，这种图形很像一棵树的枝干，故称决策树分析法。

决策树由决策结点、机会结点与结点间的分支连线组成。通常，人们用方框表示决策结点，用圆圈表示机会结点，从决策结点引出的分支连线表示决策者可做出的选择，从机会结点引出的分支连线表示机会结点所示事件发生的概率。在利用决策树解题时，应从决策树末端起，从后向前，步步推进到决策树的始端。在向前推进的过程中，应在每一阶段计算事件发生的期望值。需特别注意的是如果决策树所处理问题的计划期较长，计算时应考虑资金的时间价值。计算完毕后，开始对决策树进行剪枝，在每个决策结点删去除了最高期望值以外的其他所有分支，最后步步推进到第一个决策结点，这时就找到了解决问题的最佳方案。

当然,决策树法也不是完美的,它也有不足:如使用范围有限,无法适用于一些不能用数量表示的决策;对各种方案的出现概率的确定有时主观性较大,可能会导致决策失误等。在具体使用该方法时笔者将扬长避短,同时用专家调查法等对各种方案的出现概率有一个尽量准确的估计。

第三节　实证分析思路

基于风险投资决策优化整体分析框架,在对本书研究所采用的理论模型与方法进行分析和阐述的基础上,本节提出实证研究的分析思路。逻辑线索按照代表性地区风险投资业发展现状与政策环境分析,代表性地区风险投资各行业投资风险的量化及投资项目的预筛选,代表性风险投资机构(基金公司)的选取及风险投资项目组合优化模型构建、模型情景设计及模拟优化结果比较分析,投后绩效关键影响因素识别模型检验等几个部分展开。

一、风险投资业发展现状与政策环境分析

由于不同地区的经济现状、政策环境及风险投资发展情况存在明显差异,又考虑到数据获得的便利性,笔者选取浙江省作为代表性地区,来进行投资决策优化的实证分析。笔者通过对浙江省风险投资机构及风险投资项目的基本状况及政策环境的阐述和分析,掌握浙江省风险投资机构及风险投资项目的特征,以及浙江省风险投资业所处的政策环境,为后续的实证研究做好铺垫。

二、投资风险量化及项目初选

代表性地区风险投资所投行业的整体风险水平量化的目的是为后续采用 MOTAD 模型进行投资收益和风险量化分析时提供基础数据。笔者通过对浙江省风投机构比较聚集的杭州市、宁波市、湖州市、绍兴市、嘉兴市、衢州市等 6 个城市风险投资机构展开实地访谈、问卷调查、电话采访、邮件等多种调研形式,获取 156 家风投机构在 2009—2011 年投资的 605 个项目的一手数据资料。采用静态量化风险的绝对偏差方法,对浙江省风险投资项目所处行业的整体风险水平进行量化,为后续风险投资优化决策提

供较为客观的数据支持。接着，在文献研究和对风险投资业界的调查访谈，识别风险投资风险维度结构的基础上，构建风险投资风险评价模型。最后，采用三角模糊数随机模拟方法对风险投资项目(企业)风险进行评估，在风险识别和评估的基础上，对投前项目进行初选，为后续投资项目组合优化决策提供优质项目源。

三、风险投资项目(企业)组合优化决策的实证分析

风险投资组合优化决策的实证分析包括代表性风险投资机构(基金公司)的选取、代表性投资组合优化模型的构建、模型情景设计及模拟优化结果比较分析，如图 2-5 所示。

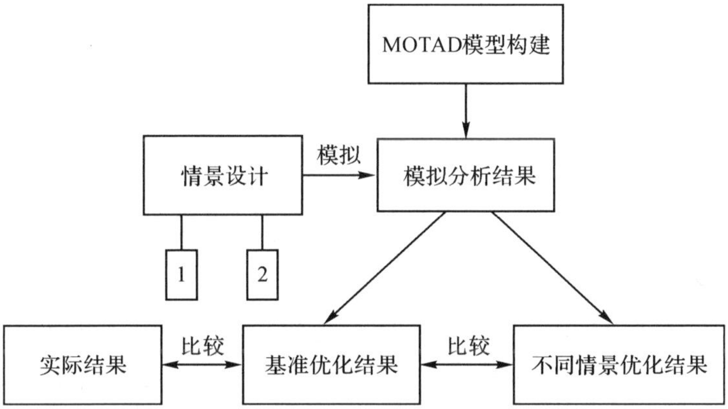

图 2-5 风险投资项目组合优化决策的实证分析思路

由于浙江省不同类型风险投资机构(基金公司)其公司实力与投资规模存在明显差异，通过对浙江省风险投资机构相对集中的杭州市、宁波市、湖州市、绍兴市等地的投资机构展开详细调查的基础上，笔者将从中选择 4 个比较典型风险投资机构(基金公司)作为“代表性风险投资机构(基金公司)”，再根据其投资规模不同，分别构建实证分析模型。

根据上文投资组合优化决策模型的一般结构以及代表性风险投资机构(基金公司)的实际情况，笔者将分别对每个代表性风险投资机构(基金公司)模型的参数进行设置。其中，部分参数通过对代表性风险投资机构(基金公司)实际调研数据可直接获得；部分参数则依托于对前期风险投资所投行业的整体风险水平的量化获得。在模型实证构建中，针对不同代表性风险投资机构(基金公司)的投资规模，分别对约束条件进行确定，最终

得到约束条件数学表达不尽相同的4家代表性风险投资机构(基金公司)的实证模型,并将其转化为LINGO程序语言,在该程序中逐一运行,由此分别求得每个代表性风险投资机构(基金公司)投资项目组合的模拟优化结果。

笔者就4家代表性风险投资机构(基金公司)的实际投资结果与MOTAD模型实证模拟优化结果(称其为:基准优化结果)进行比较分析,以揭示运用MOTAD模型前后的投资决策差异。

在MOTAD实证模型的基础上,对政策环境及其变化幅度进行具体设计,并对两种政策情景下不同的代表性风险投资机构(基金公司)实证模型进行模拟优化分析,将政策情景下的模拟优化结果(情景优化结果)与"实施政策前的模拟优化结果"(基准优化结果)进行对比,以探究政策环境变化对不同类型风险投资机构(基金公司)投资决策优化的影响效应。

四、基于SEM的投后绩效关键影响因素识别模型的检验

继投后绩效关键影响因素识别模型建立之后,笔者将对知识产权价值,知识产权保护,投资后管理,被投企业实际控制人的人品、管理能力、专业知识、经验,被投企业上市难易程度,法律、政策环境,社会中介服务体系,被投企业成长绩效,风险投资绩效等分析变量进行定义和测量,通过问卷设计,数据收集,描述性统计分析,信度、效度分析,结构方程模型路径系数的取得等工作进行基于SEM的模型检验,求得模型分析结果,从而识别出投后风险投资绩效的关键影响因素及其相互作用机理,在此基础上根据重点指向原则,将风险投资机构有限的资源集中配置在影响投资绩效的关键环节上,以提高管理的针对性和有效性,进一步控制投资风险。

五、风险投资的退出决策

根据被投企业实际运作情况,适时做好风险资本的退出决策,是确保投资资产安全、实现预期收益的保证。本书主要从资产安全性的角度,引入因素评分法作为风险资本退出时机决策评价方法,并设置风险投资退出风险系数最低值(风险阈值),一旦确认风险系数大于风险阈值,风险投资机构将着手实施风险资本的退出。对于退出方式,笔者认为每一种退出方

式都各有其优劣，风险投资机构在决定退出方式时，应根据被投企业的经营状况和当时的外部环境，辅助于合理的定量分析方法，如决策树法，灵活地做出选择。

本章小结

在前文风险投资决策优化研究综述的基础上，本章以广义层面的风险投资决策为出发点，在风险投资决策优化内容分析基础上提出了风险投资决策优化问题研究的整体分析框架。接着，针对决策过程中项目初选问题，提出了基于三角模糊数随机模拟方法的风险投资项目（企业）初选决策模型；针对风险投资项目（企业）风险量化问题，提出了基于绝对偏差的风险量化方法；针对投资项目（企业）组合优化问题，基于 MOTAD 模型，设计了投资项目（企业）组合优化决策模型；针对投资后投资绩效影响因素识别问题，基于相关文献，提出了投后绩效关键影响因素的分析变量和研究假设；针对风险投资退出决策问题，引入因素评分法和决策树法进行辅助决策。在此基础上，笔者进一步提出如何开展实证研究的分析思路，为后续开展实证研究打好基础。

第三章 风险投资发展现状与政策环境

第一节 我国风险投资发展现状

风险投资是多层次金融体系和资本市场的重要组成部分,是支持实体经济、优化资本配置、促进经济结构调整的重要投资方式,大力发展风险投资,有利于满足各类创业型中小企业的资本需求,进而更好地实施"以创业带动就业"战略;有利于促进科研成果转化,培育战略性新兴产业,并以此推动科技进步和产业结构优化升级,实现创新驱动发展。近年来,我国风险投资业发展势头良好。据统计,截至 2012 年末,全国备案的风险投资机构数量达到 1093 家,总资产约为 2836 亿元,累计投资企业 11 620 家。[①] 风险投资机构通过支持风险企业的创业活动,在促进科技成果产业化、增加就业岗位、促进产业升级和税收增长等方面,均做出了显著贡献。

一、我国风险投资机构的发展状况

随着我国经济的持续发展,我国风险投资业自 2006 年以来出现了快速发展的态势。据统计,风险投资机构从 2006 年的 112 家增加到 2012 年的 1093 家(冯中圣等,2013),2006—2012 年风险投资机构具体的发展状况如下:

风险投资机构的管理模式包括自我管理和委托管理两类。一般来说,在风险投资发展初期,由于可以信赖的专业管理机构比较缺乏,风险投资机构往往采取自聘管理团队方式实行自我管理;当风险投资发展到一定阶

---

① 中国科学技术发展战略研究院:《中国创业投资行业发展报告 2013》,经济管理出版社 2013 年版,第 52 页。

段，市场上涌现出多种专业管理机构后，新组建的风险投资机构一般就不再聘用管理团队，而是将其资产委托给其他已经取得较好业绩的专业风险投资管理机构管理。

从近几年我国的风险投资机构管理模式数据中可以看出一些变化趋势：一方面，尽管自聘管理团队仍然是我国备案风险投资机构最主要的管理模式，但其比例呈现出逐年下降趋势；另一方面，采取委托管理模式的风险投资机构的比例逐年稳步上升。截至 2012 年末，委托其他风险投资机构管理的备案风险投资机构已达 52 家，占比约为 5%；委托风险投资管理顾问企业管理的备案风险投资机构共 317 家，占比为 29%，比 2006 年上升了 22 个百分点（冯中圣等，2013），如图 3-1 所示。

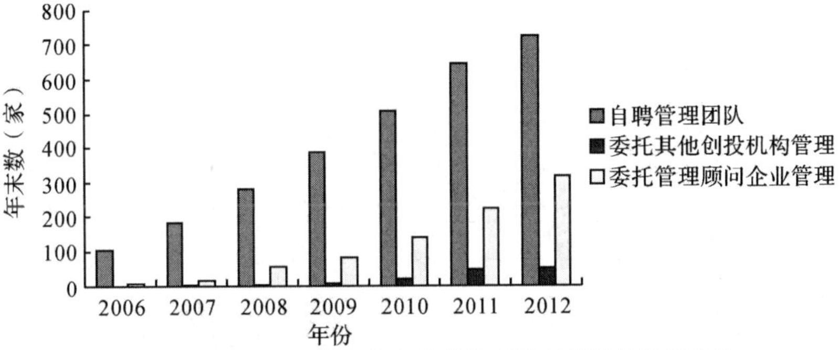

图 3-1　2006—2012 年风投机构按管理模式分类的数量结构

二、我国风险投资的资本来源

1. 按投资人属性分类的资本来源结构

为体现风险投资资本来源中的国有、非国有和外资等构成，本书从投资人属性角度出发，将风险投资机构的资本来源分为国有机构、非国有机构、财政预算出资、个人和外资。

从实到资本来源看，2012 年国有机构占比 41%，较 2006 年同期下降 8%；2012 年非国有机构占比 28%，较 2006 年同期上涨 15%；2012 年财政预算出资占比 15%，较 2006 年同期下降 18%；2012 年个人出资占比 14%，较 2006 年同期上涨 10%；2012 年外资占比 1.7%，较 2006 年上涨 0.5%（冯中圣等，2013）。

2. 按投资人行业分类的资本来源结构

为了体现境内不同行业机构投资者投资风险企业的情况，以便为完善境内机构投资者投资风险企业的政策提供依据,本书按照行业类别将投资人分为实业企业、保险公司、银行、证券公司和其他,主要考察机构投资者在风险投资机构资本来源中所起的作用。

从实到资本来源看,2006—2012年,实业企业出资最多,且金额不断增大,但占比却逐年降低;其次是其他投资人出资;保险公司、银行和证券公司出资占比始终处于较低水平,但占比呈不断增长的趋势,如表3-1所示。

表3-1 2006—2012年按投资人行业分类的实到资本来源结构

年份	指标类别	实业企业	保险公司	银行	证券公司	其他
2006	金额(亿元)	108.10	0.00	0.20	0.00	74.70
	占比(%)	59.10	0.00	0.10	0.00	40.80
2007	金额(亿元)	151.20	0.00	0.00	0.20	148.50
	占比(%)	50.40	0.00	0.00	0.10	49.50
2008	金额(亿元)	222.20	0.00	1.50	1.20	214.90
	占比(%)	50.60	0.00	0.40	0.30	48.90
2009	金额(亿元)	304.60	0.00	8.80	11.20	278.70
	占比(%)	50.50	0.00	1.50	1.90	46.20
2010	金额(亿元)	476.80	0.20	4.00	11.20	457.20
	占比(%)	50.20	0.02	0.40	1.20	48.20
2011	金额(亿元)	646.00	0.00	6.50	23.20	657.70
	占比(%)	48.50	0.00	0.50	1.70	49.30
2012	金额(亿元)	779.70	0.70	7.50	30.30	870.80
	占比(%)	46.20	0.04	0.40	1.80	51.60

数据来源:中国创业投资发展报告2013。

注:"其他"项下包括政府财政出资、个人和外资等。

三、我国风险投资的投资状况

1.投资案例增长状况

2006—2012年,风险投资机构投资案例数量总体保持增加态势。年度新增投资案例由2006年的466个增加到2012年的1746个;当年累计投资案例由2006年的2112个增加到2012年的8919个;历年累计投资案例由2006年的2490个增加到2012年的11 620个(冯中圣等,2013)。

2.投资金额增长状况

与投资案例增长相类似,2006—2012年,风险投资机构投资金额也总体保持增加态势。年度新增投资额由2006年的37.8亿元增加到2012年的 277 亿元；历年累计投资额由 2006 年的 226.9 亿元增加到 2012 年的 1638.5 亿元（冯中圣等，2013）。

3. 单个风险投资机构年度平均投资案例和金额

2006—2012 年，单个风险投资机构年度平均投资案例均保持在 3 个左右（冯中圣等，2013），说明近年来我国风险投资机构的投资行为比较理性，平均投资金额如表 3-2 所示。

表 3-2　2006—2012 年单个风投机构平均投资金额（亿元）

年　　份	2006	2007	2008	2009	2010	2011	2012
单个风投平均投资金额	0.28	0.40	0.36	0.54	0.55	0.58	0.48

资料来源：中国创业投资行业发展报告 2013。

4. 投资中小企业、高新技术企业、中小高新技术企业案例占比

2006—2012 年，风险投资机构投资于中小企业、中小高新技术企业、高新技术企业的案例数量，在总体上均呈现增加态势。但由于在 2008 年国家提高了“高新技术企业”的标准。因此，在 2009—2012 年风险投资机构所投资的案例中，只有平均 44.8%的案例符合“高新技术企业”标准。

因此，既符合“中小企业”规模标准又符合“高新技术企业”技术含量标准的“中小高新技术企业”案例的占比自然更小。2012 年，风险投资机构所投资案例中符合“中小高新技术企业”双重标准的案例仅占 37%，较 2006 年同期下降了 15 个百分点（冯中圣等，2013），如图 3-2 所示。

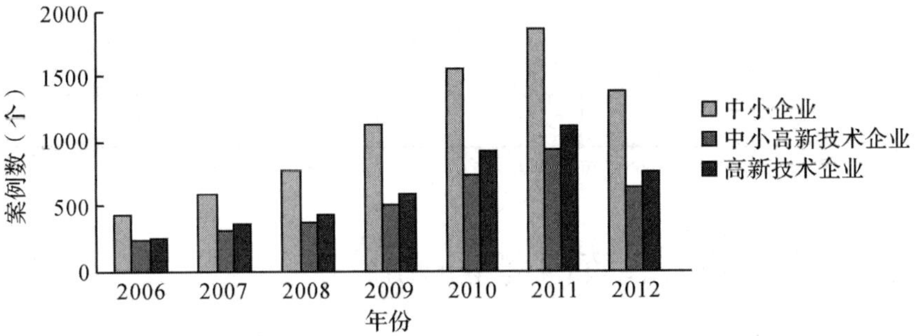

图 3-2　2006—2012 年投资中小企业、高新技术企业、中小高新技术企业的案例分布

资料来源：中国创业投资行业发展报告 2013。

5.2006—2012 年不同投资阶段的金额分布

从不同投资阶段的金额分布看,2006—2012 年,扩张期的投资金额以44%以上的绝对比例居首位,起步期排名第二,成熟期第三,而种子期投资额仅为 10%以下,重建期的投资一直较少(冯中圣等,2013),如表 3-3 所示。

表 3-3 2006—2012 年不同投资阶段的金额分布

年份	类别	种子期	起步期	扩张期	成熟期	重建期	合计
2006	金额(亿元)	3.70	11.90	16.70	4.90	0.50	37.80
	占比(%)	9.80	31.60	44.30	13.00	1.40	100.00
2007	金额(亿元)	7.70	21.50	49.20	16.50	0.60	95.50
	占比(%)	8.00	22.60	51.50	17.30	0.70	100.00
2008	金额(亿元)	7.50	35.30	50.20	17.70	1.30	112.00
	占比(%)	6.70	31.50	44.80	15.80	1.20	100.00
2009	金额(亿元)	13.50	62.40	113.00	21.80	2.20	213.00
	占比(%)	6.40	29.30	53.10	10.20	1.00	100.00
2010	金额(亿元)	24.40	75.40	141.50	61.90	5.50	308.70
	占比(%)	7.90	24.40	45.80	20.10	1.80	100.00
2011	金额(亿元)	27.20	84.10	233.00	59.20	2.20	405.60
	占比(%)	6.70	20.80	57.50	14.60	0.50	100.00
2012	金额(亿元)	22.70	72.60	148.40	29.30	3.90	277.00
	占比(%)	8.20	26.20	53.60	10.60	1.40	100.00

资料来源:中国创业投资行业发展报告 2013。

四、我国风险投资的资本退出状况

1.当年与累计实现资本退出金额

2006—2012 年,与实现资本退出案例逐年增加相对应,风险投资机构实现资本退出的金额也逐年增加。2012 年当年实现资本退出的金额高达67.2 亿元,截至 2012 年年末,风险投资机构累计实现资本退出的金额达261.2 亿元(冯中圣等,2013),如图 3-3 所示。

2.不同退出方式股本退出金额结构分布

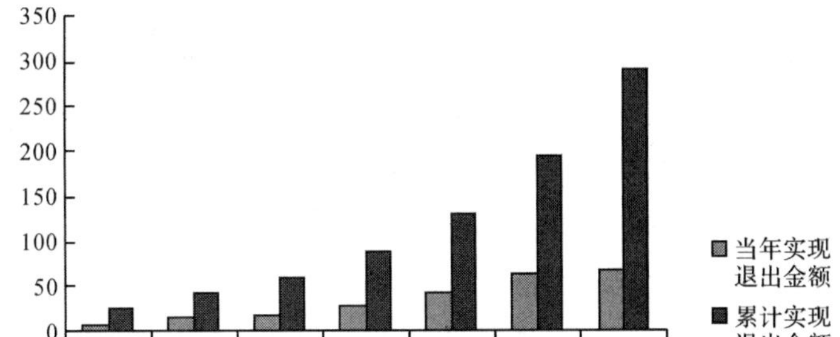

年份	2006	2007	2008	2009	2010	2011	2012
当年实现退出金额	7.70	16.00	16.80	29.50	41.20	64.50	67.20
累计实现退出金额	26.10	42.10	58.90	88.30	130.00	194.00	261.20

图 3-3　2006—2012 年当年与累计实现资本退出金额(亿元)

资料来源:中国创业投资行业发展报告 2013。

按 5 种不同退出方式,各个年度实现股本退出金额分布结构如表 3-4 所示。协议转让方式占比下降明显,但仍处于第一位。上市转让方式占比近 3 年变化保持平稳。2012 年企业回购退出方式占比超过上市转让退出方式,占比 31.1%(冯中圣等,2013),主要是因为:(1)资本市场形势发生了变化,2012 年沪深市场股权融资总额下降明显;(2)风投机构在投资时一般会与被投企业签订回购协议,商定当被投企业发生 IPO 被否等情况时,风投机构可以按照约定价格将所持股份向被投企业出售。

表 3-4　2006—2012 年不同退出方式股本退出金额结构分布

年份	指标类别	上市转让	协议转让	被整体收购	回购	清算
2006	金额(亿元)	0.48	6.00	0.18	0.91	0.12
	占比(%)	6.20	78.00	2.40	11.90	1.50
2007	金额(亿元)	3.53	9.38	0.38	2.04	0.68
	占比(%)	22.10	58.60	2.40	12.80	4.20
2008	金额(亿元)	3.58	8.13	0.18	3.50	1.39
	占比(%)	21.30	48.40	1.10	20.90	8.30
2009	金额(亿元)	4.40	18.20	0.40	6.10	0.40
	占比(%)	14.90	61.90	1.30	20.60	1.30

续 表

年份	指标类别	上市转让	协议转让	被整体收购	回购	清算
2010	金额（亿元）	9.70	22.40	0.80	6.30	2.00
	占比（%）	23.60	54.40	1.90	15.30	4.90
2011	金额（亿元）	16.60	34.60	0.50	7.30	5.50
	占比（%）	25.80	53.70	0.80	11.30	8.50
2012	金额（亿元）	16.20	24.20	0.90	20.90	5.10
	占比（%）	24.10	35.90	1.40	31.10	7.60

资料来源：中国创业投资行业发展报告 2013。

第二节　浙江省风险投资发展现状

浙江省的风险投资业始于 1987 年，当时原国家教委与浙江省政府共同组建了杭嘉湖技术开发公司，开始了科技风险投资的实践与探索。1993 年，由省政府出资的浙江省科技风险投资公司成立，但由于受到外部环境等因素的制约，风险投资业发展一直较为缓慢。直到 1998 年，随着国家宏观经济环境的变化，特别是在国务院《关于加强技术创新、发展高科技、实现产业化的决定》发布后，省委、省政府相继出台了一系列鼓励社会各界参与风险投资的政策。在各风险投资机构、中介组织等的积极努力和各级政府的大力扶持下，浙江省的风险投资业得到了较快的发展。特别是近年来，浙江省的风险投资机构和投资金额不断增加，投资的项目数和行业持续增长，并加大了对科技型中小企业的投资力度，为浙江省高新技术产业的发展做出了显著的贡献。

通过对近年来浙江省风险投资机构的调查统计数据的整理、汇总和分析，可以大致看出浙江省风险投资机构及其投资项目呈现的基本状况。

一、浙江省风险投资机构的基本状况

截至 2011 年底，全省已有各类备案风险投资机构 201 家，如图 3-4 所示，其中国有或政府主导的企业有 18 家，民营及其他类型的企业有 181 家，外商类企业 2 家。2011 年新成立的机构有 26 家，其中杭州地区的有 23 家。2011 年调查统计的 119 家创业风险投资机构数据显示，从业人员为

1369 人，其中专业从业人员占比 54.9%，5 年以上风险投资公司中的从业人员占比 30%，硕士学历人员占比 34%（浙江省创业风险投资发展报告 2012）。

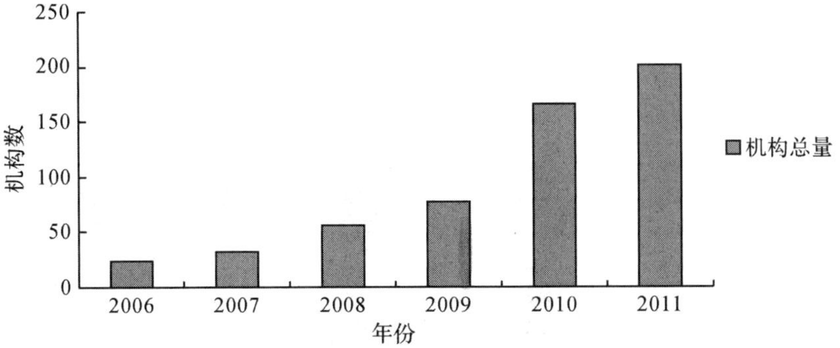

图 3-4 2006—2011 年浙江省风投机构总量/增量的变化

资料来源：浙江省创业投资发展报告 2012。

201 家风险投资机构注册资本达 260 亿元，实收资本 224 亿元，管理资本规模已达 405 亿元。其中国有或政府主导的企业管理资本 63 亿元，占比 15.49%。非上市公司的资本金额为 197.3 亿元，个人资本金额为 24.3 亿元，非上市公司与个人资本金额占总体机构资本比例的 73%。

1. 机构属性

浙江省风险投资机构可以从企业的组织形式与企业性质方面进行分类。从组织形式划分，风险投资机构可以分为股份有限公司、有限合伙企业、有限责任公司和事业单位。据统计，2011 年被调查的 201 家投资机构中除 1 家为事业单位外，其余 200 家均为股份制有限责任公司和有限合伙企业，如图 3-5 所示。

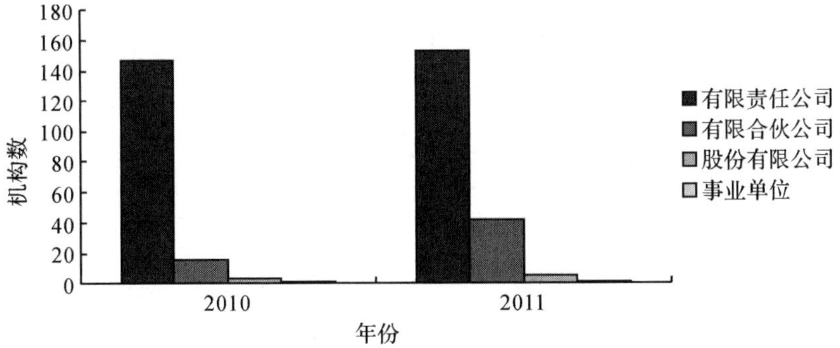

图 3-5 浙江省创业风险投资机构的组织形式比例

资料来源：浙江省创业投资发展报告 2012。

从企业性质划分，风险投资机构可以分为国有或政府主导企业、外商独资企业、民营及其他类型企业。2011年国有或政府主导企业（政府资本、国有企业资本、国有控股企业资本）有18家，占9%；外资企业（境外资本）2家，占1%；民营及其他类型企业（企业资本〈不包括国有独资和国有企业控股的企业资本〉、信托资本、其他资本）181家，占90%，如图3-6所示。

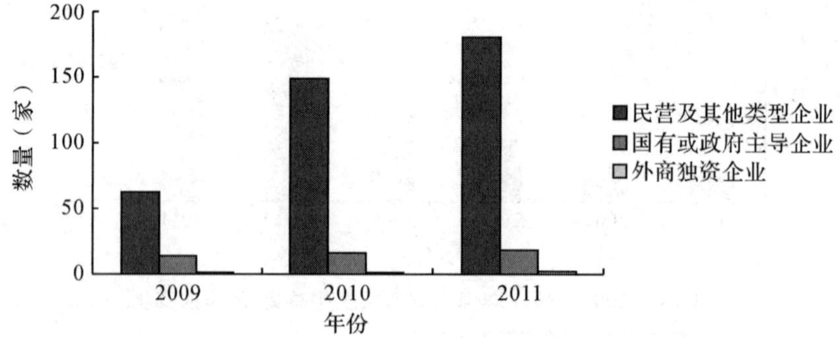

图3-6　2009—2011年创业风险投资机构属性分布变化

资料来源：浙江省创业投资发展报告2012

可见，“民营及其他类型企业”在浙江省创业风险投资机构中占90%，是浙江省创业风险投资机构的主力军。

2. 区域分布

2009—2011年以来，浙江省的风投机构不断增加，其中杭州市的增速最快。截止到2011年底，浙江省备案风投机构201家，全省范围内的风险投资机构区域分布上的特点是集中于浙东、浙北，并以杭州市为中心向周边城市扩展（浙江省创业投资发展报告2012），如表3-5所示。

表3-5　2009—2011年以来浙江省风险投资机构的区域分布

地区	年份	机构数量（家）	各地机构占比（%）
杭州	2009	64	82.10
	2010	132	79.50
	2011	170	84.50
宁波	2009	7	9.00
	2010	15	9.00
	2011	15	7.50

续 表

地区	年份	机构数量(家)	各地机构占比(%)
湖州	2009	2	2.60
	2010	2	1.20
	2011	1	0.50
绍兴	2009	3	3.90
	2010	9	5.40
	2011	7	3.50
嘉兴	2009	2	2.60
	2010	7	4.20
	2011	7	3.50
衢州	2009	0	0.00
	2010	1	0.60
	2011	1	0.50

资料来源:作者根据统计资料整理。

3. 经营模式

浙江省 2011 年风险投资机构(包括基金公司)的数量较往年都有所增加,其中投资基金公司(委托代为经营的机构)增长最快,达 25 家;自行经营的机构数增加了 9 家;而基金管理公司(受托代为经营的机构)在 2011 年只增加了 2 家(浙江省创业投资发展报告 2012),如表 3-6 所示。

表 3-6 浙江省创业风险投资机构的经营模式

管理模式	委托代为经营			受托代为经营			自行经营		
年份	2009	2010	2011	2009	2010	2011	2009	2010	2011
机构数	2	78	103	16	21	23	60	67	76
比例(%)	2.60	47.00	51.20	20.50	12.70	11.40	76.90	40.30	37.40

资料来源:作者根据统计资料整理。

从上表可以看出,经营模式中投资基金公司的占比逐年增长,并占据了半壁江山;而基金管理公司和自行经营模式的占比逐年下降,其中自行经营模式占比降幅最大。

4.人员规模

根据统计资料,2011 年被调查的 201 家风投机构中雇员规模大部分集中在 20 人以下区间内,雇员规模在 20 人以下的机构占比接近 93%,其中 11 人以下的机构占比达 67.2%,11—20 人的机构占比有 25.2%,说明浙江省创业风险投资机构的规模普遍偏小,这一特点与浙江省创业风险投资机构绝大部分系“民营及其他类型企业”的属性相吻合(浙江省创业投资发展报告 2012),如表 3-7 所示。

表 3-7 浙江省创业风险投资机构的雇员规模

雇员规模	年份	机构数(家)	比例(%)
11 人以下	2009	44	56.40
	2010	55	62.50
	2011	80	67.20
11—20 人	2009	24	30.80
	2010	27	30.70
	2011	30	25.20
21—30 人	2009	4	5.10
	2010	2	2.30
	2011	3	2.50
31—40 人	2009	2	2.60
	2010	1	1.20
	2011	4	3.40
40 人以上	2009	4	5.10
	2010	3	3.40
	2011	2	1.70

资料来源:作者根据统计资料整理。

5.资本规模

如表 3-8 所示,平均管理的资金规模在 5000 万元及以下的风险投资机构还是排在首位,但自 2008 年以来占比持续下降,而管理 5 亿元以上规模的风险投资机构却逐年增加。此外,2011 年上升较快的是管理 2 亿元—5 亿元的机构。目前浙江省风投机构管理资金规模主要还是集中在 5 亿元以下。从调查统计数据分析中,可以看出目前浙江省创投的总体规模还是偏小,这与图 3-6 中所见民营及其他类型企业占 90%的情况相吻合。

表 3-8 浙江省不同管理资金规模的风险投资机构比例(%)

	2008 年	2009 年	2010 年	2011 年
5000 万元及以下	33.90	38.50	30.10	28.20
5000 万元—10 000 万元	19.60	16.70	28.20	26.50
10 000 万元—20 000 万元	21.40	15.40	12.60	13.70
20 000 万元—50 000 万元	12.50	16.70	15.50	18.00
50 000 万元以上	12.50	12.80	13.60	13.70
合计	100	100	100	100

资料来源:浙江省创业投资发展报告 2012。

6. 业务收入

如表 3-9 所示,2011 年风投机构最大的收入来源依然是股权转让,已连续 2 年保持在 70%以上,与 2010 年不同的是在分红收入和管理费用收入略有下降的同时,2011 年非主营收入有了较大的提高,增幅有近 10 个百分点(浙江省创业投资发展报告 2012)。

表 3-9 2011 年浙江省创业风险投资公司年业务收入结构

类别		主营业务				非主营业务	合计
		股权转让	分红	管理费、咨询费	合计		
2010 年	收入(亿元)	10.90	1.30	1.30	13.40	0.30	13.70
	比例(%)	79.20	9.00	9.40	97.60	2.40	100.00
2011 年	收入(亿元)	21.90	1.80	1.50	25.10	3.40	28.50
	比例(%)	76.80	6.20	5.20	88.20	11.80	100.00

资料来源:作者根据统计资料整理。

二、浙江省风险投资项目的特征

1. 高新技术项目(企业)的风险投资有待增加

据浙江省创业风险投资行业协会的调查统计显示,截至 2011 年底,浙江省 201 家创业风险投资机构累计投资企业 1339 家,累计投资金额 226.44 亿元。其中累计投资高新技术企业 614 家,占累计投资项目的

45.86%,累计投资于高新技术企业的金额为100.68亿元,占累计投资金额的44.4%(浙江省创业风险投资发展报告2012)。总体而言,浙江省风投机构投资高新技术企业的资金量还有待提高。

2.种子期项目(企业)风险投资呈下降趋势

从投资企业的成长阶段看,2011年浙江省风投机构投资的316家企业中,处于成长期之前(包括成长期)的企业占了投资总项目的79.19%,其中投资种子期的企业数降幅比较明显,2011年占比只有5.03%,降幅达72.91%。投资最集中的是成长期企业,占了样本数的50%。综合分析浙江省风投资金投向趋势,全省风投行业在2011年比2010年增加35亿元投资资金的情况下,种子期项目的投资金额却从2010年的4.62亿元下降到2011年的2.36亿元,但投资的种子期项目的平均投资额却连续几年不断上升,从而造成浙江省的风投资金流向小微企业的趋势正在继续减少,这种趋势如果不能扭转,对浙江省以民营经济为主体经济发展将会带来不利的影响(浙江省创业风险投资发展报告2012)。

3.首轮投资项目(企业)的比重最大

统计结果显示2011年首轮投资的项目(企业)比重高达85.48%,占绝对主导地位,但比2010年还是下降了5个百分点;第二轮投资比重为11.60%,比2010年上升5个百分点;第三轮次投资占比为2.83%,与2010年相比基本持平(浙江省创业风险投资发展报告2012)。第二轮投资比重的上升可能有以下几个方面的原因:一是风投机构对创业风险企业的发展充满信心,从而加大了投资力度;二是创业风险企业提高了自身的融资能力,说服风投机构"同生死、共患难";三是创业风险企业的经营需要资金的支持,风投机构不得不提供必要的帮助,抱团取暖渡难关。

4.风险投资项目持股时间越来越短

从调查统计中可看出,2011年机构的退出项目数、退出项目的投资总金额、项目的平均投资额和平均持股时间比2010年都有所增加,而平均持股的比例已经连续3年呈下降趋势,从一个侧面反映了在市场经济环境功利性的影响下,浙江省风投机构为追求利益的最大化,对投资企业的持股时间也越来越短(浙江省创业风险投资发展报告2012)。

第三节　我国风险投资政策现状

政府政策是风险投资外部环境中的一个重要因素,它对风险投资的决策产生影响。Hamilton(1989),Lerner(1999),Jeng、Wells(2000),Armour、Cumming(2006)的研究表明政府政策的变化是造成宏观经济变量周期变化的重要因素,从而影响投资者的决策;同样,政府的各种优惠政策是影响创业投资的重要因素,如政府引导基金、科技产业扶持政策均会影响风险投资业的发展。因此,在研究风险投资决策优化问题中有必要考虑政策因素对风险投资决策的影响。

"制定政策、创造环境、加强监管、控制风险"是我国现阶段对风险投资业进行管理的基本原则,对我国今后风险投资体系的建设具有重大的指导意义。国内现有加快风险投资业发展的政策主要有税收政策和引导基金政策等,以下对这些政策做一简要阐述。

一、税收政策

近年来国家出台的税收政策主要如表 3-10 所示:

表 3-10　近年来我国出台的税收政策

政策名称	颁布时间	主要内容
《创业投资企业管理暂行办法》	2005 年 11 月	鼓励国家运用税收优惠政策扶持创业投资企业的发展,并引领他们增加对中小企业,特别是中小高新技术企业的投资
《中小企业促进法》	2002 年 6 月	标志着我国在法律中正式提出,要以税收政策为手段,鼓励各类依法设立的风险投资机构增加对中小企业的投资
《关于促进创业投资企业发展有关税收政策的通知》(财税〔2007〕31 号)	2007 年 2 月	目前我国对风险投资支持力度最大的税收政策
《中华人民共和国企业所得税法》	2007 年 3 月	该法第三十一条规定,对国家需重点扶持的项目进行风险投资的创业投资企业,可以按其投资额的一定比例抵扣应纳所得税
《关于实施创业投资企业所得税优惠问题的通知》	2009 年 4 月	该通知中明确"创业投资企业采取股权投资方式投资于未上市的中小高新技术企业 2 年(24 个月)以上,凡符合相关条件的,可以按照其对中小高新技术企业投资额的 70%,在股权持有满 2 年的当年抵扣该创业投资企业的应纳税所得额;当年不足抵扣的,可以在以后纳税年度结转抵扣"

资料来源:作者整理。

二、引导基金政策

近年来国家出台的引导基金政策主要如表 3-11 所示:

表 3-11 近年来我国出台的引导基金政策

政策名称	颁布时间	主要内容
《科技型中小企业创业投资引导基金管理暂行办法》	2007 年 7 月	明确指出,国家科技型中小企业创业投资引导基金(以下简称引导基金)是用于引导创业投资机构向初创期科技型中小企业投资的专项基金
《国务院关于进一步促进中小企业发展的若干意见》(国发〔2009〕36 号)	2009 年 9 月	明确"鼓励有关部门和地方政府设立创业投资引导基金,引导社会资金设立主要支持中小企业的创业投资企业,积极发展股权投资基金"

资料来源:作者整理。

总的来说,引导基金是由政府设立并按市场化方式运作的政策性基金,主要通过参股扶持风险投资企业的发展,引导社会资本进入风险投资领域。引导基金,又被称为"母基金""基金中的基金",其本身不直接从事风险投资活动(靳景玉、曾胜、张理平,2012)。

第四节 浙江省风险投资政策现状

为鼓励自主创新,充分发挥财政资金的引导作用,引导社会资金流入风险投资领域,2009 年 3 月 1 日,浙江省政府设立了浙江省创业风险投资引导基金。该基金以"政府引导、市场运作,科学决策、严格管理"为投资运作原则,重点引导风投机构投向符合浙江省高新技术产业发展规划的领域,以及风险与成长性并存的创业高科技企业,全面推进浙江省的经济结构调整和产业升级。

浙江省的杭州市、绍兴市、衢州市、嘉兴市、温州市、宁波市等地区都先后出台了创业投资引导基金政策,如表 3-12 所示。

表 3-12 浙江省各地区创业投资引导基金政策

	名称	发布部门	发布时间
1	杭州市人民政府办公厅转发市财政局等六部门关于杭州市创业投资引导基金管理办法(试行)的通知	杭州市人民政府	2008 年
2	绍兴市人民政府办公室关于印发绍兴市创业投资引导基金管理暂行办法的通知	绍兴市人民政府办公室	2008 年
3	浙江创业风险投资引导基金管理办法	浙江省人民政府	2009 年
4	衢州市人民政府关于印发衢州市创业投资引导基金管理暂行办法的通知	衢州市人民政府	2009 年
5	嘉兴市人民政府办公室关于印发嘉兴市创业投资引导基金管理暂行办法的通知	嘉兴市人民政府办公室	2009 年
6	绍兴市人民政府办公室关于进一步完善绍兴市创业投资引导基金管理暂行办法的通知	绍兴市人民政府办公室	2009 年
7	关于印发温州经济技术开发区创业投资引导基金管理暂行办法的通知	温州市经济技术开发区	2010 年
8	宁波市创业投资引导基金管理办法(试行)	浙江省宁波市人民政府办公厅	2011 年

资料来源:作者根据相关资料整理。

除了上述引导基金政策外,浙江省风投机构还享受了所得税减免、计提风险准备金、获得政府资金支持等政策。但从对 165 家风险投资机构的调查中了解到,浙江省风投机构最希望政府进一步出台的激励政策排在前两位的依然是税收减免和设立政策性引导基金。可见,在税收减免和设立政策性引导基金方面政策仍有较大的调整空间。

第五节 国外发达国家的风险投资政策

一、美国 SBIC 计划

作为风险投资发源地的美国,也同样存在处于种子期和初创期的中小企业往往难以从资本市场获得足够的所需资金的情况。美国政府意识到风险性资金的缺乏是创新企业发展的主要绊脚石。因此,美国国会于 1958

年批准成立由美国小企业管理局(英文简称 SBA)负责监督管理的“小企业投资公司(英文简称 SBIC)计划”。

该计划以美国社会信用体系已经高度完善为前提，专门投资于 SBA 规定范围内的企业的投资公司(称小企业投资公司)可以得到政府的拨款或担保发行债券来募资等政策优惠，目的在于提高小企业投资公司的投资能力和财务收益水平，并以此推动民间自己设立小企业的投资公司。该计划的实施对中小企业的发展起着重要的推动作用。

SBIC 计划管理组织模式如图 3-7 所示。

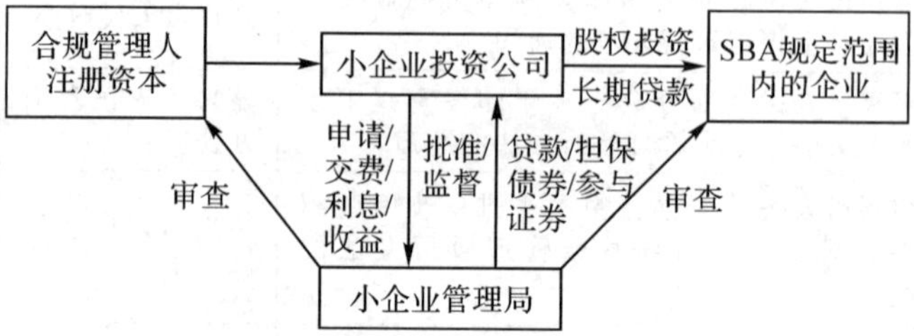

图 3-7 SBIC 计划管理组织模式

资料来源：靳景玉等，2012。

二、以色列 YOZMA[①] 计划

以色列是世界上创业风险投资最发达的国家之一。由于以色列本国资本市场欠发达，中小型科技企业无法从商业银行得到融资支持。为促进本国创业风险投资的发展，在 1992 年，以色列政府出资 1 亿美元启动了 YOZMA 计划，如图 3-8 所示。其中 8000 万美元主要用于与国际知名的金融机构(大部分是风险投资公司)合作并发起成立子基金，在该基金中，以色列政府的资金占 40%，私人资本占 60%。这样政府的 8000 万美元资金就可以撬动 1.2 亿美元的私人资本。另外的 2000 万美元由国有独资的 YOZMA 基金管理公司投向高新技术创业企业。YOZMA 计划的目的是通过引导民间资金设立更多的商业性创业风险投资基金，杠杆放大对创业企业的支持。

---

① “YOZMA”一词的希伯来语意思是“初创”。

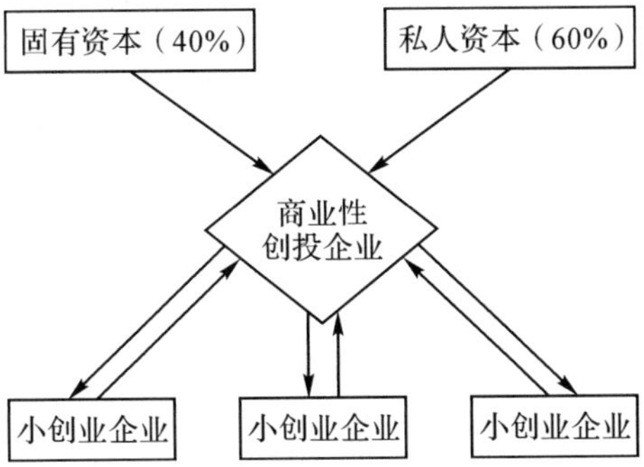

图 3-8　YOZMA 基金运作模式

资料来源：曾胜等，2012。

三、英国的股权支持模式

英国的风险投资业在欧洲起步最早且最为发达，其风险资本总额占到欧洲总额的近一半，英国的风险资本占国民生产总值的比例仅次于美国。英国的引导基金采用多样化支持模式，以参股设立风险投资基金为主，辅以资金保证和管理成本或交易成本补贴等措施。

在实际操作中，英国政府主要采取了参股支持形式。该支持方式主要有：一是政府担保，英国从 1981 年开始实施信贷担保计划，支持银行为小企业提供中长期贷款；二是直接拨款，即政府直接向风险投资企业和风险投资家提供无偿援助，以鼓励风险投资的发展；三是税收优惠，在 1983—1993 年，英国实施企业扩大计划，通过向英国未上市公司的投资人提供个人收入税减免优惠来刺激投资，每年可减免 4 万英镑收入税（靳景玉、曾胜、张理平，2012）。

四、信用担保政策

由于风险投资的高风险特征，商业银行一般不愿意为其提供贷款。考虑到商业银行贷款安全性的需要，政府提出了信用担保政策，其核心内容是由政府提供信用担保，让商业银行向风险投资机构提供贷款或代为发行债券，为风险投资机构募资。如美国国会在 1982 年通过了《小企业股权投资激励法》，以政府信用为基础，小企业管理局对从事股权类的小企业投资公司提供发行长期债券的信用担保，并由小企业管理局代为支付长期债券自然产生的定期利息,当小企业投资公司实现足够的资本增值后,小企业投资公司才一次性偿还债券本金,并支付小企业管理局10%左右的收益分成。

五、国外政策的启示

国外政策给我们的启示是:(1)美国的"SBIC计划"中的由政府担保发行债券来为小企业投资公司募资的政策,提高了小企业投资公司的投资能力和财务收益水平,并推动了民间自己设立小企业的投资公司,以支持创业企业的发展;(2)以色列"YOZMA计划"以政府资金引导民间私人资本更多地进入风险投资领域,杠杆放大对创业企业的支持。根据1993年我国国务院颁布的《企业债券管理条例》的规定,企业发行企业债券所筹资金不得用于风险性投资。但随着我国经济发展和风险投资拓宽融资渠道的现实迫切需要,政府可以考虑借鉴美国"SBIC计划"和以色列"YOZMA计划",由政府和风险投资机构共同出资,建立"担保基金",允许风险投资机构向社会发行债券,引导更多的社会闲散资金进入风险投资领域,使得风险投机构的融资能力放大,并引导其更多地投向科技型中小企业;(3)英国的"股权支持模式"中的税收优惠政策,通过向未上市公司的投资人提供个人收入税减免优惠来刺激投资,鼓励风险投资的发展,英国的上述做法也是值得借鉴的。目前,我国对于个人、合伙企业、公司3类不同投资主体,其税收政策各不相同。合伙企业中的个人合伙人的税负要高于个人投资者为主体投资的税负,这与政府鼓励风险投资业规范运作,做大做强的愿景不一致。因此,现有的税收政策需要改进,进一步降低股权投资合伙制企业的税负,使其达到与个人投资者一致的水平,实现税负公平,以加快风险投资业的发展。

本章小结

本章首先通过对我国风险投资的组织形式、资本来源、投资案例状况、资本退出状况等的分析以及对浙江省风险投资机构的属性分布、区域分布、经营管理模式、人力资源雇员规模、资本规模分布、业务收入及风险投资项目特征的分析,总结归纳了我国及浙江省风险投资业发展现状与特征;接着对国内外风险投资政策进行了简要阐述,以便为后续政策情景模拟分析做好铺垫。

总的来说，由于我国风险投资行业发展的历史比较短，风险投资业的发展水平和质量与建设创新型国家、实施“以创业带动就业”的战略要求相比还存在一些差距。如对处于初创期的早期项目投资力度不够，热衷于投资快要上市的成熟企业，所投项目中符合“中小高新技术企业”双重标准的项目偏少等。

相比于全国整体风险投资状况，浙江省风险投资机构主要以民营及其他类型企业为主（占比 90%），管理资金规模主要还是集中在 5 亿元以下，平均管理的资金规模 5000 万及以下的机构数还是排在首位；风投机构中雇员规模在 20 人以下的机构占比接近 94%。这说明目前浙江省创业风险投资机构以民营经济企业为主体，主要的特点是规模普遍偏小，专业化管理水平不高，抗风险能力弱。

另外，浙江省风险投资项目存在的问题是投资结构欠合理，去风险化现象比较突出，主要体现在：一是对高新技术项目（企业）的风险投资有所不足，截至 2011 年底，浙江省创业风险投资机构累计投资高新技术企业金额占累计投资金额的 44.4%（低于全国水平）；二是种子期项目（企业）风险投资额呈下降趋势，投资项目所处阶段重心偏后，2011 年浙江省风投机构投资最集中的是成长期企业，占了样本数的 50%，投资种子期的企业数降幅比较明显，2011 年占比只有 5.03%，降幅达 72.91%；三是风险投资项目持股时间越来越短，从 2009 年的 4.96 年下降到 2011 年的 3.95 年，这些都偏离了创业风险投资高风险、高收益、长期化的基本属性。这与建设创新型国家的战略要求相比，还存在明显差距，主要原因是投资种子期项目或高新技术项目的风险大，风投机构本身的抗风险能力不强。这种趋势如果不能及时扭转，对浙江省以创新创业为主体的创新经济发展将会带来不利的影响。此外，首轮投资项目（企业）的比重较大，就投资轮次来看，2011 年首轮投资的企业比重高达 85.5%，占绝对主导地位，即大部分项目只对其投资 1 次，不再分阶段追加投资，因此提高决策质量，控制投资风险变得十分迫切。

第四章 风险投资风险水平的实证量化
——以浙江省为例

本章主要是衡量风险投资所投行业的整体风险水平,并进行投资项目的初选决策。有关风险水平的量化指标和方法有很多,应根据具体的研究对象及所获数据来选择合适的衡量指标和量化方法。本章首先根据对浙江省风险投资机构实地调查获得的一手数据资料,采用静态量化风险的绝对偏差指标,对风险投资项目所处行业的整体风险水平进行量化评估。然后,采用随机模拟方法来模拟三角模糊数,把三角模糊数及函数间运算简化为普通的实数之间运算,建立基于三角模糊数随机模拟的风险投资综合风险评价模型,以解决有随机性、模糊性和数据资料不精确等多种不确定性因素综合作用的风险投资项目风险评价问题。最后,根据投前项目的预期收益和综合风险值做出项目的初步筛选决策。

第一节 浙江省风险投资风险水平量化的实证分析

一、风险水平量化方法

正如前文风险投资风险度量方法的研究中所述,对于风险水平量化分析,学者们提出了多种量化的方法,这些方法各有优缺点。尤其是在风险投资决策模型中,很多学者使用方差、标准差等变异指标作为风险的度量,例如美国著名学者 Freund 在 20 世纪 50 年代提出的风险决策的二次规划模型中,就使用方差作为风险量化的指标。但是使用方差作为风险的度量,有可能会掩盖均值的差异,而使用总绝对偏差法进行风险的度量,则可避免这些问题。

样本值与均值之差即绝对偏差，总绝对偏差就是各样本值与均值之差的绝对值之和，它可以较充分地反映样本的离散程度，因此可用作衡量风险水平的有效指标。总绝对偏差的计算公式为

$$V_{tj}=\sum_{j=1}^{n}|C_{tj}-\bar{C}_j| \tag{4-1}$$

式中，V_{tj}表示风险投资项目j在第t年的风险水平，也就是该项目各年的偏差绝对值之和，即总绝对偏差；C_{tj}是风险投资项目j在第t年的实际收益水平；$\bar{C}_j$是风险投资项目j的平均收益水平；相应的取值范围为：$j=1,2,\cdots,n$；$t=1,2,\cdots,m$；其中n是风险投资项目的总数，m是自然状态的总数目。

当$C_{tj}>\bar{C}_j$时，式(4-1)为

$$V_{tj}=\sum_{j=1}^{n}(C_{tj}-\bar{C}_j) \tag{4-2}$$

当$C_{tj}<\bar{C}_j$时，式(4-1)为

$$V_{tj}=-\sum_{j=1}^{n}(C_{tj}-\bar{C}_j) \tag{4-3}$$

根据式(4-1)，V_{ij}值越大，表明样本值越分散，即在风险状态下，样本值偏离平均值的程度越深，因此风险水平也就越高。

二、数据来源

本章风险量化数据来源于笔者2013年1—9月对浙江省风投机构比较聚集的杭州市、宁波市、湖州市、绍兴市、嘉兴市、衢州市等6个城市的风险投资机构的调查。在浙江省创业风险投资行业协会的支持和帮助下，通过实地访谈、问卷调查、电话采访、邮件以及省行业协会年会上的现场统计调查等渠道，获得了有关风险投资的一手数据资料。笔者一共调查了201家风险投资机构(包括管理公司、基金公司)，由于各种原因，实际获得了156家风投机构在2009—2011年投资的605个项目的有效数据和信息，有效率为77.6%。这156家风险投资机构(包括管理公司、基金公司)的区域分布如表4-1所示，605个项目(企业)所在的行业分布如表4-2所示。从表4-2中可见，2009—2011年浙江省风投机构投资的项目(企业)分布在26个行业中，除其他行业外，传统制造业，IT服务业，新能源、高节能技术，新材料工业和传播与文化娱乐的投资项目数排前5位，而建筑业、批发和零售、交通运输仓储和邮政、房地产业、半导体、核技术、社会服务等行业排倒数1—

7位。为了便于统计和分析,笔者将建筑业、批发和零售、交通运输仓储和邮政、房地产业、半导体、核技术、社会服务等投资比例很小的行业统一纳入其他行业;这样,所调查的浙江省风投机构投资的605个项目分布在19个行业之中,如表4-3所示。

表4-1　所调查的浙江省风险投资机构的区域分布

	杭州	宁波	湖州	绍兴	嘉兴	衢州	合计
机构数量(家)	125	15	3	7	5	1	156
各地机构占比(%)	80.1	9.6	1.9	4.5	3.2	0.6	100

资料来源:作者调研统计。

表4-2　2009—2011年所调查的浙江省风投机构投资项目(企业)行业分布

序号	行业	2009年	2010年	2011年	小计
1	传统制造业	11	17	23	51
2	其他行业	8	14	19	41
3	IT服务业	6	18	15	39
4	新能源、高节能技术	9	12	16	37
5	新材料工业	7	16	13	36
6	传播与文化娱乐	6	9	18	33
7	网络产业	6	15	11	32
8	金融服务业	6	17	8	31
9	光电与光电机一体化	5	13	12	30
10	软件产业	8	12	10	30
11	消费产品和服务	7	14	9	30
12	科学研究与技术服务	8	10	11	29
13	农林牧副渔	5	8	15	28
14	通信设备	8	7	13	28
15	环保工程	7	6	13	26
16	医药保健	7	9	8	24

续 表

序号	行业	2009 年	2010 年	2011 年	小计
17	生物科技	5	11	8	24
18	计算机硬件产业	5	7	10	22
19	采矿业	6	4	8	18
20	建筑业	0	0	3	3
21	批发和零售	0	1	2	3
22	半导体	0	1	2	3
23	交通运输仓储和邮政	0	0	3	3
24	社会服务	0	0	2	2
25	房地产业	0	0	1	1
26	核技术	1	0	0	1
	合计	131	221	253	605
	比重(%)	21.70	36.50	41.80	100

资料来源:作者调研统计。

三、数据处理的具体方法和步骤

数据处理的具体方法和步骤是:第一步,计算风投项目每年的投资收益率 C_{tj};第二步,计算风投项目的期望收益率 $\bar{C}_j$(风投项目各年投资收益率的平均值);第三步,计算风投项目的收益偏差系数 $C_{tj}-\bar{C}_j$;第四步,进行风投项目的总绝对偏差 $V_{tj}=\sum_{j=1}^{n}|C_{tj}-\bar{C}_j|$ 的计算;第五步,计算风投项目的平均绝对偏差 $MAD=V_{tj}/n$,其中 V_{tj} 系风投项目的总绝对偏差,n 为风投项目的总数。

1. 年投资收益率计算方法

投资收益率是指税后的投资收益与原始投资额的比值。笔者在 2013 年 1—9 月,调查了浙江省 156 家投资机构在 2009—2011 年投资的 605 个项目(企业),这些项目都是在 2009—2011 年陆续投资的。因此,笔者采集了这些项目在 2010—2012 年各年投资的一手数据,为风投项目每年投资收益率的计算打好基础。由于这些项目基本都未退出(上市、回购或并购），因此，本书采用市盈率法来计算被投项目的估值，在此基础上计算风投项目年度投资收益，最终计算出年度投资收益率。

市盈率法是指用行业平均市盈率对企业价值进行估计，按此估价法，企业的价值得自于可比较资产或企业的定价；假定同一个行业中的其他企业可用作被估价企业的“可比较企业”，且平均市盈率所反映的企业绩效是合理而正确的；市盈率法通常被用于对未上市企业的估价①。

2. 风投项目每年投资收益率具体计算过程

（1）年度投资收益率＝年度投资收益/原始投资额。

（2）年度投资收益的计算。

如果是投资第一年：

年度投资收益＝第一年项目风险投资的估值－原始投资额；

从第二年开始：

风投年度投资收益＝当年项目风险投资的估值－上年项目风险投资的估值；

（3）项目风险投资的估值＝被投项目的总估值×风投机构年末持股百分比。

（4）被投项目的总估值＝被投项目（企业）年净利润×w×3 年内最低市盈率，w 为市盈率修正系数。

由于上市公司有流动溢价，未上市被投项目（企业）的估值也要在已上市同类公司平均市盈率的基础上打个折扣。由于风险投资的项目还没有上市，因此其估值（市盈率）应低于上述熊市的估值（市盈率），即风投价格、股市的熊市价格、牛市价格的高低顺序应该是牛市价＞熊市价＞风投价。

（5）市盈率的计算。

市盈率是投资者投资估值的重要参考指标，通常指在一个考察期（一般为 12 个月的时间）内，股票价格与每股收益的比值；行业市盈率是一个行业上市公司总市值占该行业上市公司净利润总和的比率②。

市盈率＝每股股价/每股盈利。

（6）确定市盈率修正系数

经调查从事风投的投资专家，普遍认可把最近 3 年（2010—2012 年）的

① 资料来源：百度百科《市盈率法》，http://baike.baidu.com/link? url＝V7mtcStJ24i2WY1qDyXKbGy8jNat894GlyyuEk2Jm3LUzBGpohQ7e4rg70kYUI5G

② 资料来源：《证券期货业重点统计指标诠释之市盈率》，2013，http://www.gf.com.cn/cms/newsContent.jsp? docId＝1762786

最低市盈率作为熊市的市盈率，把同行业的熊市市盈率的 50%作为创投项目的合理估值的市盈率。因此，在这里 w 为市盈率修正系数，表示打折的比率，取 0.5 为宜。

(7)被投项目(企业)年净利润。

指经审计的被投项目(企业)年净利润，由审计报表提供。

通过上述方法计算出所调查的浙江省 156 家风投机构所投项目每年的投资收益率，并将每个行业内项目的投资收益率求平均，得到 19 个行业 2009—2012 年各年的投资收益率，如表 4-3 所示。

表 4-3　2009—2012 年所调查投资项目(企业)的行业分布、各年投资收益率及风险水平状况

序号	行　业	2009 年投资项目数(个)	2010 年投资项目数(个)	2011 年投资项目数(个)	2010 年投资收益率(%)	2011 年投资收益率(%)	2012 年投资收益率(%)	3 年平均投资收益率(%)	2010 年平均绝对偏差(亿元)	2011 年平均绝对偏差(亿元)	2012 年平均绝对偏差(亿元)	平均绝对偏差的 3 年平均(亿元)
1	其他行业	9	16	32	9	11	12	11	0.03	0.05	0.07	0.05
2	传统制造业	11	17	23	9	11	12	11	0.02	0.05	0.06	0.04
3	IT 服务业	6	18	15	8	11	11	10	0.03	0.05	0.07	0.05
4	软件产业	8	12	10	8	10	12	10	0.02	0.03	0.06	0.04
5	新能源、高节能技术	9	12	16	10	12	8	10	0.02	0.08	0.08	0.06
6	新材料工业	7	16	13	12	−4	1	3	0.07	0.25	0.13	0.15
7	网络产业	6	15	11	6	8	9	8	0.02	0.04	0.07	0.04
8	消费产品和服务	7	14	9	8	18	16	14	0.03	0.19	0.12	0.11
9	光电与光电机一体化	5	13	12	8	10	7	8	0.03	0.05	0.07	0.05
10	金融服务业	6	17	8	21	28	32	27	0.16	0.27	0.35	0.26
11	传播与文化娱乐	6	9	18	9	36	33	26	0.02	0.47	0.34	0.28
12	科学研究与技术服务	8	10	11	8	10	14	11	0.04	0.07	0.10	0.07
13	农林牧副渔	5	8	15	8	17	9	11	0.03	0.15	0.08	0.09
14	通信设备	8	7	13	7	8	7	8	0.02	0.03	0.06	0.04

续 表

序号	行　业	2009年投资项目数(个)	2010年投资项目数(个)	2011年投资项目数(个)	2010年投资收益率(%)	2011年投资收益率(%)	2012年投资收益率(%)	3年平均投资收益率(%)	2010年平均绝对偏差(亿元)	2011年平均绝对偏差(亿元)	2012年平均绝对偏差(亿元)	平均绝对偏差的3年平均(亿元)
15	环保工程	7	6	13	7	10	12	10	0.01	0.04	0.06	0.04
16	医药保健	7	9	8	9	10	12	10	0.02	0.03	0.05	0.03
17	生物科技	5	11	8	7	7	7	7	0.03	0.04	0.05	0.04
18	计算机硬件产业	5	7	10	7	8	9	8	0.03	0.07	0.08	0.06
19	采矿业	6	4	8	12	9	7	9	0.07	0.09	0.09	0.08

资料来源:作者计算。

四、结果及分析

通过将实地调查获得的数据按照上述方法和步骤进行计算,就得到所调查的浙江省156家风投机构投资的605个项目所处行业2010—2012年的风险水平量化数据(用收益的平均绝对偏差衡量行业风险),相关结果如表4-3所示。

1.投资项目的行业风险水平

(1)2010年行业风险水平。

2010年浙江省创业风险投资机构的投资项目按行业划分主要集中在其他行业,新材料工业,新能源、高节能技术,IT服务业以及传统制造业。要说明的是,这里的“其他行业”是指难以采用传统分类方式界定的基于现代通信技术和互联网的新兴服务业态等。

在投资收益率方面,2010年金融服务行业投资收益率达21%,领先于其他行业。总体来看,2010年我国金融服务业虽然受到2008年全球金融危机的影响,但是除了证券市场之外,银行、保险等受到冲击并不大,尤其是金融服务业部分新兴的领域更是迎来了快速发展。但同时,2010年风险投资机构所投19个行业中风险最大的也是金融服务业,其次是新材料工业和采掘业;风险最小的是环保工程,比较小的是医药保健、通信设备、网络产业、软件产业以及传统制造业等。新材料工业和采掘业的投资收益率为12%,在该年中并列排第二;金融服务业、新材料工业和采掘业这3个行业在该年中是较典型的高风险带来高收益的行业,如图4-1所示。此外,该年中投资收益率为10%的只有新能源、高节能技术行业;投资收益率低于10%的有:传播与文化娱乐业、医药保健、传统制造业以及其他行业投资收益率均为9%;IT服务业、农林牧副渔、消费产品和服务、软件产业、科技服务以及光电与光电机一体化行业的投资收益率为8%;通信设备、环保工程、生物科技、计算机硬件产业的投资收益率为7%;投资收益率最低的是网络产业,其投资收益率为6%,如图4-2所示。总的来说,该年中各行业的风险与收益情况符合收益和风险的基本关系,即收益与风险是相对应的,就是说风险大的行业要求的收益率也高,而收益率低的投资往往风险也比较小,正所谓"高风险,高收益;低风险,低收益"。

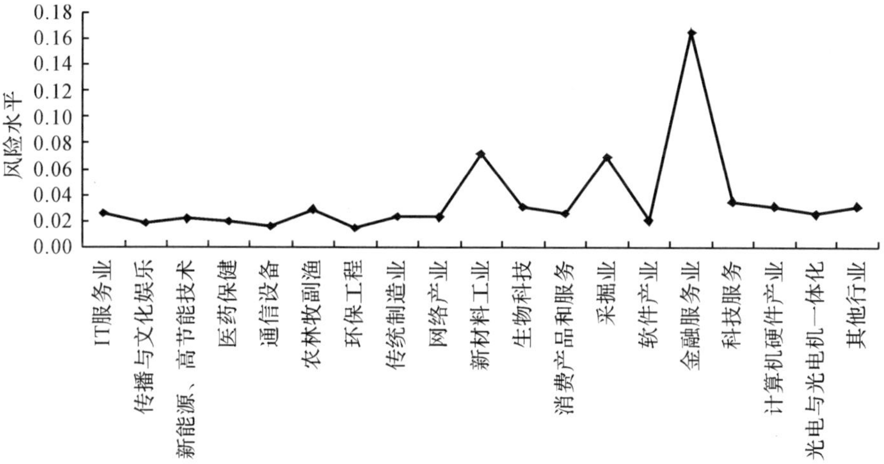

图4-1 2010年创业风险投资所投行业的风险水平

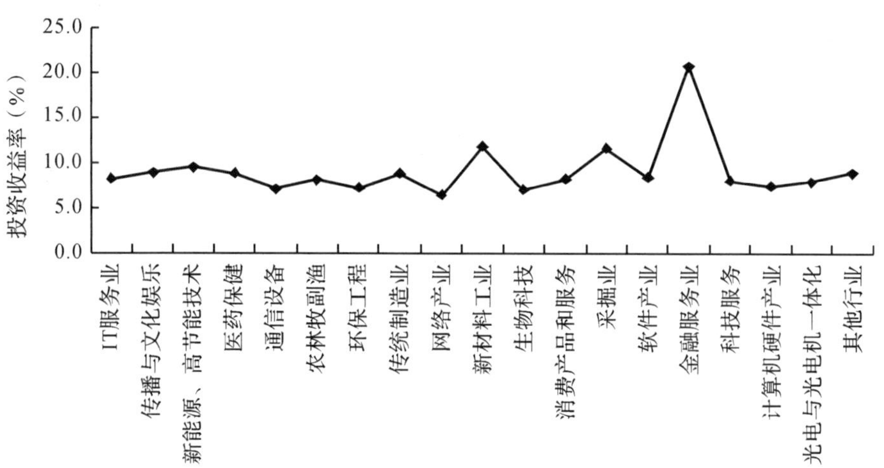

图4-2 2010年创业风险投资所投行业的投资收益率

(2)2011 年行业风险水平。

2011 年风险投资机构所投 19 个行业中，风险最大的是传播与文化娱乐业，其次是金融服务业和新材料工业、消费产品和服务业以及农林牧副渔。相对来讲，医药保健、通信设备、软件产业以及环保工程行业风险较小，如图 4-3 所示。从该年的投资收益率来看，传播与文化娱乐业投资收益率排第一，金融服务业排第二，消费产品和服务业排第三，农林牧副渔排第四，其投资收益率分别为 36%、28%、18%、17%。投资收益率大于 10%的行业有 IT 服务业 11%，新能源、高节能技术 12%，传统制造业 11%，其他行业 11%；此外，医药保健、环保工程、软件产业、科技服务、光电与光电机一体化的投资收益率均为 10%；投资收益率均在 10%以下的行业有：通信设备 8%、网络产业 8%、生物科技 7%、采掘业 9%、计算机硬件产业 8%；新材料工业的投资收益率为负的 4%，处于行业亏损状态，如图 4-4 所示。总的看来，该年传播与文化娱乐、金融服务以及消费产品和服务业具有高风险和高收益的特征，除了新材料工业之外的其余行业风险水平与收益水平相一致，都处于中间状态，而新材料工业属于高风险、亏损行业；这说明高风险不一定带来高收益，有时带来的可能是损失。

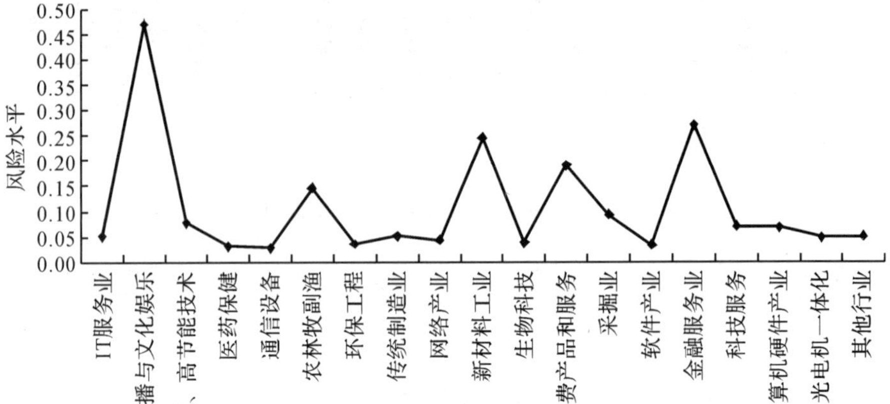

图 4-3　2011 年创业风险投资所投行业的风险水平

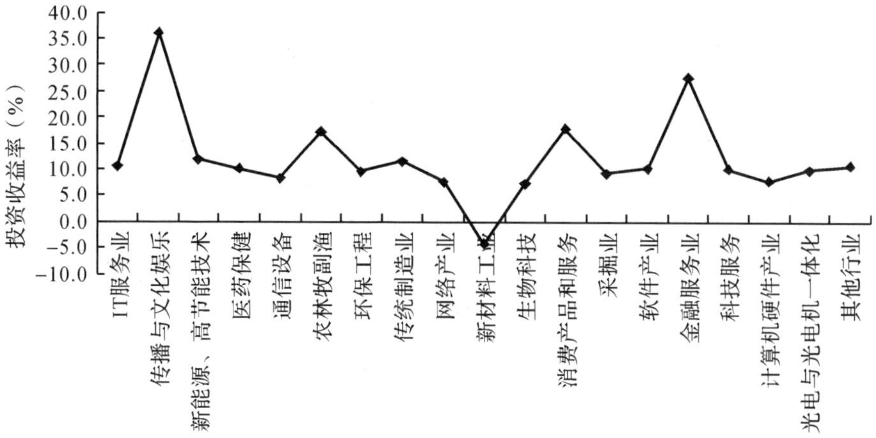

图 4-4　2011 年创业风险投资所投行业的投资收益率

(3)2012 年各行业的风险状况。

2012 年风险投资机构所投 19 个行业中风险最大的是金融服务业和传播与文化娱乐业，其次是新材料工业以及消费产品和服务业。风险相对较小的有生物科技、医药保健、环保工程等行业，如图 4-5 所示。该年中投资收益率最高的是传播与文化娱乐业为 33%，接下来是金融服务业为 32%，消费产品和服务业为 16%，科技服务为 14%。投资收益率超过 10%的行业还有：医药保健、环保工程、传统制造业、软件产业以及其他行业均为 12%，IT 服务业为 11%。投资收益率低于 10%的行业有：计算机硬件产

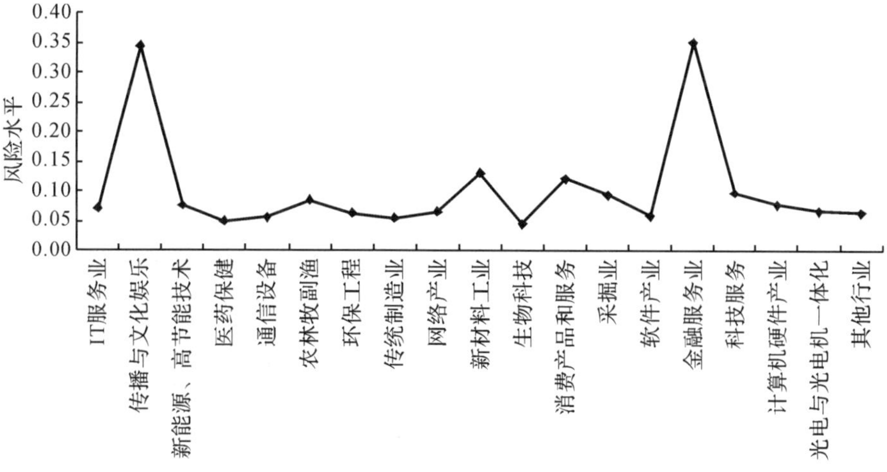

图 4-5　2012 年风险投资所投行业的风险水平

业、网络产业和农林牧副渔均为9%,新能源、高节能技术为8%,通信设备、生物科技、采掘业和光电与光电机一体化行业为7%,最低是新材料工业,仅为1%,如图4-6所示。调查数据显示,除了新材料工业外,风险高的行业,其预期收益率也高,风险低的行业,其预期收益率也低;对于风险喜好者而言,可能会选择风险高、预期收益率也高的行业去投资;而风险低的项目,往往被风险厌恶者所喜爱,其得到的报酬相应也比较低。特别要注意的是像新材料工业这一类风险高、收益低的行业可能是所有投资者都要警惕和规避的投资行业,投资者应该根据风险和收益的情况及时调整投资方向,以更好地规避投资风险。

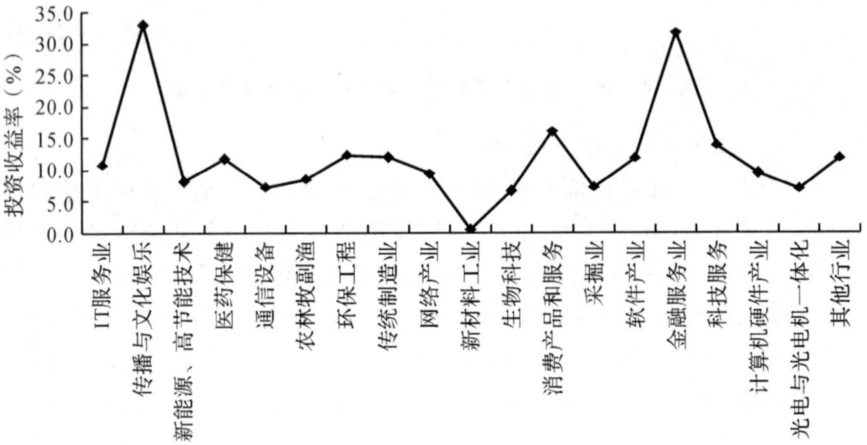

图 4-6 2012 年风险投资所投行业的投资收益率

2. 投资项目的总体风险水平

从2010—2012年3年收益的平均绝对偏差情况来看,总体风险最大的是传播与文化娱乐业,接着是金融服务业,但同时3年的平均收益它们也排在前二位。其次,风险较大的是新材料工业以及消费产品和服务业,消费产品和服务业的收益排在第三位,因此,传播与文化娱乐、金融服务业、消费产品和服务业是比较典型的高风险、高收益行业,但新材料工业的3年平均收益在19个行业中排在倒数第一位,属比较典型的高风险低收益行业。风险最低的是医药保健行业,比较低的是软件产业、通信设备、环保工程,风险居中的行业中风险从大到小排序依次为:农林牧副渔,采掘业,科技服务,计算机硬件,新能源、高节能技术,IT服务业,光电与光电机一体化、其他行业,传统制造业,网络产业,生物科技等,如图4-7、图4-8所示。

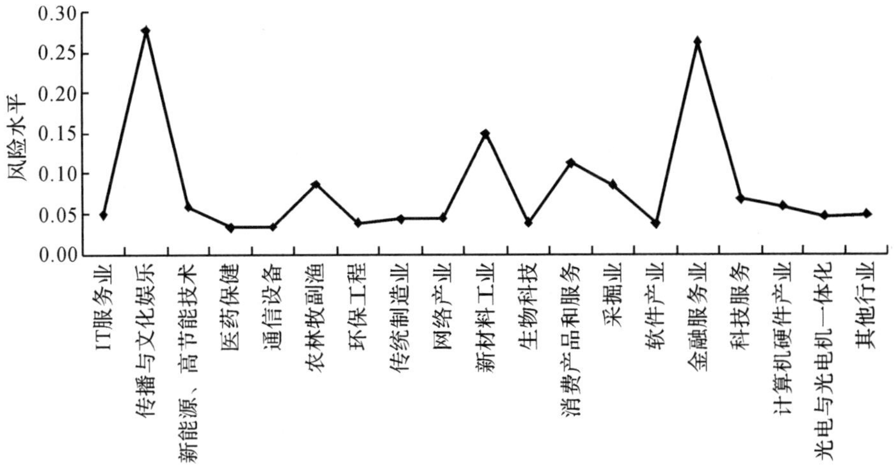

图 4-7　2010—2012 年风险投资所投行业 3 年平均的风险水平

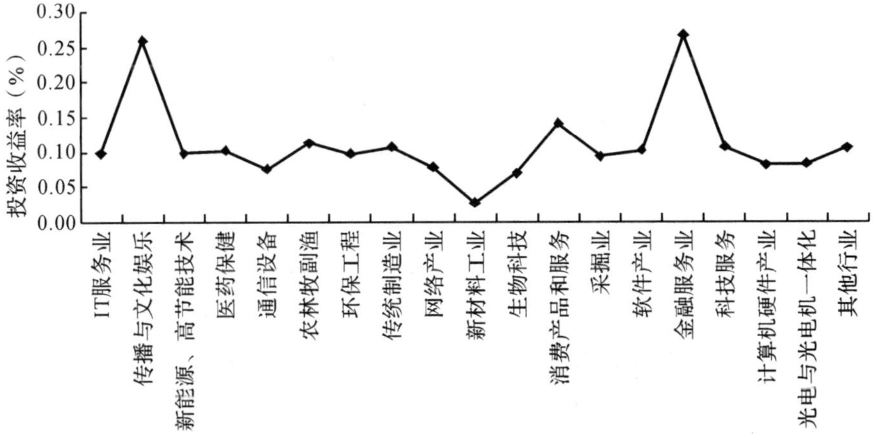

图 4-8　2010—2012 年风险投资所投行业 3 年平均投资收益率

(1)2010—2012 各年总风险及 3 年平均总风险。

2010—2012 各年总风险及 3 年平均总风险统计结果如图 4-9 所示，2010 年的总风险水平最低，2011 年的总风险水平略高于 2012 年；3 年中 2010 年的总风险水平低于 3 年平均水平，而 2011 年和 2012 年的总风险水平均高于 3 年平均水平。相应的 2010 年的各行业平均投资收益率水平也是最低，低于 3 年平均投资收益率水平；2011 年各行业平均投资收益率与 2012 年持平，均高于 3 年平均投资收益率水平，符合收益和风险的基本关系，即“高风险，高收益；低风险，低收益”，如图 4-9、图 4-10 所示。

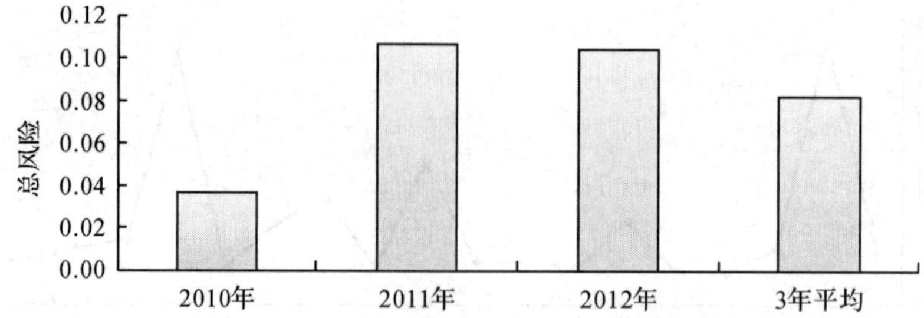

图 4-9 2010—2012 年各年总风险及 3 年平均总风险

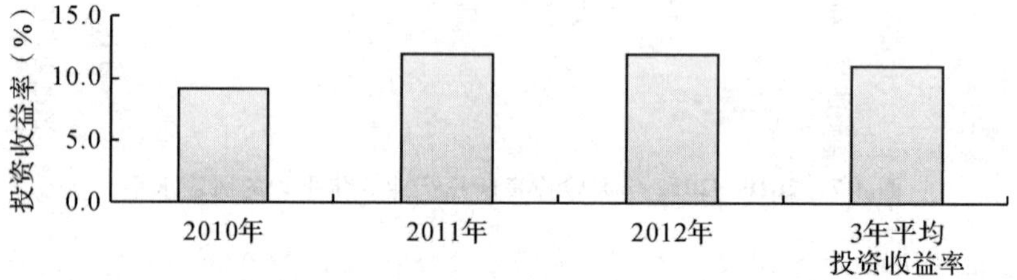

图 4-10 2010—2012 年各年平均投资收益率及 3 年总平均投资收益率

(2)2010—2012 年各行业风险水平与 3 年平均风险水平的对比。

2010—2012 年各行业风险水平与 3 年平均风险水平的对比结果如图 4-11 所示,由于 2010 年各行业的风险水平基本上比 2011 年和 2012 年都要低,所以各行业 3 年平均风险水平均高于 2010 年,但基本上小于或等于 2011 年和 2012 年。风险比较大的几个行业,如传播与文化娱乐、新材料工业、消费产品和服务、农林牧副渔 2011 年的风险水平明显要高于 2010 年和 2012 年。金融服务业等多数行业的风险水平从 2010 年到 2012 年是 3 年持续递增的,由于多数行业 3 年中的风险递增的幅度不是很大,因此 2011 年的总风险水平略高于 2012 年。

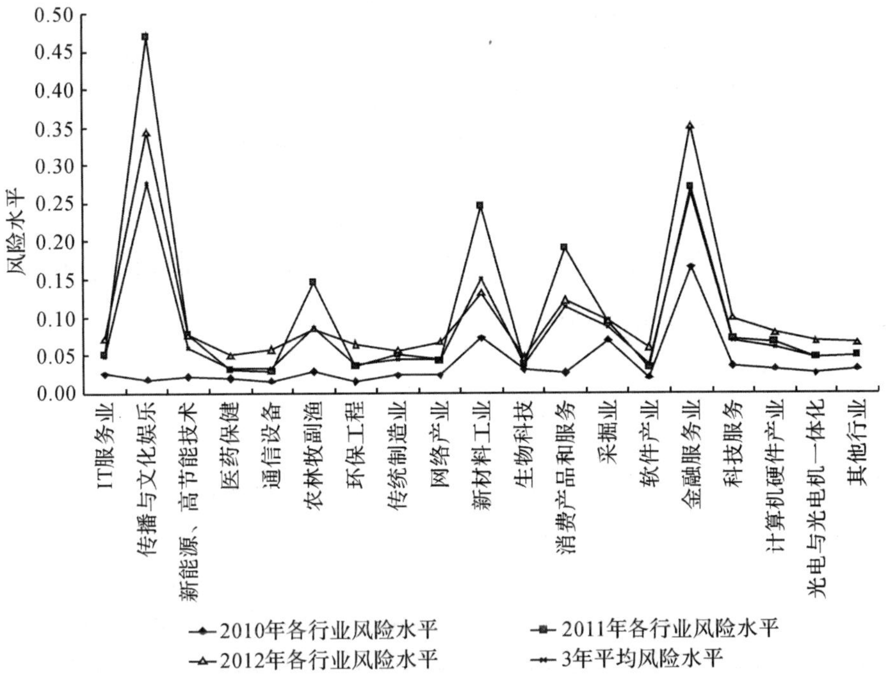

图 4-11 2010—2012 年各行业风险水平与 3 年平均风险水平的对比图

第二节 基于三角模糊数随机模拟的风险投资项目筛选

风险投资由于其高风险和高收益的特性，因而投资前对项目的选择尤为重要，这是风险投资成败的关键。风险项目的选择与一般项目的选择有很大的不同，风险项目的选择受多种不确定性因素的影响，是一个十分复杂的过程。因此，在选择风投项目前对备选项目进行较为客观、准确的风险评估是十分必要的。国内外有关风险投资风险评估的理论的研究文献有很多，众多学者致力于风险评估指标体系的建立和风险评估方法的研究，并取得了一定的进展。在风险评估指标体系的建立方面，在前人研究的基础上，本书将“高新技术企业初始注册风险”“商业模式”“盈利模式”等纳入到风险评估指标体系中；在风险评估方法方面，虽然现有的评价方法有很多，但多数都未考虑风险评价本身所具有的不确定性（金菊良等，

2011)。为此,本书在综合考虑风险投资因素的基础上,采用随机模拟方法(Monte Carlo 方法),在三角模糊数及其函数间运算转换为普通实数间运算的基础上进一步模拟三角模糊数,构建基于三角模糊数随机模拟的风险投资项目的风险评价模型,并据此模型,构造风险投资项目风险评价值的置信区间,开展应用实例分析。

一、基于三角模糊数随机模拟的风险投资项目风险评估模型的建立

1. 建立风险投资项目风险评估的指标体系

(1)风险投资项目的风险因素识别。

风险因素的准确识别和分析是风险评估的前提和基础,笔者通过文献阅读和对风险投资机构和被投企业的调查访谈,在全面考虑风险投资项目风险影响因素的基础上,挖掘了 12 个方面的风险源,包括:被投企业的实际控制人、管理团队、企业战略风险、商业模式、盈利模式、高新技术企业初始注册风险、技术风险、生产风险、市场风险、财务风险、退出风险和组织风险,并对每一风险源从多个角度进行了细分。风险投资项目风险因素具体分析详见第二章第二节。

(2)风险投资项目风险评估的指标体系的建立。

基于对风险因素的全面识别,风险评估的指标体系应该是一个多层次的递阶结构,分别为目标层、准则层和指标层。准则层由影响投资项目绩效的被风投企业的实际控制人、管理团队、企业战略风险、商业模式以及技术、生产、市场、财务风险等 12 个方面构成;指标层对每一准则层从多个角度进行了细分,筛选出 31 个评价指标,得出风险投资项目风险评价指标体系,如表 4-4 所示。

表 4-4　风险投资项目的风险评价指标体系

目标层	准则层	代码	指标层
风险投资项目的风险评价	被投企业实际控制人(1)	X11	行业经验与专业知识
		X12	管理能力
		X13	人品
		X14	身体素质
		X15	风险企业家的财力
		X16	风险偏好特征
	管理团队(2)	X21	团队结构的合理性
		X22	团队组成人员的经历和素质
		X23	团队的能力
		X24	团队的激励、赋权的程度
	高新技术企业初始注册风险(3)	X31	企业初始注册风险
	技术风险(4)	X41	技术的独特性
		X42	技术前景的不确定性
		X43	技术能否持续成功的不确定性
		X44	技术寿命的不确定性
		X45	知识产权风险
	生产风险(5)	X51	量产的可靠性
		X52	生产系统的成本优势
	市场风险(6)	X61	市场容量的不确定性
		X62	市场竞争的不确定性
		X63	产品是否经过市场验证
		X64	预期产品市场周期
	财务风险(7)	X71	财务数据的真实性
		X72	财务数据结构的合理性
		X73	毛利率
		X74	经营性净现金流
	商业模式(8)	X81	商业模式
	盈利模式(9)	X91	盈利模式
	退出风险(10)	X101	退出风险
	企业战略风险(11)	X111	企业战略风险
	组织风险(12)	X121	组织风险

2. 权重确定

本书通过层次分析法的运用，确定指标体系中各元素的权重，分别为：准则层中各元素的权重为 $w_2(i),i=1,2,\cdots,n$ 指标层中各元素的权重为 $w_1(i,j),j=1,2,\cdots,n_i,i=1,2,\cdots n$。则各评价指标对风险投资项目风险的总权重为

$$w_{(i,j)}=w_2(i)w_1(i,j)\quad (j=1,2,\cdots,n_i,i=1,2,\cdots,n)\qquad (4\text{-}4)$$

式中，n，n_i 分别为准则层中元素数目、第 i 准则的指标层中的元素数目。

3. 风险等级和风险重要性定量描述和模拟

一般可采用具有 11 级划分标准的模糊语义变量描述风险投资项目风险各指标的风险等级和风险重要性的大小，并且用相应的三角模糊数 $R=(aR,bR,cR)$ 和 $I=(aI,bI,c)$ 来进行定量表征，如表 4-5 所示。

表 4-5 风险等级与风险重要性等级的标准及其三角模糊数[①]

评价等级	风险等级(R)	风险重要性等级(I)	三角模糊数
1	绝对低	绝对不重要	(0.0,0.0,0.1)
2	极低	极不重要	(0.0,0.1,0.2)
3	很低	很不重要	(0.1,0.2,0.3)
4	低	不重要	(0.2,0.3,0.4)
5	稍低	稍不重要	(0.3,0.4,0.5)
6	一般	一般	(0.4,0.5,0.6)
7	稍高	稍重要	(0.5,0.6,0.7)
8	高	重要	(0.6,0.7,0.8)
9	很高	很重要	(0.7,0.8,0.9)
10	极高	极重要	(0.8,0.9,1.0)
11	绝对高	绝对重要	(0.9,1.0,1.0)

向对研究风险投资项目的被风投企业的实际控制人、管理团队、企业战略风险、商业模式、盈利模式、技术风险、生产风险、市场风险、财务风险等具体情况较熟悉的专家进行问卷调查和咨询，请专家参照表 4-5 的指标风险等级与风险重要性等级划分标准，结合自身理论和经验，就风险投资

① Lee HM：Applying fuzzy set theory to evaluate the rate of aggregative risk in software development，Fuzzy sets and systems ，1996，79(3).

项目风险各指标的情况，给出其风险和风险重要性的评价等级，再根据表4-5得到相应于各指标风险等级和风险重要性的三角模糊数 $R=(aR,bR,cR)$ 和 $I=(aI,bI,cI)$。根据三角模糊数 (a,b,c) 的随机模拟公式：

$$x=\begin{cases} a+[u(b-a)(c-a)^{0.5}] \\ u\leqslant(b-a)/(c-a) \\ c-[(1-u)(c-b)(c-a)]^{0.5} \\ u>(b-a)/(c-a) \end{cases} \tag{4-5}$$

得到风险等级和风险重要性等级三角模糊数 $R=(aR,bR,cR)$ 和 $I=(aI,bI,cI)$ 可能值变量的大量模拟样本系列分别为 $xR1,xR2,\cdots,xRN$，以及 $xI1,xI2,\cdots,xIN$。其中 u 为区间[0,1]上的均匀分布随机数，N 为随机模拟的试验次数（金菊良等，2011）。

4. 产生风险模拟值系列

通过上述工作，研究风险投资项目风险的模拟值系列产生了，即

$$Z_L=\sum_{i=1}^{n}\sum_{j=1}^{n_i}W(i,j)X_{RL}(i,j,L)X_{IL}(i,J,L)$$

$$(L=1,2,\cdots,N) \tag{4-6}$$

式中，$x_{RL}(i,j,L)$ 和 $x_{IL}(i,j,L)$ 分别为第 i 准则第 j 指标风险等级和风险重要性等级的三角模糊数可能值变量的第 L 次模拟值。

5. 构造风险值置信区间

对模拟系列 $\{zL \mid L=1,2,\cdots,N\}$ 进行降序排列，根据随机变量的经验累积频率的数学期望公式（金菊良等，2007）：

$$PL=1/(N+1)\qquad(L=1,2,\cdots,N) \tag{4-7}$$

可构造研究风险投资项目风险值在置信水平 α 下的置信区间为

$$[ZINT\{[1-0.5(1-\alpha)](N+1)\},ZINT[0.5(1-\alpha)](N+1)] \tag{4-8}$$

式中，PL 系按从大到小排序、序号为 L 对应的 zL 的经验累积频率；INT()系取整函数。

二、风险投资项目（企业）初选决策

在采用三角模糊数随机模拟方法构建风险投资项目风险评估模型，对投前项目的综合风险进行评估，得出各项目综合风险值的基础上，风险投资机构根据风投前项目的预期收益（假定已评估得出）以及评价得出的项目综合风险值进行综合判断，以初步筛选出收益一定，风险最小的有投资

价值的项目,为后续投资项目的组合优化决策提供优质的“项目源”。

三、实例分析

基于上述风险投资项目风险评估的理论分析,本书选取同属 IT 服务业预期收益基本接近(假定已经过评估)的 3 个项目①来进行实例分析。

1. 杭州软件股份有限公司的 A1 项目

杭州软件股份有限公司是国家高新技术企业,建有省级研发中心和工程技术中心,并与 IBM、Microsoft、HP、英特尔、西门子等国际知名企业建立了战略合作关系,承担了 10 项国家重点技术开发项目和 20 多项省市级重点项目,多项产品被评为“国家重点新产品”“中国优秀软件产品”,其技术水平居国内领先地位。该公司是中国医疗卫生行业应用软件领域专业规模最大、用户数最多、产品最具竞争力的行业信息化建设全面解决方案提供商和服务商。近 10 年来,该公司以其丰富的经验、良好的创新能力、专业的产品和服务、先进的经营理念以及在业界良好的声誉和业绩,成为我国医疗卫生行业应用软件发展的领军企业。

目前,该公司有一个新的“数字化疾病控制”项目(以下简称“A1 项目”),前景良好,十分需要风险投资的资金支持,以便在全国各大医院推广实施该项目。

2. 浙江网络有限公司的 B2 项目

浙江网络有限公司创立于 2005 年,公司以我国旅游业与酒店业发展为契机,立足于酒店客房信息化,打造数字化酒店,实现酒店 IT 维护的外包,并研发适用于酒店系统的网络设备及服务系统。经过几年的快速发展,该公司已经成为我国客房信息化行业领航者,目前公司已与如家快捷、锦江之星、7 天快捷酒店、星程连锁、浙江南苑 E 家、MOTEL168、万好万家、金陵酒店集团等经济型连锁酒店以及首旅集团、上海世博城等星级酒店形成战略合作,业务范围遍布全国。

该公司目前有一个新的“酒店客房信息化”项目(以下简称“B2 项目”),公司可以依托全国范围内的酒店网络信息平台,通过为酒店定制开发特殊功能模块以及互联网增值服务,实现业务模式新突破。因此 B2 项目的市场前景良好。该公司目前十分需要风险投资的资金支持,以便在全国各大

---

① 因涉及拟投企业(项目)经营信息保密问题,本书中拟投企业(项目)等名称均为化名。

酒店客房推广实施该项目。

3.杭州信息技术股份有限公司的C3项目

杭州信息技术股份有限公司，是一家从事安全信息交换产品的研发、系统集成以及销售的高科技企业。该公司自创建以来，将企事业单位和政府部门内网的边界安全接入及可靠数据交换作为其核心业务。经过多年来的发展，该公司在安全数据交换领域已具有相当的影响力。同时，该公司还取得了国家保密局涉密信息系统产品检测证书、国家信息安全认证产品型号证书、军用信息安全产品认证证书，并通过了总参五十六所的攻防检测，是目前国安系统的试点合作单位。

目前，该公司的一个具有自主知识产权的安全数据交换系列产品研发成功，作为一个新项目(以下简称"C3项目")，其需要资金支持，以便在政府部门和企事业单位中推广实施，以实现政府部门和企事业单位之间及其内部不同密级的网络之间的网络安全隔离与可靠数据交换，项目市场前景良好。

风险投资机构将对这3个项目进行综合风险评估，得出各项目的综合风险值，并在此基础上通过对项目的预期收益和风险的综合判断，来筛选出最具投资价值的项目。

根据表4-4的评价指标体系，15位来自IT服务业、风投机构以及高等院校的专家被邀请参照表4-5的指标风险等级与风险重要性等级划分标准对A1、B2、C3这3个项目各指标的风险等级与风险重要性等级进行打分，评分结果的算术平均值见表4-6所示。

此外，采用层次分析法，通过上述15位专家对风险评价指标的比较判断，确定风险评价指标体系中各元素的权重。准则层中各元素的权重为

$\{w_2(i)\}=\{0.20,0.13,0.02,0.1,0.05,0.1,0.05,0.05,0.05,0.1,0.12,0.03\}$；指标层中各指标的权重见表4-6中"$w_1(i,j)$"列所示。则由式(4-4)得各指标对风险投资项目风险的总权重，见表4-6中"$w(i,j)$"列所示。对照表4-5，将表4-6研究区域各指标的风险等级和风险重要性等级转换为对应的三角模糊数，按式(4-5)得各指标风险等级和风险重要性等级三角模糊数可能值变量的模拟值，再由式(4-6)得研究风险投资项目风险的模拟值系列，最后根据式(4-7)和式(4-8)得到评价A1、B2和C3这3个项目风险投资风险值在置信水平95%下的置信区间分别为[0.1609,0.1864]、[0.2461,0.2748]和[0.3154,0.3494]。在这里模拟试验8000次时，得到评价A1、B2和C3这3个项目风险投资风险值在置信水平95%下的置信区间分别为[0.1613,0.1864]、[0.2460,0.2746]和[0.3147,

0.3492];模拟试验10000次时,得到评价A1、B2和C3这3个项目风险投资风险值在置信水平95%下的置信区间分别为[0.1612,0.1864]、[0.2459,0.2748]和[0.3156,0.3492];模拟试验20000次时,得到评价A1、B2和C3这3个项目风险投资风险值在置信水平95%下的置信区间分别为[0.1608,0.1864]、[0.2461,0.2748]和[0.3154,0.3493];模拟试验40000次时,基于三角模糊数随机模拟的风险投资项目的风险评估的计算结果已收敛,即最终得到评价A1、B2和C3这3个项目风险投资风险值在置信水平95%下的置信区间分别为[0.1609,0.1864]、[0.2461,0.2748]和[0.3154,0.3494]。这一结果与基于三角模糊数的系统综合风险评价的现有方法的结果(A1,B2,C3这3个项目的综合风险评估值分别为0.1735,0.2602和0.3322)相一致,验证了基于三角模糊数随机模拟的风险投资项目的风险评估计算结果的合理性。

基于上述三角模糊数随机模拟的风险投资项目的风险评估计算结果可以得出:这3个项目风险投资综合风险值从高到低的排序为zC3>zB2>zA1,即C3项目综合风险水平最高,其次是B2项目,A1项目综合风险最低。

在3个项目预期投资收益大致相同的情况下,由于A1项目的综合风险值最低,所以更具有投资价值;因此,风险投资机构选择A1项目作为后续投资组合优化的被选项目。

综上所述,(1)基于三角模糊数随机模拟方法的风险评价结果比现有常规方法的结果,在可靠性方面提供了更丰富的信息,评价结果更符合实际情况;而现有常规方法的评价结果只是一个确定的实数值,对于受多种不确定性因素综合影响的风险投资项目综合风险分析的客观实际情况不能很好地反映。例如C3项目综合风险评价结果为:有95%的可能性处于区间[0.3154,0.3494]内,这比现有常规方法的评价结果只是0.3322这一单个实数值显然更为合理。(2)通过基于三角模糊数随机模拟的风险投资项目风险评估模型的建立对投前项目进行综合风险评估,以及综合权衡项目的预期收益和风险的基础上做出风险投资项目(企业)初选决策的研究结果可以为风险投资机构进行风险投资项目(企业)的初选提供较为科学的决策依据。

表 4-6　3 个项目各指标风险等级和风险重要性等级的专家评判值

第 i 准则 第 j 指标	A1 项目风险等级	A1 项目风险重要性等级	B2 项目风险等级	B3 项目风险重要性等级	C3 项目风险等级	C3 项目风险重要性等级	单指标权重 $w_1(i,j)$	指标总权重 $w(i,j)$
X11	5	5	4	5	7	9	0.20	0.040
X12	4	6	6	6	7	8	0.20	0.040
X13	3	7	5	5	8	10	0.30	0.060
X14	3	5	3	3	6	5	0.10	0.020
X15	6	7	8	7	4	4	0.10	0.020
X16	7	6	6	6	7	8	0.10	0.020
X21	4	7	7	6	7	7	0.40	0.052
X22	2	5	7	7	5	5	0.20	0.026
X23	3	6	6	6	6	5	0.20	0.026
X24	5	7	5	5	5	4	0.20	0.026
X31	1	1	1	1	1	1	1.00	0.020
X41	4	3	6	6	5	4	0.15	0.015
X42	4	4	5	6	6	5	0.20	0.020
X43	4	3	5	6	5	4	0.15	0.015
X44	2	4	6	6	5	4	0.20	0.020
X45	2	3	3	3	3	4	0.30	0.030
X51	7	5	5	5	6	5	0.50	0.025
X52	6	9	5	5	6	6	0.50	0.025
X61	1	3	4	4	4	4	0.30	0.030
X62	7	8	4	4	5	4	0.20	0.020
X63	1	1	4	5	4	4	0.30	0.030
X64	2	3	4	4	5	5	0.20	0.020
X71	3	7	5	7	9	9	0.35	0.018
X72	4	6	6	7	8	8	0.20	0.010
X73	2	7	5	8	3	5	0.30	0.015
X74	3	7	6	7	7	7	0.15	0.008
X81	5	8	7	7	4	5	1.00	0.050
X91	6	8	7	7	5	5	1.00	0.050
X101	6	8	8	8	8	8	1.00	0.100
X111	3	8	7	7	9	10	1.00	0.120
X121	3	5	7	6	7	6	1.00	0.030

本章小结

浙江省的风险投资起步于20世纪80年代,在市场经济的大潮中,浙江省的风险投资作为创新经济的引擎取得了快速发展,无论是风投机构、投资领域(行业),还是投资的项目数都呈现出强劲的增长态势。但同时,受国内外各种复杂的环境因素影响,浙江省风险投资业也正面临着一系列来自"募资""退出"等多个环节的重重压力,风险投资背景企业上市数量和融资规模萎缩,所投行业的风险不断加剧。在这样的背景下,笔者通过2013年1—9月对浙江省风投机构比较聚集的杭州市、宁波市、湖州市、绍兴市、嘉兴市、衢州市等6个城市的实地调查,获得了156家风投机构在2009—2011年投资的605个项目的一手数据资料。接着,采用总绝对偏差法,对风险投资项目所处行业在2010—2012年的整体风险水平进行量化评估,以便为后续的风险投资优化决策提供较为客观的依据。分析结果表明:大多数情况下行业的收益与风险是相对称的,即"高风险,高收益;低风险,低收益";极个别行业,如新材料工业是高风险、低收益,说明高风险意味着高收益,但高风险不必然带来高收益,有时还会带来损失。风险投资者需警惕和规避高风险、低收益的投资行业,应根据风险和收益的情况及时调整投资的方向,以更好地规避投资风险。从2010—2012年这3年的风险状况来看,传播与文化娱乐业、金融服务业是风险投资机构所投的19个行业中风险最大的行业,但同时也是3年平均投资收益率最高的行业,符合高风险、高收益的特点,是风险偏好者的首选投资行业。相对来说,风险最低的是医药保健行业,比较低的是软件产业、通信设备、环保工程,风险居中的行业中风险从大到小排序依次为:农林牧副渔,采掘业,科技服务,计算机硬件,新能源、高节能技术,IT服务业,光电与光电一体化,其他行业,传统制造业,网络产业,生物科技,但这些行业的3年平均投资收益率都能保持在7%—14%,是风险中立和风险厌恶者比较关注的投资行业。

此外,笔者又采用随机模拟方法来模拟三角模糊数,把三角模糊数及函数间运算简化为普通的实数之间运算,建立基于三角模糊数随机模拟的风险投资综合风险评价模型,以解决有随机性、模糊性和数据资料不精确等多种不确定性因素综合作用的风险投资项目筛选的综合风险评价问题,并得出以下结论:

(1)通过对风险投资项目各指标风险等级与风险重要性等级进行综合

风险评价，可以更为科学地揭示风险投资项目的风险变化特征，与单纯考虑风险投资项目风险等级差异性进行风险评价相比较，显得更为科学、合理。

(2)在综合考虑风险投资项目被投企业的实际控制人、管理团队、企业战略风险、商业模式、盈利模式、高新技术企业初始注册风险、技术风险、生产风险、市场风险、财务风险等风险因素的基础上，建立了基于三角模糊数随机模拟的风险投资综合风险评价模型。应该说，该模型的应用结果更符合实际，并在可靠性方面提供更多信息。因而，能更好地反映受多种不确定性因素综合影响的风险投资项目综合风险分析的客观实际情况。

(3)基于三角模糊数随机模拟方法对投前项目进行综合风险评估，以及综合权衡项目的预期收益和风险的基础上做出风险投资项目(企业)初选决策的研究结果可以为风险投资机构进行风险投资项目(企业)的初选提供较为科学的决策依据。

第五章 风险投资项目组合优化决策:基于 MOTAD 模型的实证

本章采用的风险决策模型——总绝对偏差最小化模型,以浙江省 4 家不同规模的典型基金公司为例,分析研究风险条件下风险投资的优化规模与结构,以在微观层次上揭示不同规模风投机构的风险决策优化机制;并基于 MOTAD 模型进行模拟分析,探讨"发行债券"和"税收优惠"对风险投资决策优化的影响。

第一节 数据来源与实证 MOTAD 模型的构建

一、4 家基金公司的基本情况

为实证分析风险条件下风险投资者的优化反应行为,按照 MOTAD 模型的建模要求,需要有关风险投资机构投资的详细数据资料,为此,笔者分别对位于浙江省风险投资机构比较集中的杭州市、宁波市、湖州市、绍兴市、嘉兴市、衢州市等地区的 156 家风投机构(包括基金公司)进行了调研,获取了 2009—2011 年共计 605 个投资项目的投资额、年净利润、单位投资收益等详细数据,并从 156 家浙江风投机构中选择了 4 家比较典型的基金公司[①]展开案例分析,这 4 家公司的基本情况如下:

1. A 基金公司

A 基金公司(以下简称"A 基金")投资总额 6 亿元,是由浙江振华投资管理有限公司管理的基金公司。浙江振华投资管理有限公司是中国本土较早从事风险投资的民营资本管理机构,创立于 2003 年。截至 2013 年 9

① 因涉及风投机构经营信息保密问题,本书中风投公司等名称均为化名。

月,该公司旗下拥有10多个风投基金,累计风投项目80多项,管理资本80多亿元,是浙江省内目前规模较大的创投机构之一。公司拥有全省大中型企业LP股东100余家,投资项目涉及IT,新能源、高节能技术,文化创意,传统制造业,医药保健,通信设备等在内的多个行业,2011年当年IPO项目8项,2012年当年IPO项目4项,连续多年IPO排名全国投资机构前列。

A基金所投项目及其实际规模情况如表5-1所示。

表5-1　A基金所投项目的实际规模(万元)

投资项目	实际投资规模
IT服务业	2700.00
传播与文化娱乐	5700.00
新能源、高节能技术	1000.00
医药保健	1000.00
通信设备	4935.00
农林牧副渔	4800.00
传统制造业	7600.00
网络产业	2000.00
新材料工业	3490.00
生物科技	1000.00
消费产品和服务	5225.00
软件产业	4950.00
金融服务业	9000.00
计算机硬件产业	2800.00
光电与光电机一体化	1000.00
其他行业	2800.00
合计	60 000.00

资料来源:作者实地调查和计算。

A基金公司为了提高投资决策质量,控制投资风险,建立了较为健全的投资决策机制,包括项目的风险评估论证机制、专家委员会咨询机制、决策实施前的审批程序机制以及过程监控机制。在投资决策前,A基金公司会聘请社会专业机构进行风险评估、可行性论证,借助于公司外部的专业人才形成专家委员会,为投资决策提供各种咨询;项目正式实施前除了提交公司高层讨论决策外,按投资决策的相应流程,逐级报批审核通过后实施;最后,对项目实施过程进行跟踪、管理。

2. B基金公司

B基金公司(以下简称“B基金”)投资总额3.8亿元,是一家专业从事成长性企业股权投资的机构——浙江耀华投资管理有限公司管理的风投基金。

浙江耀华投资管理有限公司以传统制造业、通信设备、新能源、传播与文化娱乐等行业的项目作为其重点投资项目,在向被投企业提供资本的同时,充分利用产业背景优势,为被投企业提供增值服务。该公司曾荣获全国风投行业优秀风投机构等多项荣誉。

B基金所投项目及其实际规模情况如表5-2所示。

表5-2 B基金所投项目的实际规模

投资项目	实际投资规模
传播与文化娱乐	5800.00
新能源、高节能技术	5000.00
通信设备	7600.00
农林牧副渔	2300.00
传统制造业	7600.00
消费产品和服务	3725.00
软件产业	1650.00
其他行业	4325.00
合计	38 000.00

资料来源:作者实地调查和计算。

B基金公司拥有较为完善的投资决策管理组织构架,公司设立了投资决策委员会和内部风险控制委员会,分别负责风险投资的投资决策和风险控制工作;并设有严密专业的投资管理流程,投资决策委员会对投资决策形成决议,风险控制委员会根据投前的风险评估和投后管理情况对投资组合提出动态的风险防范措施。

3. C基金公司

C基金公司(以下简称“C基金”)投资总额2亿元,是浙江华新投资管理有限公司旗下的风险投资基金。

浙江华新投资管理有限公司是国内较早的风险投资公司之一。公司自成立以来,坚持以投资高新技术产业为目标,从而加速科技成果转化,推进企业技术创新为宗旨,主要投资于新材料工业、软件产业、IT服务业、节能与环保等高新技术领域,先后投资了近40个高新技术项目,目前在投项目有20余个。公司在经营团队的精心运作下,一大批高新技术企业发展壮大起来,同时公司自身也实现了快速增长,真正实现了“支持创新者创业,帮助投资人发展”的企业目标。

该公司为适应风险投资市场化运作需要,先后发起设立了多个以民营资金为主的风投基金,C基金就是其中的一家。C基金所投项目及其实际规模情况如表5-3所示。

表5-3　C基金所投项目的实际规模(万元)

投资项目	实际投资规模
IT服务业	2700.00
传播与文化娱乐	1800.00
新能源、高节能技术	3490.00
通信设备	2060.00
农林牧副渔	500.00
新材料工业	5000.00
软件产业	1650.00
其他行业	2800.00
合计	20000.00

资料来源:作者实地调查和计算。

C基金公司借鉴国外发达国家的成功经验,认为要想实现风险投资决策的科学性,必须建立一个理性、有效的投资决策机构。因此,公司设立了被称为投资决策委员会的最高投资决策机构,其功能是拟订风险投资的原则、方向、风险投资的策略以及风险投资组合的整体目标和计划。此外,C基金公司明确了投资决策委员会的职责和权限,并建立了较为科学的投资决策程序,以确保投资决策的质量。

4.D基金公司

D基金公司(以下简称“D基金”)投资总额8000万元,是浙江华燕投资管理有限公司旗下的创业投资基金。该基金公司主要致力于高科技、高成长性、创新盈利模式的企业及 IPO 前的股权投资,以成长期和扩张期项目为主,适当兼顾初创期和种子期项目,投资方向重点围绕 IT 服务业、通信技术、传播与文化娱乐、农林牧副渔等行业,兼顾高成长的具有技术改造升级的传统项目的投资;该基金公司在股权投资的同时,还为被投资企业提供资本运作及上市安排方面的增值服务。D 基金所投项目及其实际规模情况如表 5-4 所示。

表 5-4 D 基金所投项目的实际规模(万元)

投资项目	实际投资规模
传播与文化娱乐	2100.00
通信设备	900.00
农林牧副渔	1500.00
网络产业	2000.00
其他行业	1500.00
合计	8000.00

资料来源:作者实地调查和计算。

为了保证 D 基金公司投资决策行为更安全和高回报,浙江华燕投资管理有限公司制定了一套较为规范、科学的决策程序,由公司经营班子负责对投资项目进行审查,制定决策方案,再报投资决策委员会批准。

二、MOTAD 模型的实证建模步骤

1. 建立 MOTAD 模型数学表达式

前文中已经介绍了 MOTAD 模型数学表达的基本形式,本节将对 MOTAD 模型数学表达基本形式中的参数进行分析确定。

首先是目标函数,公式如下:

$$\min \sum_{t=1}^{s} Z_t^- = \min - \sum_{t=1}^{s} \left[\sum_{j=1}^{n} (C_{tj} - \bar{C}_j) x_j \right], C_{tj} < \bar{C}_j \qquad (5\text{-}1)$$

它表示寻求现实风险投资全部投资项目总收益的绝对偏差(TAD)最小化或平均绝对偏差(MAD)最小化,即风险最小化。式(5-1)中涉及的参数有:(1)风险投资项目的单位期望收益,通常按该项目历年平均收益来计算,这里要强调说明的是,由于取得每个基金项目期望收益等数据非常困

难,在构建MOTAD时本书采用了全省行业平均期望收益。(2)风险投资项目各年的收益偏差系数($C_{tj}-\bar{C}_j$),即投资项目的实际单位收益与单位期望收益之差。详细计算方法和步骤已在前文风险投资的风险水平实证量化中阐述,在此不再赘述。需要指出的是,某投资项目各年收益偏差系数的数值大小,表明该投资项目收益偏离平均单位收益的程度,偏离的程度越大,风险也就越大。如表5-5显示的是浙江省风险投资机构(基金公司)所投项目所处行业的单位期望收益及各年的收益偏差系数。

表5-5　浙江省风险投资所投行业的收益及其偏差(亿元)

行业(项目)	单位期望收益	2010年收益偏差系数	2011年收益偏差系数	2012年收益偏差系数
IT服务业	0.10	－0.02	0.01	0.01
传播与文化娱乐	0.26	－0.17	0.10	0.07
新能源、高节能技术	0.10	0.00	0.02	－0.02
医药保健	0.10	－0.01	0.00	0.01
通信设备	0.08	0.00	0.01	0.00
农林牧副渔	0.11	－0.03	0.06	－0.03
环保工程	0.10	－0.03	0.00	0.03
传统制造业	0.11	－0.02	0.01	0.01
网络产业	0.08	－0.01	0.00	0.02
新材料工业	0.03	0.09	－0.07	－0.02
生物科技	0.07	0.00	0.00	0.00
消费产品和服务	0.14	－0.06	0.04	0.02
采掘业	0.09	0.02	0.00	－0.02
软件产业	0.10	－0.02	0.00	0.02
金融服务业	0.27	－0.06	0.01	0.05
科技服务	0.11	－0.03	－0.01	0.03
计算机硬件产业	0.08	－0.01	0.00	0.01
光电与光电机一体化	0.08	0.00	0.02	－0.01
其他行业	0.11	－0.02	0.00	0.01

资料来源:作者调查计算。

从表5-5可以看出,2010—2012年浙江风险投资机构(基金公司)所投行业中,收益稳定性较大的行业是生物科技、通信设备等,其3年的收益偏差系数波动比较小;但是从单位期望收益来看,金融服务业、传播与文化娱乐是投资收益最具有优势的行业。因此判断某行业中的项目是否值得投资,不能仅看单一指标,需要进行深入的综合性分析。

模型的第一个约束条件为收益偏差约束,公式如下:

$$s.t. \sum_{j=1}^{n}(C_{tj}-\bar{C}_j)x_j+Z_t^- \geqslant 0 \quad (j=1,2,\cdots,n),(t=1,2,\cdots,s) \tag{5-2}$$

它表示第 t 年投资者所有投资项目的收益偏差不小于 Z_t^-,收益偏差系数与投资规模之积就是该投资项目的收益偏差,Z_t^- 表示第 t 年各投资项目中,实际收益水平小于样本平均水平的绝对偏差的绝对值之和。

模型的第二个约束条件为期望收益约束,公式如下:

$$\sum_{j=1}^{n}\bar{C}_j \cdot x_j=\lambda \tag{5-3}$$

单位期望收益 $\bar{C}_j$ 与投资规模 X_j 的乘积便是该投资项目的期望收益,期望收益约束是指实证 MOTAD 模型中各风险投资项目收益之和与给定的期望收益值 λ 相等。λ 的初始值确定之后,在对 λ 进行灵敏度分析的基础上来确定一系列相应的期望收益约束。λ 的初始值如何确定以及如何根据 λ 求得符合模型要求的期望收益,在前文 MOTAD 模型的求解步骤中已经有详细说明。

模型的第三个约束条件为投资总金额的约束,公式如下:

$$\sum_{j=1}^{n}x_j \leqslant b_t \quad (i=1,2,\cdots,m) \tag{5-4}$$

它表示风险投资机构(基金公司)投资各项目的资金总和不能超过该投资机构(基金公司)可提供的资金总额 b_i,b_i 数据来自各基金公司。

模型的第四个约束条件为第 i 个基金、第 j 个投资项目所投资金的约束,公式如下:

$$x_j \leqslant a_i b_i \quad (i=1,2,\cdots,m;j=1,2,3\cdots,n) \tag{5-5}$$

第四个约束条件又称多元化约束,指风险投资机构(基金公司)在不同的领域、不同的行业开展投资业务,或在同一行业中投资不同的项目(企业)以分散风险。在实践中,风险投资机构通常会对每一个基金中各投资项目的投资金额进行限制,尤其是对资金规模大的基金,若其单个投资项目(企业)的投资金额过大,则不能起到分散风险的作用。因此,对于不同的投资总额 b_i,第 j 个项目投资额 X_j 的约束系数 a_i 会有所不同。本书采用专家调查法确定 a_i 值。首先,笔者在浙江省 156 家风险投资机构(包括基金公司)的高管中选择 35 位风险投资专家;然后,就基金类型的划分标准和每一类型基金单个项目投资约束系数 a_i 的数值征求专家意见;经过几次沟通,专家们形成统一意见最终确定基金类型的划分标准及相应的 a_i 值,如表 5-6 所示。具体按投资总额的大小来划分基金类型,将投资额为 5 亿元—10 亿元(包括 5 亿元)的基金定义为特大基金,单个项目投资约束系数为 0.15;将投资额为 3 亿元—5 亿元(包括 3 亿元,不包括 5 亿元)的基金定义为大基金,单个项目投资约束系数为 0.2;将投资额为 1 亿元—3 亿元(包括 1 亿元,不包括 3 亿元)的基金定义为中基金,单个项目投资约束系数为 0.25;将投资额小于 1 亿元的基金定义为小基金,单个项目投资约束系数为 0.3。

模型的第 5 个约束条件为非负约束,公式如下:

$$X_j, Z_t^- \geqslant 0 \tag{5-6}$$

表示 X_j 和 Z_t^- 皆为非负数。

表 5-6　基金类型划分及各类型基金的投资约束系数假设

基金类型	投资额 b_i(亿元)	投资约束系数 a_i
特大基金	$5 \leqslant b_i < 10$	0.15
大基金	$3 \leqslant b_i < 5$	0.20
中基金	$1 \leqslant b_i < 3$	0.25
小基金	$b_i < 1$	0.30

对照表 5-6,可以对前文所述的 4 个基金进行分类,并确定各基金的投资约束系数 a_i。

2. 模拟运算

将上述构建的实证 MOTAD 模型的数学表达式,纳入 LINGO 软件,就可以进行运算,求得风险投资项目的风险、收益及相应的优化投资规模。对浙江省 4 个“典型投资机构”不同规模的基金,运用实证 MOTAD 模型分别求解后,就可以分析这些风险投资机构(基金公司)的决策优化反应,并且进行相互比较。

需要说明的是,在实地调查时,多数风险投资机构表示,如果投资预期的总收益水平低于年化收益的 8%时,风险投资机构一般不会考虑投资,因此本书在求解过程中,当灵敏度分析的结果显示 λ 值小于年化收益的 8%时,就停止计算。

第二节 实证 MOTAD 模型结果分析

一、MOTAD 模型优化结果

正如第一章中所述,风险投资是一个风险型产业,风险投资的投资决策具有风险性。尽管大多数人在大多数情况下都是规避风险的,但这并不意味着人们拒绝承担风险(Hardaker,2004),而且事实上任何决策都会有风险性,因此不是每个投资决策或独立的风险投资机构都无法承担风险。在不确定环境下,许多决策是基于预期收益原则进行的(Panos Varangis,2002),以承担高风险为代价获取高预期收益,决策者在投资时需要做出权衡(Binswanger,1980)。为反映浙江省风险投资机构投资决策时风险与收益的权衡,下面就实证 MOTAD 模型计算的结果进行分析并比较,以考察风险条件下浙江省不同投资规模的风险投资机构(基金公司)的风险决策优化反应及其差异。

1. 基金 A

根据实证 MOTAD 模型计算的结果,可以得到基金 A 的风险收益曲线,如图 5-1 所示。

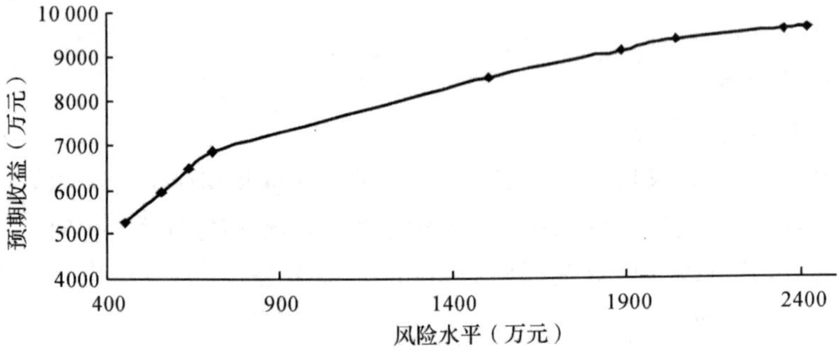

图 5-1 基金 A 的投资风险收益曲线

从图 5-1 可以看出,基金 A 的风险水平在 400 万元—2500 万元,预期收益在 5000 万元—10000 万元。随着风险水平的增加,各方案的收益也相应地增加,体现了明显的高风险、高收益特征。同时前 3 个方案风险收益线的斜率要明显大于后 6 个方案风险收益线的斜率,说明了在同等风险变化的范围内,前 3 个方案的收益提高幅度要大一些。

如表 5-7 所示是基金 A 实证 MOTAD 模型的模拟结果。结果显示了基金 A 各投资方案的风险、收益以及与其相对应的各投资项目的优化规模。为了更清楚地说明优化规模与非风险规模以及实际规模的对比情况,将上述结果进行整理成如表 5-8 所示。其中"优化规模"是指用 MOTAD 模型模拟的在预期收益之下使风险最小的各投资项目的优化投资规模;"优化范围"是指所有 MOTAD 模型优化解的结果范围;"非风险优化规模"是指不考虑风险因素,仅以收益最大化为目标函数的确定型投资模型的优化解;"实际规模"是指基金 A 对各投资项目的实际投资规模。

表 5-7　基于 MOTAD 模型的基金 A 投资项目优化规模(万元)

	方案 1	方案 2	方案 3	方案 4	方案 5	方案 6	方案 7	方案 8	方案 9
预期收益	9610	9590	9360	9126	8520	6879	6480	5964	5265
风险水平	2413	2347	2040	1884	1505	709	640	559	454
IT 服务业	0	0	9000	9000	9000	0	0	0	0
传播与文化娱乐	9000	9000	9000	9000	5250	0	0	0	0
新能源、高节能技术	0	0	0	0	750	0	0	0	0
医药保健	0	6000	9000	9000	9000	6604	9000	9000	9000
通信设备	0	0	0	0	0	9000	9000	9000	9000
农林牧副渔	9000	9000	0	0	0	0	0	0	0
环保工程	0	0	0	0	0	0	0	0	0
传统制造业	9000	9000	9000	9000	9000	9000	9000	9000	9000
网络产业	0	0	0	0	0	0	0	0	0
新材料工业	0	0	0	0	0	0	0	0	0
生物科技	0	0	0	0	0	9000	9000	9000	9000
消费产品和服务	9000	9000	6000	150	0	0	0	0	0
采掘业	0	0	0	0	0	0	0	0	0
软件产业	0	0	0	5850	9000	0	0	3038	0
金融服务业	9000	9000	9000	9000	9000	8396	6000	2962	0
科技服务	6000	0	0	0	0	0	0	0	0
计算机硬件产业	0.00	0	0	0	0	0	0	9000	9000
光电与光电机一体化	0	0	0	0	0	0	0	0	4855
其他行业	9000	9000	9000	9000	9000	9000	9000	9000	9000

资料来源:作者计算。

表 5-8　基金 A 投资项目优化规模及其与实际规模的比较(万元)

投资项目	风险优化规模										非风险条件下优化规模	实际投资规模
	不同“风险—收益”方案									优化范围		
	方案 1	方案 2	方案 3	方案 4	方案 5	方案 6	方案 7	方案 8	方案 9			
IT 服务业	0	0	9000	9000	9000	0	0	0	0	0—9000	0	2700
传播与文化娱乐	9000	9000	9000	9000	5250	0	0	0	0	0—9000	9000	5700
新能源、高节能技术	0	0	0	0	750	0	0	0	0	0—750	0	1000
医药保健	0	6000	9000	9000	9000	6604	9000	9000	9000	0—9000	0	1000
通信设备	0	0	0	0	0	9000	9000	9000	9000	0—9000	0	4935
农林牧副渔	9000	9000	0	0	0	0	0	0	0	0—9000	9000	4800
环保工程	0	0	0	0	0	0	0	0	0	0	0	0
传统制造业	9000	9000	9000	9000	9000	9000	9000	9000	9000	9000	9000	7600
网络产业	0	0	0	0	0	0	0	0	0	0	0	2000
新材料工业	0	0	0	0	0	0	0	0	0	0	0	3490
生物科技	0	0	0	0	0	9000	9000	9000	9000	0—9000	0	1000
消费产品和服务	9000	9000	6000	150	0	0	0	0	0	0—9000	9000	5225
采掘业	0	0	0	0	0	0	0	0	0	0	0	0
软件产业	0	0	0	5850	9000	0	0	3038	0	0—9000	0	4950
金融服务业	9000	9000	9000	9000	9000	8396	6000	2962	0	0—9000	9000	9000
科技服务	6000	0	0	0	0	0	0	0	0	0—6000	6000	0
计算机硬件产业	0	0	0	0	0	0	0	9000	9000	0—9000	0	2800
光电与光电机一体化	0	0	0	0	0	0	0	0	4855	0—4855	0	1000
其他行业	9000	9000	9000	9000	9000	9000	9000	9000	9000	9000	9000	2800

资料来源：作者实地调查和计算。

表 5-8 显示，如果仅以收益最大化为目标而不考虑风险因素，根据非风险条件下优化规模的计算结果，并将其与基金 A 实际投资结果相比较，可

以得出以下结论:(1)基金A应该扩大传播与文化娱乐、农林牧副渔、传统制造业、消费产品和服务、科技服务和其他行业项目的投资规模;(2)金融服务业项目的投资规模已达最优,可以不变;(3)应大幅减少通信设备、软件产业、新材料工业、IT服务业、计算机硬件产业、网络产业项目的投资规模,适当减少新能源、高节能技术,医药保健,生物科技,光电与光电一体化项目的投资规模。这也表明基金A如果在不考虑风险因素的情况下投资传播与文化娱乐、农林牧副渔、传统制造业、消费产品和服务、金融服务、科技服务、其他行业等项目具有明显的比较优势,因此及时调整基金A的投资结构将有助于提高投资者的收益。

如果考虑投资风险因素,目前基金A的传播与文化娱乐、IT服务业、通信设备、农林牧副渔、生物科技、消费产品和服务、软件产业、金融服务业、计算机硬件、光电与光电一体化行业的项目投资规模已经处于优化规模的范围之内。而除去以上行业,其余行业中新能源、高节能技术,网络产业,新材料工业项目的实际投资规模已高于优化规模,在投资者的投资决策中,应适当考虑减少这些行业项目的投资规模;医药保健、传统制造业、科技服务以及其他行业项目的实际投资规模已低于优化规模,因而,在投资决策中,应当适当考虑增加对这些行业项目的投资规模。

同时值得注意的是,在不同风险收益组合条件下,传统制造业、其他行业等项目的优化规模均没有发生任何变化,且与非风险条件下的优化规模保持一致,这表明这些行业在不同的风险状态下投资规模大致相同,说明风险因素对风险投资机构投资传统制造业项目的影响程度不大,它们是构成预期目标收益的不同投资组合的主要部分,也是投资者普遍选择的投资行业,具有弱风险特征。与此相反,IT服务业、传播与文化娱乐、医药保健、通信设备、农林牧副渔、生物科技、消费产品和服务、软件产业、金融服务业、科技服务、计算机硬件产业以及光电与光电机一体化行业项目的风险优化规模却出现了相当大的变化;其中,传播与文化娱乐、消费产品和服务、金融服务业项目的优化投资规模却随着风险收益的提高而表现出扩大趋势,这表明如果投资者对这些行业投资持风险偏好态度,则将明显增加投资的收益水平;而通信设备、生物科技这2个行业的项目在风险较低区域的投资规模均达到9000万元的最大化水平,表明这些行业是风险规避投资者最适合的投资行业。

2. 基金B

根据实证MOTAD模型模拟分析的结果,可以得到基金B的风险收益曲线,如图5-2所示。

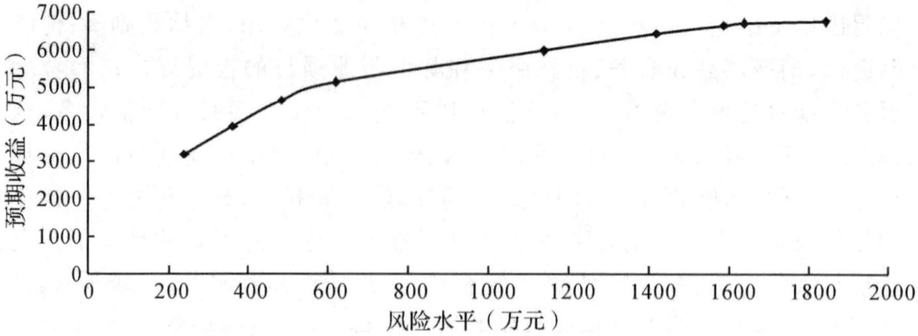

图 5-2 基金 B 的投资风险收益曲线

从图 5-2 可以看出,基金 B 的风险水平在 200 万元—1900 万元,预期收益在 3000 万元—7000 万元。同时前 3 个方案的风险收益斜率要明显大于后 4 个的,说明了同等幅度风险水平的增加,前 3 个方案的收益提高幅度要更大一些,即相同收益水平下,后 4 个方案的风险水平要高一些。同时,在达到 1600 万元时,就出现了稳定状态,并不随风险水平的增加而明显增加,说明增加收益的潜力受到限制。

如表 5-9 所示是基金 B 实证 MOTAD 模型的模拟结果。结果显示了基金 B 各投资方案的风险收益及优化规模。为了更清楚地说明优化规模与非风险规模以及实际规模的对比情况,将上述结果进行整理,如表 5-10 所示。

表 5-9 基于 MOTAD 模型的基金 B 投资项目优化规模(万元)

	方案 1	方案 2	方案 4	方案 4	方案 5	方案 6	方案 7	方案 8	方案 9
预期收益	6764	6713	6648	6435	5987	5137	4638	3944	3191
风险水平	1841	1638	1587	1419	1139	622	485	363	240
IT 服务业	0	0	0	0	2800	0	0	0	0
传播与文化娱乐	7600	7600	7600	7600	4800	0	0	0	0
新能源、高节能技术	0	0	0	0	0	0	0	0	0
医药保健	0	0	1781	7600	7600	7600	0	0	0
通信设备	0	0	0	0	0	0	7600	7600	7600
农林牧副渔	7600	0	0	0	0	0	0	0	0

续　表

	方案 1	方案 2	方案 4	方案 4	方案 5	方案 6	方案 7	方案 8	方案 9
环保工程	0	0	0	0	0	0	0	0	0
传统制造业	7600	7600	7600	7600	7600	7600	7600	7600	6400
网络产业	0	0	0	0	0	0	0	0	0
新材料工业	0	0	0	0	0	0	0	0	0
生物科技	0	0	0	0	0	2737	7600	7600	7600
消费产品和服务	7600	7600	5819	0	0	0	0	0	0
采掘业	0	0	0	0	0	0	0	0	0
软件产业	0	0	0	0	0	4863	0	0	0
金融服务业	7600	7600	7600	7600	7600	7600	6943	3293	0
科技服务	0	0	0	0	0	0	0	0	0
计算机硬件产业	0	0	0	0	0	0	657	4307	7600
光电与光电机一体化	0	0	0	0	0	0	0	0	0
其他行业	0	7600	7600	7600	7600	7600	7600	7600	7600

资料来源:作者实地调查和计算。

表 5-10　基金 B 投资项目优化规模及其与实际规模的比较(万元)

投资项目	风险优化规模										非风险条件下优化规模	实际投资规模
	不同“风险一收益”方案									优化范围		
	方案 1	方案 2	方案 3	方案 4	方案 5	方案 6	方案 7	方案 8	方案 9			
IT 服务业	0	0	0	0	2800	0	0	0	0	0—2800	0	0
传播与文化娱乐	7600	7600	7600	7600	4800	0	0	0	0	0—7600	7600	5800
新能源、高节能技术	0	0	0	0	0	0	0	0	0	0	0	5000
医药保健	0	0	1781	7600	7600	7600	0	0	0	0—7600	0	0
通信设备	0	0	0	0	0	0	7600	7600	7600	0—7600	0	7600
农林牧副渔	7600	0	0	0	0	0	0	0	0	0—7600	7600	2300
环保工程	0	0	0	0	0	0	0	0	0	0	0	0

续 表

投资项目	风险优化规模										非风险条件下优化规模	实际投资规模
	不同"风险一收益"方案									优化范围		
	方案1	方案2	方案3	方案4	方案5	方案6	方案7	方案8	方案9			
传统制造业	7600	7600	7600	7600	7600	7600	7600	7600	6400	6400-7600	0	7600
网络产业	0	0	0	0	0	0	0	0	0	0	0	0
新材料工业	0	0	0	0	0	0	0	0	0	0	0	0
生物科技	0	0	0	0	0	2737	7600	7600	7600	0—7600	0	0
消费产品和服务	7600	7600	5819	0	0	0	0	0	0	0—7600	7600	3725
采掘业	0	0	0	0	0	0	0	0	0	0	0	0
软件产业	0	0	0	0	0	4863	0	0	0	0—4863	0	1650
金融服务业	7600	7600	7600	7600	7600	7600	6943	3293	0	0—7600	7600	0
科技服务	0	0	0	0	0	0	0	0	0	0	0	0
计算机硬件产业	0	0	0	0	0	0	657	4307	7600	0—7600	0	0
光电与光电机一体化	0	0	0	0	0	0	0	0	0	0	0	0
其他行业	0	7600	7600	7600	7600	7600	7600	7600	7600	0—7600	7600	4325

资料来源:作者调研和计算。

表 5-10 显示,如果仅以收益最大化为目标而不考虑风险因素,根据非风险优化规模的计算结果,基金 B 应该扩大传播与文化娱乐、农林牧副渔、消费产品和服务、金融服务业、其他行业项目的投资规模;IT 服务业、医药保健、环保工程、网络产业、新材料工业、生物科技、采掘业、科技服务、计算机硬件产业、光电与光电机一体化项目的投资规模已达最优,可以不变;应大幅减少新能源、高节能技术,通信设备,传统制造业,软件产业项目的投资规模。这也表明基金 B 如果在不考虑风险因素的情况下投资传播与文化娱乐、农林牧副渔、消费产品和服务、金融服务业、其他行业项目等具有明显的比较优势,因此及时调整基金 B 的投资结构将有助于提高投资者的收益。

如果考虑投资风险,目前基金 B 的 IT 服务业、传播与文化娱乐、医药保健、通信设备、农林牧副渔、传统制造业、生物科技、消费产品和服务、软件产业、金融服务业、计算机硬件产业项目的投资规模已经处于优化规模的范围之内。而除去以上行业,其余行业中新能源、高节能技术项目的实际投资规模已高于优化规模,在投资者的投资决策中,应该考虑适当降低这些行业项目的投资规模;"其他行业项目"的实际投资规模已低于优化规模,因而,在投资决策中,应该考虑适当增加对这个行业项目的投资规模。

同时值得注意的是,传播与文化娱乐、医药保健、通信设备、生物科技、消费产品和服务、金融服务业以及计算机硬件产业项目的风险优化规模却出现了比较大的变化。其中,传播与文化娱乐、消费产品和服务行业项目的优化投资规模却随着风险收益的提高而表现出扩大趋势,这表明如果投资者对这些行业投资持风险偏好态度,则将明显增加投资的收益水平,这些行业是风险偏好者适合的投资行业;而计算机硬件产业项目的优化规模将随着风险与收益水平的提高而呈现出十分明显的缩减态势,这表明投资者对该行业投资持风险规避态度;通信设备、生物科技这2个行业的项目在风险较低区域的投资规模均达到最大化(7600万元),表明这些行业是风险规避投资者最适合的投资行业。医药保健业的优化投资规模处于风险与收益水平范围的中间区域,这表明如果投资者对该行业投资持风险偏好中立,则将明显增加投资的收益水平,这些行业是风险中立者适合的投资行业。

3.基金C

根据实证MOTAD模型模拟分析的结果,可以得到基金C的风险收益曲线,如图5-3所示。

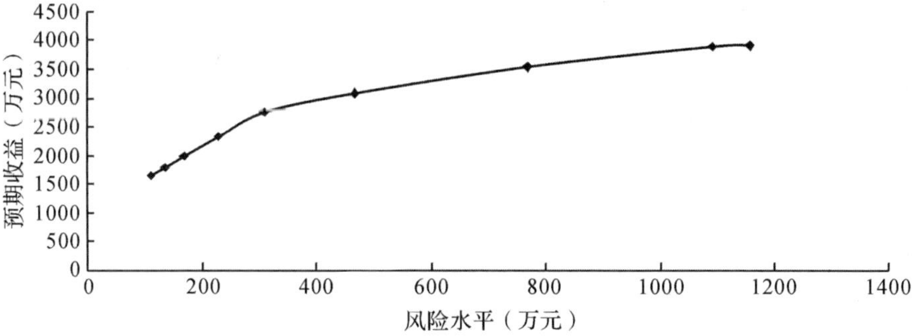

图5-3 基金C的投资风险收益曲线

从图5-3可以看出,基金C的风险水平在100万元—1200万元,预期收益在1500万元—4000万元。同时前4个方案的风险收益斜率要明显大于后5个的,说明了同等幅度风险水平的增加,前4个方案的收益提高幅度要更大一些,即相同收益水平下,后5个方案的风险水平要高一些。

如表5-11所示,如果仅以收益最大化为目标而不考虑风险因素,根据非风险优化规模的计算结果,基金C应该扩大传播与文化娱乐、农林牧副渔、消费产品和服务、金融服务业和其他行业项目的投资规模;医药保健、环保工程、传统制造业、网络产业、生物科技、采掘业、科技服务、计算机硬件产业、光电与光电机一体化项目的投资规模已达最优,可以不变;应大幅减少IT服务业,新能源、高节能技术,通信设备,新材料工业,软件产业项目的投资规模。这也表明基金C如果在不考虑风险因素的情况下投资传播与文化娱乐、农林牧副渔、消费产品和服务、金融服务业、其他行业等项目具有明显的比较优势,因此及时调整基金C的投资结构将有助于提高投资者的收益。

表 5-11 基于 MOTAD 模型的基金 C 投资项目优化规模(万元)

	方案 1	方案 2	方案 3	方案 4	方案 5	方案 6	方案 7	方案 8	方案 9
预期收益	3917	3900	3547	3085	2756	2325	1983	1783	1650
风险水平	1156	1089	767	466	309	229	169	135	111
IT 服务业	0	0	0	0	0	0	0	0	0
传播与文化娱乐	5000	5000	3915	970	0	0	0	0	0
新能源、高节能技术	0	0	0	0	0	0	0	0	0
医药保健	0	0	1085	4030	0	0	0	0	0
通信设备	0	0	0	0	318	5000	5000	5000	5000
农林牧副渔	5000	2500	0	0	0	0	0	0	0
环保工程	0	0	0	0	0	0	0	0	0
传统制造业	0	2500	5000	5000	4682	1686	3776	5000	5000
网络产业	0	0	0	0	0	0	0	0	0
新材料工业	0	0	0	0	0	0	0	0	0
生物科技	0	0	0	0	5000	5000	5000	5000	5000
消费产品和服务	5000	5000	0	0	0	0	0	0	0
采掘业	0	0	0	0	0	0	0	0	0
软件产业	0	0	0	0	0	0	0	0	0
金融服务业	5000	5000	5000	5000	5000	3314	1224	0	0
科技服务	0	0	0	0	0	0	0	0	0
计算机硬件产业	0	0	0	0	0	0	0	0	5000
光电与光电机一体化	0	0	0	0	0	0	0	0	0
其他行业	9000	0	5000	5000	5000	5000	5000	5000	0

资料来源:作者实地调查和计算。

如果考虑投资风险因素，目前基金 C 的传播与文化娱乐、医药保健、通信设备、农林牧副渔、传统制造业、生物科技、消费产品和服务、金融服务业、计算机硬件产业、其他行业项目的投资规模已经处于优化规模的范围之内。而除去以上行业，其余行业中 IT 服务业，新能源、高节能技术，新材料工业，软件产业项目的实际投资规模已高于优化规模，在投资者的投资决策中，应适当考虑减少这些行业项目的投资规模。

同时如表 5-12 所示中可以了解到，传播与文化娱乐、医药保健、通信设备、农林牧副渔、传统制造业、生物科技、消费产品和服务、金融服务业、计算机硬件产业、其他行业项目的风险优化规模变化较大；其中，通信设备、医药保健项目的优化规模随着风险与收益水平的提高而呈现出比较明显的缩减态势；传播与文化娱乐、农林牧副渔、金融服务业项目的优化投资规模却随着风险收益的提高而表现出扩大趋势，这表明如果投资者对这些行业投资持风险偏好态度，则将明显增加投资的收益水平；而通信设备、生物科技这 2 个行业在风险较低区域的投资规模均达到最大化（5000 万元），表明这些行业是风险中性或风险规避投资者最适合的投资行业。

表 5-12　基金 C 投资项目优化规模及其与实际规模的比较（万元）

投资项目	风险优化规模										非风险条件下优化规模	实际投资规模
	不同“风险—收益”方案									优化范围		
	方案 1	方案 2	方案 3	方案 4	方案 5	方案 6	方案 7	方案 8	方案 9			
IT 服务业	0	0	0	0	0	0	0	0	0	0	0	2700
传播与文化娱乐	5000	5000	3915	970	0	0	0	0	0	0　5000	5000	1800
新能源、高节能技术	0	0	0	0	0	0	0	0	0	0	0	3490
医药保健	0	0	1085	4030	0	0	0	0	0	0—4030	0	0
通信设备	0	0	0	0	318	5000	5000	5000	5000	0—5000	0	2060
农林牧副渔	5000	2500	0	0	0	0	0	0	0	0—5000	5000	500
环保工程	0	0	0	0	0	0	0	0	0	0	0	0
传统制造业	0	2500	5000	5000	4682	1686	3776	5000	5000	0—5000	0	0
网络产业	0	0	0	0	0	0	0	0	0	0	0	0
新材料工业	0	0	0	0	0	0	0	0	0	0	0	5000
生物科技	0	0	0	0	5000	5000	5000	5000	5000	0—5000	0	0

续　表

投资项目	风险优化规模										非风险条件下优化规模	实际投资规模
	不同“风险—收益”方案									优化范围		
	方案1	方案2	方案3	方案4	方案5	方案6	方案7	方案8	方案9			
消费产品和服务	5000	5000	0	0	0	0	0	0	0	0—5000	5000	0
采掘业	0	0	0	0	0	0	0	0	0	0	0	0
软件产业	0	0	0	0	0	0	0	0	0	0	0	1650
金融服务业	5000	5000	5000	5000	5000	3314	1224	0	0	0—5000	5000	0
科技服务	0	0	0	0	0	0	0	0	0	0	0	0
计算机硬件产业	0	0	0	0	0	0	0	0	5000	0—5000	0	0
光电与光电机一体化	0	0	0	0	0	0	0	0	0	0	0	0
其他行业	9000	0	5000	5000	5000	5000	5000	5000	0	0—9000	9000	2800

资料来源:作者调查和计算。

4.基金D

根据实证MOTAD模型模拟分析的结果,可以得到基金D的风险收益曲线,如图5-4所示。

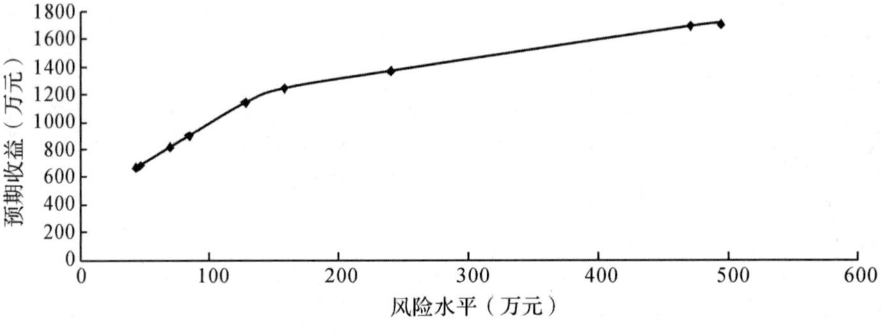

图5-4　基金D的投资风险收益曲线

从图5-4可以看出,基金D的风险水平在40万元—500万元,预期收益在600万元—1800万元。同时前4个方案的风险收益斜率要明显大于后4个的,说明了同等幅度风险水平的增加,前4个方案的收益提高幅度要更大一些,即相同收益水平下,后4个方案的风险水平要高一些。

如表5-13所示是基金D实证MOTAD模型的模拟结果。结果显示了基金 D 各投资方案的风险收益及所投项目的优化规模和结构。为了更清楚地说明优化规模与非风险规模以及实际规模的对比情况,将上述结果进行整理,如表 5-14 所示。

表 5-13　基于 MOTAD 模型的基金 D 投资项目优化规模(万元)

	方案 1	方案 2	方案 3	方案 4	方案 5	方案 6	方案 7	方案 8	方案 9
预期收益	1699	1690	1368	1243	1139	899	816	685	664
风险水平	494	470	240	158	128	84	69	46	43
IT 服务业	0	0	0	0	0	0	0	0	0
传播与文化娱乐	2400	2400	800	0	0	0	0	0	0
新能源、高节能技术	0	0	0	0	0	0	0	0	0
医药保健	0	0	0	800	0	0	0	0	0
通信设备	0	0	0	0	552	2400	2400	2400	2400
农林牧副渔	800	0	0	0	0	0	0	0	0
环保工程	0	0	0	0	0	0	0	0	0
传统制造业	0	900	2400	2400	248	1892	2400	800	2400
网络产业	0	0	0	0	0	0	0	0	0
新材料工业	0	0	0	0	0	0	0	0	0
生物科技	0	0	0	0	2400	2400	2400	2400	2400
消费产品和服务	2400	2300	0	0	0	0	0	0	0
采掘业	0	0	0	0	0	0	0	0	0
软件产业	0	0	0	0	0	0	0	0	0
金融服务业	2400	2400	2400	2400	2400	1308	800	0	0
科技服务	0	0	0	0	0	0	0	0	0
计算机硬件产业	0	0	0	0	0	0	9000	0	800
光电与光电机一体化	0	0	0	0	0	0	0	0	0
其他行业	0	0	2400	2400	2400	0	9000	2400	0

资料来源:作者实地调查和计算。

表 5-14　基金 D 投资项目优化规模及其与实际规模的比较(万元)

投资项目	风险优化规模										非风险条件下优化规模	实际投资规模
	不同"风险一收益"方案									优化范围		
	方案1	方案2	方案3	方案4	方案5	方案6	方案7	方案8	方案9			
IT 服务业	0	0	0	0	0	0	0	0	0	0	0	0
传播与文化娱乐	2400	2400	800	0	0	0	0	0	0	0—2400	2400	2100
新能源、高节能技术	0	0	0	0	0	0	0	0	0	0	0	0
医药保健	0	0	0	800	0	0	0	0	0	0—800	0	0
通信设备	0	0	0	0	552	2400	2400	2400	2400	0—2400	0	900
农林牧副渔	800	0	0	0	0	0	0	0	0	0—800	800	1500
环保工程	0	0	0	0	0	0	0	0	0	0	0	0
传统制造业	0	900	2400	2400	248	1892	2400	800	2400	0—2400	0	0.00
网络产业	0	0	0	0	0	0	0	0	0	0	0	2000
新材料工业	0	0	0	0	0	0	0	0	0	0	0	0
生物科技	0	0	0	0	2400	2400	2400	2400	2400	0—2400	0	0
消费产品和服务	2400	2300	0	0	0	0	0	0	0	0—2400	2400	0
采掘业	0	0	0	0	0	0	0	0	0	0	0	0
软件产业	0	0	0	0	0	0	0	0	0	0	0	0
金融服务业	2400	2400	2400	2400	2400	1308	800	0	0	0—2400	2400	0
科技服务	0	0	0	0	0	0	0	0	0	0	0	0
计算机硬件产业	0	0	0	0	0	0	9000	0	800	0—9000	0	0
光电与光电机一体化	0	0	0	0	0	o	0	0	0	0	0	0
其他行业	0	0	2400	2400	2400	0	9000	2400	0	0—9000	0	1500

资料来源:作者调查与计算。

表 5-14 显示,如果仅以收益最大化为目标而不考虑风险因素,根据非

风险优化规模的计算结果，基金 D 应该扩大传播与文化娱乐、消费产品和服务、金融服务业项目的投资规模；IT 服务业，新能源、高节能技术，医药保健，环保工程，传统制造业，新材料工业，生物科技，采掘业，软件产业，科技服务，计算机硬件产业，光电与光电机一体化项目的投资规模已达最优，可以不变；应大幅减少网络产业、其他行业项目的投资规模，适当减少通信设备、农林牧副渔项目的投资规模。这也表明基金 D 如果在不考虑风险因素的情况下投资传播与文化娱乐、消费产品和服务、金融服务业项目等具有明显的比较优势，因此及时调整基金 D 的投资结构将有助于提高投资者的收益。

如果考虑投资风险因素，目前基金 D 的传播与文化娱乐、医药保健、通信设备、传统制造业、生物科技、消费产品和服务、金融服务业、计算机硬件产业以及其他行业项目的投资规模已经处于优化规模的范围之内。而除去以上行业，其余行业中农林牧副渔、网络产业、新材料工业项目的实际投资规模已高于优化规模，在投资者的投资决策中，应该考虑适当降低这些行业项目的投资规模。

同时从表 5-13 中可以发现，在不同风险收益组合条件下，传播与文化娱乐、医药保健、通信设备、农林牧副渔、传统制造业、生物科技、消费产品和服务、金融服务业、计算机硬件产业以及其他行业项目的风险优化规模却出现了相当大的变化；其中，通信设备项目的优化规模将随着风险与收益水平的提高而呈现出十分明显的缩减态势，这表明投资者对该行业的投资持风险规避态度；而传播与文化娱乐、消费产品和服务、金融服务业项目的优化投资规模却随着风险收益的提高而表现出扩大趋势，这表明如果投资者对这些行业投资持风险偏好态度，则将明显增加投资的收益水平；而通信设备、生物科技这 2 个行业项目在风险较低区域的投资规模均达到最大化(2400 万元)，表明这些行业是风险中立或风险规避投资者最适合的投资行业。

二、各基金间的比较

根据实证 MOTAD 模型模拟分析的结果，可以看出，投资规模不同的 4 个基金公司的风险收益水平存在一定的差异，如图 5-5 所示。

从图 5-5 中可知：

(1)不同规模的基金其风险水平和预期收益的范围都不相同。从基金 D 到基金 A，随着基金规模的扩大，相应地风险水平和预期收益也在扩大：

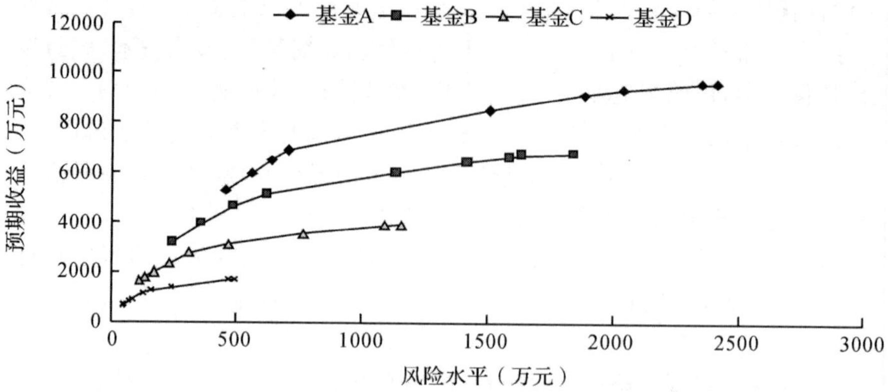

图 5-5 各基金投资风险收益曲线

基金 D 的风险水平在 40 万元—500 万元,基金 C 在 100 万元—1200 万元,基金 B 在 200 万元—1900 万元,基金 A 的风险水平在 400 万元—2500 万元;相应地基金 D 的预期收益在 600 万元—1800 万元,基金 C 在 1500 万元—4000 万元,基金 B 在 3000 万元—7000 万元,基金 A 的预期收益在 5000 万元—10000 万元。基金规模越大,相应的收益水平越高,但承担的风险也越大;基金规模越小,相应的收益水平越低,但承担的风险越小。

(2)从基金 D 到基金 A,4 个基金的风险收益曲线的斜率呈递增趋势。这说明同等风险水平的情况下,基金 A 的收益>基金 B 的收益>基金 C 的收益>基金 D 的收益,即规模大的基金,在同等风险变化的范围内其收益提高的幅度更大一些。从表 5-7、表 5-9、表 5-11、表 5-13 中可以看出,基金 A 投资的项目数>基金 B 投资的项目数>基金 C 投资的项目数>基金 D 投资的项目数,即从基金 A 到基金 D,实际投资的项目数呈现了递减的趋势。这也说明规模大的基金,可以实施相对丰富的多元化投资策略,从而使其投资面临的风险得到一定程度的弱化,实现相对较高的投资收益。

此外,4 个基金从实际规模调整到优化规模的过程中:

(1)基金 A 应扩大投资规模的行业(项目)有 6 个,基本不变的有 3 个,适当减少的有 4 个,大幅减少的有 6 个;

(2)基金 B 应扩大投资规模的行业(项目)有 5 个,基本不变的有 10 个,适当减少的有 0 个,大幅减少的有 4 个;

(3)基金 C 应扩大投资规模的行业(项目)有 5 个,基本不变的有 9 个,适当减少的有 0 个,大幅减少的有 5 个;

(4)基金 D 应扩大投资规模的行业有(项目)3 个,基本不变的有 12 个,适当减少的有2个,大幅减少的有2个。

基金A由于投资总额最大(6亿元),因而,从实际投资的行业(项目)调整到优化投资的行业(项目)数目最多,共有16个;因此,其投资行业(项目)存在更大的优化调整空间。基金D投资总额最小(0.8亿元),从实际投资的行业(项目)调整到优化投资的行业(项目)数目最少,仅为7个。

第三节　不同政策情景下风险投资决策的模拟分析

一、模拟情景设计

1.“发行债券”情景

风险投资在实际运作中是一个融资与投资相结合的过程,而融资又占据了举足轻重的地位,融到资金往往就是成功的一半。我国风险投资机构历年累计投资金额由2006年的227亿元增加到2012年的1639亿元,折合美元约271亿元;截至2012年末,我国备案风险投资机构总资产2800多亿元,折合美元约460多亿元,而这些仅相当于在美国风险投资公司20世纪90年代的水平(中国创业投资行业发展报告2013)。

目前我国风险投资机构的主要融资途径有以下几种:(1)企业内部融资,包括直接投资回收后的资金,LP投资收益的分成,股东借给公司的资金;(2)企业外部融资,包括LP模式融资,政府引导基金的阶段参股、跟进投资,以及风投公司为所投资企业担保的贷款(风投公司可以用后期投资置换,实际上是间接融资)。可见,我国目前风险投资机构的融资渠道比较单一,风险投资机构管理的资金非常有限。由于债权型融资方式的财务杠杆和节税效应,在允许风险范围之内,该方式应该是风险投资机构优先考虑的外源融资方式。

因此,本书参考国外相关风险投资融资政策,结合浙江省经济发展水平及富有家庭和个人比例相对较高的特点,设计“发行债券”政策情景,并模拟风险投资机构在相应情景下风险决策的优化反应,以期丰富风险投资的融资政策,加快风险投资业的发展。

本书“发行债券”的政策情景设计如图5-6所示:

债券的期限一般为3—5年。首先,由政府建立“专项担保基金”,并找到合适的商业银行，构成保售联盟，签署保售联盟协议。由保售联盟共同认定符合发行债券的风险投资机构的标准和具体实施方法。符合标准的风险投资机构需要发行债券时，将发债总额的8%缴存到“专项担保基金”，由保售联盟给予发行专项债券。风险投资机构履行完还债义务后可从“专项担保基金”中返还所缴存的资金。

风险投资机构发行的债券由“专项担保基金”全额担保，风险投资机构以通过商业银行向社会销售债券的形式来发行债券。一般情况下，“专项担保基金”可按1∶10的比例来放大其担保功能，即用1亿元的担保资金可用于担保10亿元的债券发行量。债券发行的利率由市场决定，本书假定债券发行利率为8%和10%两种。

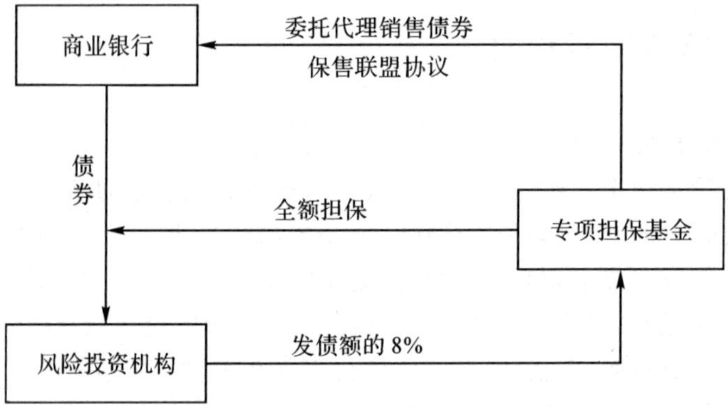

图 5-6 “发行债券”情景设计

当发债利率为8%时，风险投资机构每年的投资收益率的计算方式会发生变化：

投资收益率＝(投资额收益－发债利息)/(风投机构投资额－债券发行量)

＝(投资额收益－债券发行量×8%)/(风投机构投资额－债券发行量)

经过上述调整后，导致风投机构各年的单位期望收益及其偏差系数也发生变化，如表5-15所示。

表 5-15 “8%、10%利率债券”情景下项目(行业)投资期望收益及其偏差(亿元)

	单位期望收益		偏差系数1(2010年)		偏差系数2(2011年)		偏差系数3(2012年)	
行业	8%利率	10%利率	8%利率	10%利率	8%利率	10%利率	8%利率	10%利率
IT服务业	0.11	0.10	−0.02	−0.02	0.01	0.01	0.01	0.01
传播与文化娱乐	0.34	0.33	−0.24	−0.24	0.14	0.14	0.10	0.10
新能源、高节能技术	0.11	0.10	0.00	0.00	0.03	0.03	−0.02	−0.02
医药保健	0.11	0.10	−0.02	−0.02	0.00	0.00	0.02	0.02
通信设备	0.07	0.06	−0.01	−0.01	0.01	0.01	0.00	0.00
农林牧副渔	0.13	0.12	−0.05	−0.05	0.09	0.09	−0.04	−0.04
环保工程	0.10	0.10	−0.04	−0.04	0.00	0.00	0.04	0.04
传统制造业	0.12	0.11	−0.03	−0.03	0.01	0.01	0.02	0.02
网络产业	0.08	0.07	−0.02	−0.02	0.00	0.00	0.02	0.02
新材料工业	0.01	0.00	0.13	0.13	−0.10	−0.10	−0.03	−0.03
生物科技	0.07	0.06	0.00	0.00	0.00	0.00	0.00	0.00
消费产品和服务	0.17	0.16	−0.08	−0.08	0.05	0.05	0.03	0.03
采掘业	0.10	0.09	0.03	0.03	0.00	0.00	−0.03	−0.03
软件产业	0.11	0.10	−0.03	−0.03	0.00	0.00	0.02	0.02
金融服务业	0.32	0.31	−0.09	−0.09	0.00	0.00	0.10	0.10
科技服务	0.12	0.11	−0.04	−0.04	−0.01	−0.01	0.05	0.05
计算机硬件产业	0.08	0.07	−0.01	−0.01	−0.01	−0.01	0.02	0.02
光电与光电机一体化	0.08	0.08	−0.01	−0.01	0.02	0.02	−0.02	−0.02
其他行业	0.12	0.11	−0.02	−0.02	0.00	0.00	0.02	0.02

数据来源:作者根据调查资料整理计算。

同样,当发债利率为10%时,风险投资机构每年的投资收益率的计算方式较不发债时会发生变化,即:

投资收益率=(投资额收益−债券发行量×10%)/(风投机构投资额−债券发行量)

按上述调整后,投资项目(行业)的单位期望收益及相应的收益偏差系数也将发生变化,如表5-15所示。

2."税收优惠"情景

风险投资机构投资的预期收益与政府的税收政策有着密切的关系，目前浙江省不同投资主体的税收政策如表 5-16 所示，对于个人、合伙企业、公司 3 类不同投资主体，其税收政策各异。针对做股权投资的合伙企业，由于运作资金规模较大，往往除了缴纳 6%的营业税外，通常还需再缴纳 35%的个人所得税，这与个人投资的 20%税负相比显然有些不公平。这是因为合伙企业不是纳税主体，合伙企业中的个人合伙人理应享受与个人投资者为主体投资一样的纳税标准，而目前这样的税收政策带来的结果是不鼓励做规范的合伙制企业，而是让投资者回归个人投资模式，因为同样投资情况下，个人投资模式比合伙企业制模式交的税更少。这与政府鼓励风险投资业规范运作，做大做强的愿景不一致。因此，现有的税收政策需要改进，使做股权投资的合伙制企业的税收达到与个人投资者一致的水平，实现税负公平。基于以上分析，并借鉴国外发达国家的税收政策，本书的"税收优惠"政策情景的设计如下：

对于做股权投资的合伙制企业其税收的构成是免交 6%的营业税，个人所得税改为统一缴纳 20%。相应地风险投资机构每年的投资收益率的计算方式也会发生变化，即：

投资收益率＝投资额收益/风投机构投资额

＝(投资收入－成本－税收)/风投机构投资额

公式中的税收：营业税由原来的 6%改为 0，个人所得税由原来的 35%改为 20%，经过上述调整后，会导致风投机构各年的平均单位收益有所变化，因此单位期望收益及相应的收益偏差系数也将发生变化。如表 5-17 所示是"税收优惠"情景下风险投资机构各投资项目(行业)的单位期望收益及收益的系数。

表 5-16　不同投资主体的税收政策比较

税种＼投资主体	个人	合伙企业	公司
营业税	无	6%	6%
所得税	20%所得税	5%—35%个人所得税	25%企业所得税，20%个人所得税(再分配时)

资料来源：作者整理。

表 5-17 “税收优惠”情景下项目（行业）投资期望收益及其偏差（亿元）

行业（项目）	单位期望收益	偏差系数 1（2010 年）	偏差系数 2（2011 年）	偏差系数 3（2012 年）
IT 服务业	0.12	−0.02	0.01	0.01
传播与文化娱乐	0.31	−0.20	0.12	0.08
新能源、高节能技术	0.12	0.00	0.02	−0.02
医药保健	0.12	−0.01	0.00	0.01
通信设备	0.10	0.00	0.01	0.00
农林牧副渔	0.13	−0.04	0.07	−0.04
环保工程	0.12	−0.04	0.00	0.04
传统制造业	0.13	−0.02	0.01	0.01
网络产业	0.10	−0.01	0.00	0.02
新材料工业	0.04	0.11	−0.08	−0.02
生物科技	0.08	0.00	0.00	0.00
消费产品和服务	0.17	−0.07	0.05	0.02
采掘业	0.11	0.02	0.00	−0.02
软件产业	0.12	−0.02	0.00	0.02
金融服务业	0.32	−0.07	0.01	0.06
科技服务	0.13	−0.04	−0.01	0.04
计算机硬件产业	0.10	−0.01	0.00	0.01
光电与光电机一体化	0.10	0.00	0.02	−0.01
其他行业	0.13	−0.02	0.00	0.01

数据来源：作者根据调查资料整理计算。

二、情景模拟结果

1.“发行债券”情景模拟结果

（1）“发行债券”前后模拟结果比较。

根据以上“发行债券”情景设计，对相应情景下浙江省的 4 个风险投资机构（基金公司）各风险投资项目的单位期望收益和偏差进行了调整和计算，将调整后的数据代入相应的实证 MOTAD 模型，就可以得到“发行债券情景”下各风险投资机构(基金公司)投资的决策优化反应。需要说明的是,同前文中实证模型的计算过程一样,如果灵敏度分析的结果显示λ值小于年化收益的8%时,就停止计算。表5-18至表5-25是基金A－D“发行债券”情景下实证MOTAD模型的模拟结果。结果显示了基金A－D分别在8%、10%发债利率情景下各投资方案的风险收益及优化规模。本书在此主要关注“发行债券前后”各投资方案风险水平和预期收益的变化情况。

表5-18　8%发债利率情景下基金A投资项目优化规模(万元)

	方案1	方案2	方案3	方案4	方案5	方案6	方案7	方案8	方案9
收益	11380	11250	11090	10690	10000	8960	7680	6980	5760
风险	3573	3240	3021	2747	2307	1653	1122	967	700
IT服务业	0	0	0	6000	9000	9000	0	0	0
传播与文化娱乐	9000	9000	9000	9000	6000	0	0	0	0
新能源、高节能技术	0	0	0	0	0	0	0	0	0
医药保健	0	6000	7875	9000	9000	9000	9000	9000	9000
通信设备	0	0	0	0	0	0	9000	9000	9000
农林牧副渔	9000	0	0	0	0	0	0	0	0
环保工程	0	0	0	0	0	0	0	0	0
传统制造业	9000	9000	9000	9000	9000	9000	0	0	6000
网络产业	0	0	0	0	0	0	0	0	0
新材料工业	0	0	0	0	0	0	9000	0	0
生物科技	0	0	0	0	0	0	0	9000	9000
消费产品和服务	9000	9000	7125	0	0	6000	0	0	0
采掘业	0	0	0	0	0	0	0	0	0
软件产业	0	0	9000	9000	9000	9000	9000	9000	9000
金融服务业	9000	9000	9000	9000	9000	9000	8917	6000	0
科技服务	6000	9000	0	0	0	0	0.00	0	0
计算机硬件产业	0	0	0	0	0	0	6083	9000	9000
光电与光电机一体化	0	0	0	0	0	0	0	0	0
其他行业	9000	9000	9000	9000	9000	9000	9000	9000	9000

数据来源:作者调查与计算。

表 5-19 8%发债利率情景下基金 B 投资项目优化规模(万元)

	方案 1	方案 2	方案 4	方案 4	方案 5	方案 6	方案 7	方案 8	方案 9
收益	8132	8056	7663	6842	5928	5573	5193	4375	3623
风险	2736	2449	2138	1589	980	861	760	575	405
IT 服务业	0	0	0	0	0	0	0	0	0
传播与文化娱乐	7600	7600	7600	4032	0	0	0	0	0
新能源、高节能技术	0	0	0	0	0	0	0	0	0
医药保健	0	6000	7369	3568	7600	7600	7600	7600	7600
通信设备	0	0	0	0	0	7600	7600	7600	7600
农林牧副渔	7600	0	0	0	0	0	0	0	0
环保工程	0	0	0	0	0	0	0	0	0
传统制造业	7600	7600	7600	7600	7600	0	0	0	0
网络产业	0	0	0	0	0	0	0	0	0
新材料工业	0	0	0	0	0	0	0	0	7600
生物科技	0	0	0	0	0	0	7600	7600	0
消费产品和服务	7600	7600	231	0	0	0	0	0	0
采掘业	0	0	0	0	0	0	0	0	0
软件产业	0	0	0	7600	7600	7600	7600	7600	7600
金融服务业	7600	7600	7600	7600	7600	7600	7600	3640	0
科技服务	0	0	0	0	0	0	0	0	0
计算机硬件产业	0	0	0	0	0	0	0	0	0
光电与光电机一体化	0	0	0	0	0	0	0	0	0
其他行业	0	7600	7600	7600	7600	7600	0	3960	7600

数据来源:作者调查与计算。

表 5-20　8%发债利率情景下基金 C 投资项目优化规模(万元)

	方案 1	方案 2	方案 3	方案 4	方案 5	方案 6	方案 7	方案 8	方案 9
收益	4750	4600	4483	3976	3350	3300	2946	2357	1800
风险	1700	1428	1333	995	578	544	446	308	178
IT 服务业	0	0	0	0	0	0	0	0	0
传播与文化娱乐	5000	5000	5000	2909	154	0	0	0	0
新能源、高节能技术	0	0	0	0	0	0	0	0	0
医药保健	0	0	0	2091	5000	5000	5000	5000	5000
通信设备	0	0	0	0	0	0	5000	5000	5000
农林牧副渔	5000	0	0	0	0	0	0	0	0
环保工程	0	0	0	0	0	0	0	0	0
传统制造业	0	5000	5000	5000	4846	0	0	0	0
网络产业	0	0	0	0	0	0	0	0	0
新材料工业	0	0	0	0	0	0	0	0	0
生物科技	0	0	0	0	0	0	535	2830	5000
消费产品和服务	5000	2500	0	0	0	0	0	0	0
采掘业	0	0	0	0	0	0	0.	0	0
软件产业	0	0	0	5000	5000	5000	5000	5000	5000
金融服务业	5000	5000	5000	5000	5000	5000	4464	2170	0
科技服务	0	0	0	0	0	0	0	0	0
计算机硬件产业	0	0	0	0	0	0	0	0	0
光电与光电机一体化	0	0	0	0	0	0	0	0	0
其他行业	0	2500	5000	0	0	5000	0	0	0

数据来源：作者调查与计算。

表 5-21　8%发债利率情景下基金 D 投资项目优化规模(万元)

	方案 1	方案 2	方案 3	方案 4	方案 5	方案 6	方案 7	方案 8	方案 9
收益	2077	1960	1573	1400	1304	1126	963	867	757
风险	727	608	350	235	208	165	126	104	78
IT 服务业	0	0	0	0	0	0	0	0	0
传播与文化娱乐	2400	2400	800	0	0	0	0	0	0
新能源、高节能技术	0	0	0	0	0	0	0	0	0
医药保健	0	800	2400	2000	800	1634	2400	2400	2400
通信设备	0	0	0	0	2400	2400	2400	2400	2400
农林牧副渔	800	0	0	0	0	0	0	0	0
环保工程	0	0	0	0	0	0	0	0	0
传统制造业	0	2400	0	0	0	0	0	0	0
网络产业	0	0	0	0	0	0	0	0	0
新材料工业	0	0	0	0	0	0	0	0	0
生物科技	0	0	0	0	0	0	0	373	800
消费产品和服务	0	0	0	0	0	0	0	0	0
采掘业	0	0	0	0	0	0	0	0	0
软件产业	0	0	2400	2400	2400	2400	2400	2400	2400
金融服务业	2400	2400	2400	2400	2400	1566	800	427	0
科技服务	0	0	0	0	0	0	0	0	0
计算机硬件产业	0	0	0	0	0	0	0	0	0
光电与光电机一体化	0	0	0	0	0	0	0	0	0
其他行业	0	0	0	1200	0	0	0	0	0

数据来源:作者调查与计算。

表 5-22　10%发债利率情景下基金 A 投资项目优化规模(万元)

	方案 1	方案 2	方案 3	方案 4	方案 5	方案 6	方案 7	方案 8	方案 9
收益	10870	10760	10030	9520	8650	8460	7390	6580	5230
风险	3567	3227	2647	2321	1767	1660	1207	1027	727
IT 服务业	0	0	0	2217	6000	9000	0	0	0
传播与文化娱乐	9000	9000	6000	3783	0	0	0	0	0
新能源、高节能技术	0	0	0	0	0	0	0	0	0
医药保健	0	6000	9000	9000	9000	9000	9000	9000	9000
通信设备	0	0	0	0	0	0	9000	9000	9000
农林牧副渔	9000	0	0	0	0	0	0	0	0
环保工程	0	0	0	0	0	0	0	0	0
传统制造业	9000	9000	9000	9000	9000	9000	9000	9000	9000
网络产业	0	0	0	0	0	0	0	0	0
新材料工业	0	0	0	0	0	0	0	0	0
生物科技	0	0	0	0	0	0	9000	9000	9000
消费产品和服务	9000	9000	9000	9000	9000	6000	0	0	0
采掘业	0	0	0	0	0	0	0	0	0
软件产业	0	0	9000	0	9000	9000	9000	9000	9000
金融服务业	9000	9000	9000	9000	9000	9000	9000	5625	0
科技服务	9000	9000	0	0	0	0	0	0	0
计算机硬件产业	0	0	0	0	0	0	0	3375	9000
光电与光电机一体化	0	0	0	0	0	0	0	0	0
其他行业	6000	9000	9000	9000	9000	9000	6000	6000	6000

数据来源：作者调查与计算。

表 5-23 10%发债利率情景下基金B投资项目优化规模(万元)

	方案1	方案2	方案3	方案4	方案5	方案6	方案7	方案8	方案9
收益	7803	7769	7689	6376	5599	5269	4902	3477	3078
风险	2719	2556	2390	1515	996	895	802	486	397
IT服务业	0	0	0	0	0	0	0	0	0
传播与文化娱乐	7600	7600	7600	2232	0	0	0	0	0
新能源、高节能技术	0	0	0	0	0	0	0	0	0
医药保健	0	0	1900	7600	7600	7600	1900	0	1900
通信设备	0	0	0	0	0	7600	7600	7600	7600
农林牧副渔	7600	2533	0	0	0	0	0	0	0
环保工程	0	0	0	0	0	0	0	0	0
传统制造业	5067	0	5700	7600	7600	7600	5700	5700	5700
网络产业	0	0	0	0	0	0	0	0	0
新材料工业	0	0	0	0	0	0	0	0	0
生物科技	0	0	0	0	0	0	7600	7600	7600
消费产品和服务	7600	7600	7600	5368	0	0	0	0	0
采掘业	0	0	0	0	0	0	0	0	0
软件产业	0	0	7600	7600	7600	7600	7600	7600	7600
金融服务业	7600	7600	7600	7600	7600	7600	7600	1900	0
科技服务	2533	5067	0	0	0	0	0	0	0
计算机硬件产业	0	0	0	0	0	0	0	7600	7600
光电与光电机一体化	0	0	0	0	0	0	0	0	0
其他行业	0	0	0	7600	7600	0	3960	0	0

数据来源:作者调查与计算。

表 5-24　10%发债利率情景下基金 C 投资项目优化规模(万元)

	方案 1	方案 2	方案 3	方案 4	方案 5	方案 6	方案 7	方案 8	方案 9
收益	4583.	4550	4450	3794	3250	3150	2625	2025	1650
风险	1689	1511	1433	996	633	567	428	294	211
IT 服务业	0	0	0	0	0	0	0	0	0
传播与文化娱乐	5000	5000	5000	1629	414	0	0	0	0
新能源、高节能技术	0	0	0	0	0	0	0	0	0
医药保健	0	0	3636	1278	940	5000	0	714	2500
通信设备	0	0	0	0	0	0	5000	5000	5000
农林牧副渔	5000	0	0	0	0	0	0	0	0
环保工程	0	0	0	0	0	0	0	0	0
传统制造业	0	3333	2879	2093	3647	5000	2500	2500	2500
网络产业	0	0	0	0	0	0	0	0	0
新材料工业	0	0	0	0	0	0	0	0	0
生物科技	0	0	0	0	0	0	5000	5000	5000
消费产品和服务	5000	5000	3485	5000	0	0	0	0	0
采掘业	0	0	0	0	0	0	0	0	0
软件产业	0	0	0	0	5000	5000	0	5000	5000
金融服务业	5000	5000	5000	5000	5000	5000	5000	1786	0
科技服务	0	1667	0	0	0	0	0	0	0
计算机硬件产业	0	0	0	0	0	0	2500	0	0
光电与光电机一体化	0	0	0	0	0	0	0	0	0
其他行业	0	0	5000	5000	5000	0	0	0	0

数据来源:作者调查与计算。

表 5-25　10%发债利率情景下基金 D 投资项目优化规模(万元)

	方案 1	方案 2	方案 3	方案 4	方案 5	方案 6	方案 7	方案 8	方案 9
收益	2013	1876	1480	1348	1244	982	924	841	624
风险	722	600	336	248	216	154	141	123	75
IT 服务业	0	0	0	0	0	0	0	0	0
传播与文化娱乐	2400	2400	0	0	0	0	0	0	0
新能源、高节能技术	0	0	0	0	0	0	0	0	0
医药保健	0	1800	0	1800	1800	695	970	1367	0
通信设备	0	0	0	0.	2400	2400	2400	2400	2400
农林牧副渔	800	0	0	0	0	0	0	0	0
环保工程	0	0	0	0	0	0	0	0	0
传统制造业	0	1400	800	1400	1400	800	800	800	800
网络产业	0	0	0	0	0	0	0	0	0
新材料工业	0	0	0	0	0	0	0	0	0
生物科技	0	0	0	0	0	2400	2400	2400	2400
消费产品和服务	2400	0	2400	0	0	0	0	0	0
采掘业	0	0	0	0	0	0	0	0	0
软件产业	0	0	0	0	0	0	0	0	0
金融服务业	2400	2400	2400	2400	2400	1705	1430	1033	300
科技服务	0	0	0	0	0	0	0	0	0
计算机硬件产业	0	0	0	0	0	0	0	0	2100
光电与光电机一体化	0	0	0	0	0	0	0	0	0
其他行业	0	0	2400	2400	0	0	0	0	0

数据来源：作者调查与计算。

①基金 A。根据实证 MOTAD 模型模拟分析的结果，可以得到基金 A 发债前后投资风险收益比较曲线，如图 5-7 所示。

由图 5-7 可知：

第一，总体来说，基金 A 以 8%、10%的利率发债后，不管是收益水平还是风险水平相比发债前都有了一定程度上的增加。风险水平从发债前的 400 万元—2500 万元增加到利率为 8%时 600 万元—3600 万元，以及利率

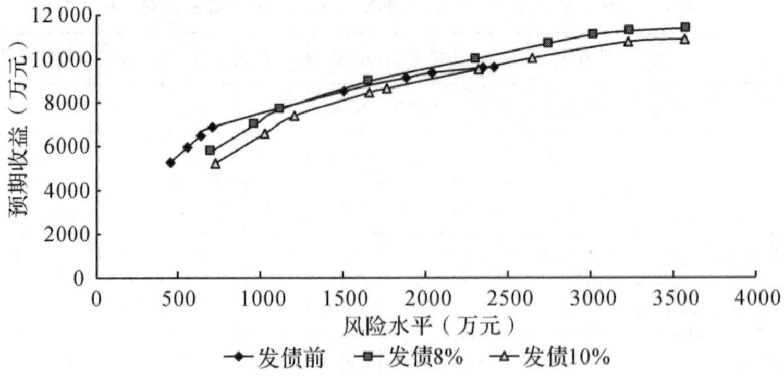

图 5-7 基金 A 发债前后投资风险收益比较曲线

为 10%时的 700 万元—3600 万元。预期收益从发债前的 5000 万元—10 000 万元增加到利率为 8%时的 5700 万元—11 400 万元,以及利率为 10%时的 5000 万元—11 000 万元。整体上来说,基金 A 在发债情景下的预期收益比不发债情景下的预期收益要高,但风险水平也相应提高。

第二,在风险水平 700 万元—1000 万元的低风险区,不发债情景的投资收益大于发债情景下的投资收益。

第三,对发债利率为 8%情景和 10%情景进行比较可知,在相同的风险水平下,发债利率为 8%比发债利率为 10%获得更多的预期收益;即发债利率越低,预期收益越大。但如果发债利率过低(小于 8%),购买债券者的收益率会受到影响,进而会影响债券的需求量。

第四,发债利率若大于 10%,在相同风险水平下,基金 A 的预期收益将低于不发债情景下的预期收益。

结合第三、第四,一般建议发债利率在 8%—10%区间内为宜。

第五,经对 A 基金以 8%、10%利率发债与不发债时的优化投资规模和结构进行对比分析(表 5-5、表 5-7 以及表 5-18、表 5-22 提供的信息进行对比),可以发现,投资结构发生了变化:当基金以 8%利率发债时,a. 投资收益相近的 2 个项目中,风险较小的项目替代了风险较大的项目;b. 适当增加了收益高、风险大的项目的投资金额,相应减少了收益一般、风险较小项目的投资金额。当基金以 10%利率发债时,高风险、高收益项目的投资金额大幅减少,而收益较高、风险较大项目的投资金额大幅增加,并适当减少收益较低、风险较小项目的投资。

②基金 B。如图 5-8 所示,基金 B 发债前、发债利率为 8%水平以及发债利率为 10%的情景下的投资风险收益曲线。

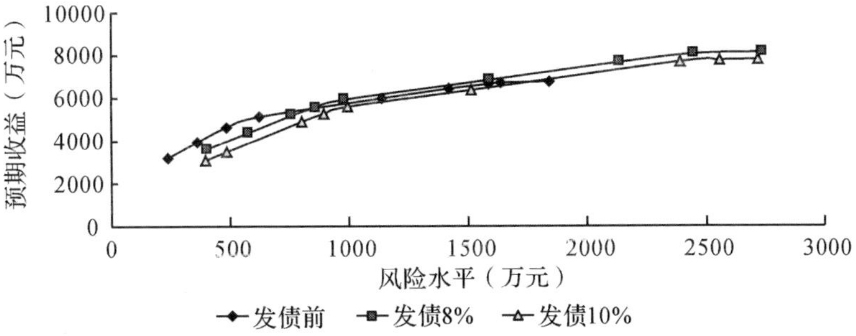

图 5-8 基金 B 发债前后投资风险收益比较曲线

由图 5-8 可知:

第一,总体来说,基金 B 以 8%、10%的利率发债后,不管是收益水平还是风险水平比发债前都有了一定程度上的增加。风险水平从发债前的 200 万元—1900 万元增加到利率为 8%时的 400 万元—2800 万元,以及利率为 10%时的 480 万元—2750 万元。预期收益从发债前的 3000 万元—7000 万元增加到利率为 8%时的 3600 万元—8200 万元,以及利率为 10%时的 3000 万元—8000 万元。

第二,在风险水平 400 万元—700 万元的低风险区,发债前的投资收益大于发债后投资收益。

第三,发债利率为 8%和 10%比较可知,在相同的风险水平下,发债利率为 8%可以获得更加多的收益。

第四,发债利率若大于 10%,在相同风险水平下,基金 B 的预期收益将低于不发债情景下的预期收益。

结合第三、第四,一般建议发债利率在 8%—10%为宜。

第五,经对 B 基金以 8%、10%利率发债与不发债时的优化投资规模和结构进行分别对比分析,其结果与基金 A 相似。

③基金 C。根据实证 MOTAD 模型模拟分析的结果,可以得到基金 C 发债前、发债利率为 8%水平以及发债利率为 10%的情景下的投资风险收益曲线,如图 5-9 所示。

由图 5-9 可知:

第一,总的来说,基金 C 以 8%、10%的利率发债后,不管是收益水平还是风险水平比发债前都有了一定程度上的增加。风险水平从发债前的 100 万元—1200 万元增加到利率为 8%时的 180 万元—1200 万元,以及利率为 10%时的 30 万元—1700 万元。预期收益从发债前的 1500 万元—4000 万

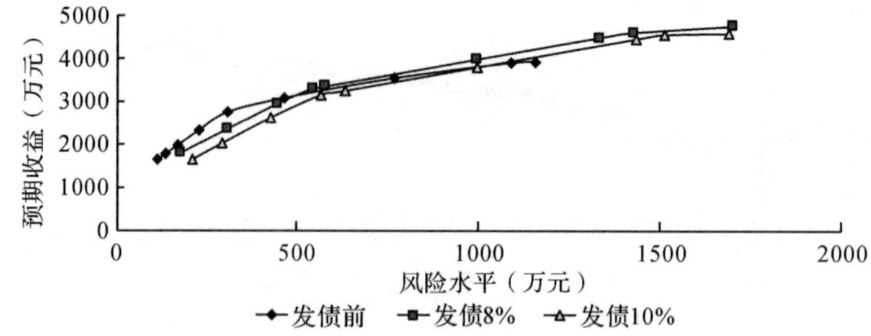

图 5-9　基金 C 发债前后投资风险收益比较曲线

元增加到利率为 8%时的 1800 万元—4800 万元，以及利率为 10%时的 2000 万元—4600 万元。

第二，在风险水平 200 万元—400 万元的低风险区，发债前的投资收益大于发债后投资收益。

第三，发债利率为 8%和 10%比较可知，在相同的风险水平下，发债利率为 8%的可以获得更加多的收益。

第四，发债利率若大于 10%，在相同风险水平下，基金 C 的预期收益将低于不发债情景下的预期收益。

结合第三、第四，一般建议发债利率在 8%—10%为宜。

第五，经对 C 基金以 8%、10%利率发债与不发债时的优化投资规模和结构进行分别对比分析，其结果与基金 A 相似。

④基金 D。如图 5-10 所示，基金 D 发债前、发债利率为 8%水平以及发债利率为 10%的情景下的投资风险收益曲线。

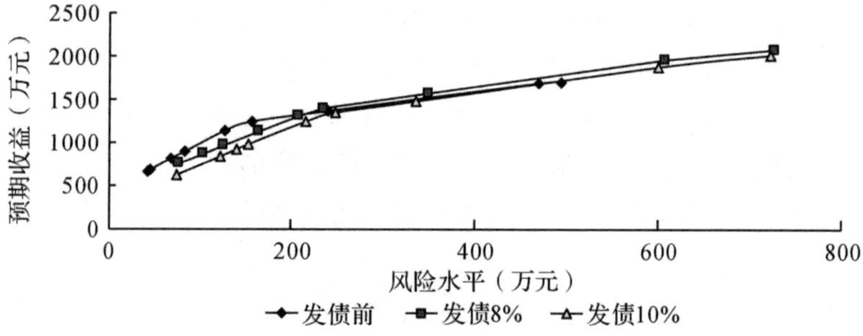

图 5-10　基金 D 发债前后投资风险收益比较曲线

由图 5-10 可知：

第一，基金 D 以 8%、10%的利率发债后，不管是收益水平还是风险水平都比发债前有了一定程度上的增加。风险水平从发债前的40万元—500万元增加到利率为8%时的180万元—1200万元,以及利率为10%时的70万元—750万元。预期收益从发债前的600万元—1800万元增加到利率为8%时的750万元—2100万元,以及利率为10%时的600万元—2000万元。

第二,在风险水平80万元—160万元的低风险区,发债前的投资收益大于发债后投资收益。

第三,发债利率为8%和10%比较可知,在相同的风险水平下,发债利率为8%的可以获得更加多的收益。

第四,发债利率若大于10%,在相同风险水平下,基金D的预期收益将低于不发债情景下的预期收益。

结合第三、第四,一般建议发债利率在8%—10%为宜。

第五,经对D基金以8%、10%利率发债与不发债时的优化投资规模和结构进行分别对比分析,其结果与基金A相似。

(2)发债后各基金间的比较。

①8%利率发债后,各基金间的比较。通过以上分析可得4家基金公司以8%利率发债的优化规模的模拟结果。以下进行各基金之间的比较,如图5-11所示。

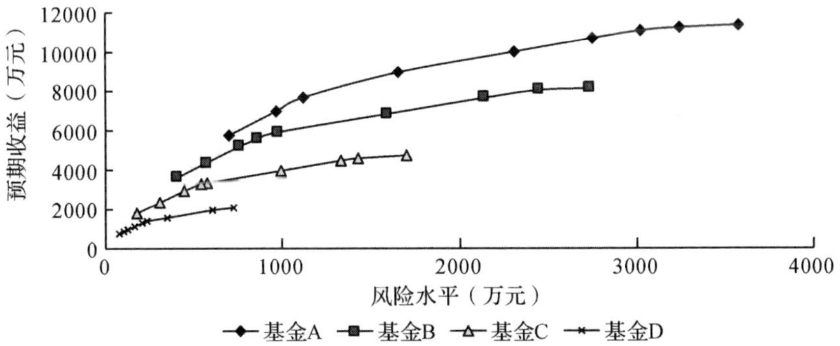

图5-11　发债8%利率下各基金投资风险收益曲线

从图5-11中可以发现:

第一,从基金D到基金A,随着基金规模的扩大,相应地风险水平和预期收益也扩大:基金D的风险水平在78万元—750万元,基金C在180万元—1200万元,基金B在400万元—2800万元,基金A的风险水平则在600万元—3600万元;相应地,基金D的预期收益在750

万元—2100 万元，基金 C 在 1800 万元—4800 万元，基金 B 在 3600 万元—8200 万元，基金 A 的预期收益则在 5700 万元—11400 万元。可见不同规模的基金其风险和收益范围不同，基金规模越大，相应的收益水平越高，但承担的风险也越大；基金规模越小，相应的收益水平越低，但承担的风险越小。如表 5-26、表 5-27 所示。

第二，从基金 A 到基金 D，4 个基金的风险收益斜率呈现递减的趋势，这说明同等幅度的风险水平的增加，基金 A 收益提高幅度要更大一些。从表 5-17、表 5-18、表 5-26、表 5-27 的分析中又可以看出，从基金 A 到基金 D 实际投资的项目数也呈现了递减的趋势，这也就是说明了基金 A 实施了相对丰富的投资方案多样化策略，使其面临的投资风险得到一定程度的弱化，实现相对较高的投资收益。

表 5-26 "发债"前后各基金投资项目各方案的预期收益和风险水平(万元)

			方案 1	方案 2	方案 3	方案 4	方案 5	方案 6	方案 7	方案 8	方案 9
基金A	发债前	预期收益	9610	9590	9360	9126	8520	6879	6480	5964	5265
		风险水平	2413	2347	2040	1884	1505	709	640	559	454
	8%发债利率	预期收益	11380	11250	11090	10690	10000	8960	7680	6980	5760
		风险水平	3573	3240	3021	2747	2307	1653	1122	967	700
	10%发债利率	预期收益	10870	10760	10030	9520	8650	8460	7390	6580	5230
		风险水平	3567	3227	2647	2322	1767	1660	1207	1027	727
基金B	发债前	预期收益	6764	6713	6648	6435	5987	5137	4638	3944	3191
		风险水平	1841	1638	1587	1419	1139	622	485	363	240
	8%发债利率	预期收益	8132	8056	7663	6842	5928	5573	5193	4375	3623
		风险水平	2736	2449	2138	1589	980	861	760	575	405
	10%发债利率	预期收益	7803	7769	7689	6376	5599	52699	4902	3477	3078
		风险水平	27199	2556	2390	1515	996	895	802	486	397

续 表

			方案1	方案2	方案3	方案4	方案5	方案6	方案7	方案8	方案9
基金C	发债前	预期收益	3917	3900	3547	3085	2756	2325	1983	1783	1650
		风险水平	1156	1089	767	466	309	229	169	135	111
	8%发债利率	预期收益	4750	4600	4483	3976	3350	3300	2946	2357	1800
		风险水平	1700	1428	1333	995	578	544	446	308	178
	10%发债利率	预期收益	4583	4550	4450	3795	3250	3150	2625	2025	1650
		风险水平	1689	1511	1433	996	633	567	428	294	211
基金D	发债前	预期收益	1699	1690	1368	1243	1139	899	816	685	664
		风险水平	494	470	240	158	128	84	69	46	43
	8%发债利率	预期收益	2077	1960	1573	1400	1304	1126	963	867	757
		风险水平	727	608	350	235	208	165	126	104	78
	10%发债利率	预期收益	2013	1876	1480	1348	1244	982	924	841	624
		风险水平	722	600	336	248	216	154	141	123	75

数据来源：作者计算。

第三，表5-18到表5-21显示了4个风险投资机构（基金公司）在以8%利率发行债券情景下模拟计算的详细结果，反映了实施发行债券融资以后，4个风险投资机构（基金公司）的风险水平与收益和资金投入水平之间的互动关系。整体而言，与未采用8%利率发债政策的风险管理情景相比，在8%利率“发债情景”下，各风险投资机构（基金公司）的总收益水平有不同程度的提高，但相应的风险水平也有所提高。

②10%利率发债后，各基金间的比较。以下进行10%利率发债后，各基金之间的风险与收益的比较，如图5-12所示。

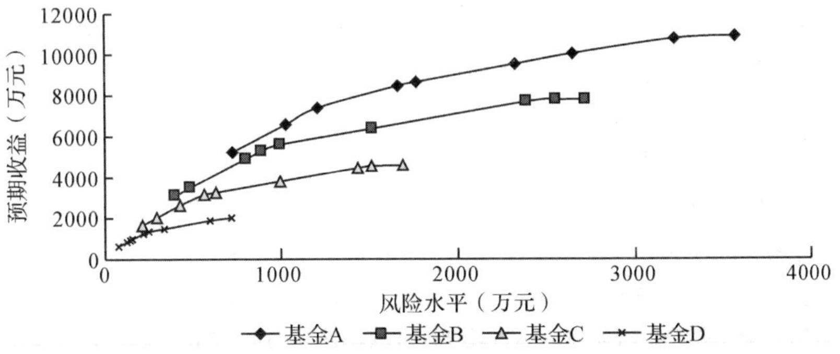

图5-12 10%利率发债各基金投资风险收益曲线

从图 5-12 中可以发现：

第一，不同规模的基金其风险范围和收益范围也不同。从基金 D 到基金 A，随着基金规模的扩大，相应地风险水平和预期收益也扩大：基金 A 的风险水平在 700 万元—3600 万元，基金 B 在 480 万元—2750 万元，基金 C 在 300 万元—1700 万元，基金 D 在 70 万元—750 万元；基金 A 的预期收益在 5000 万元—11 000 万元，基金 B 在 3000 万元—8000 万元，基金 C 在 2000 万元—4600 万元，基金 D 在 600 万元—2000 万元。可见，基金规模越大，相应的收益水平越高，但承担的风险也越大；基金规模越小，相应的收益水平越低，但承担的风险越小。

第二，从基金 A 到基金 D，4 个基金的风险收益斜率呈现递减的趋势，这说明同等风险水平的增加，基金 A 收益提高幅度要更大一些。从表 5-22 到 5-25 的分析又可以看出，从基金 A 到基金 D 实际投资的项目数也呈现了递减的趋势，这也就是说明了基金 A 实现相对丰富的投资方案多样化策略，使其面临的投资风险得到一定程度的弱化，实现相对较高的投资收益。

综上，通过 MOTAD 模型的模拟结果可知：a. 4 个不同规模的基金以 8%、10%的利率分别发债后，无论是预期收益还是风险水平都比发债前都有了一定程度的增加；b. 发债利率为 8%和 10%比较可知，在相同风险水平下，发债利率为 8%时可以获得更多的预期收益；c. 发债利率若大于 10%，在相同风险水平下，各基金的预期收益将低于不发债情景下的预期收益，建议发债利率在 8%—10%为宜；d. 8%、10%的利率分别发债后，不同规模的基金其风险范围和预期收益范围存在差异，基金规模越大，相应的预期收益越高，但承担的风险也越大；e. 经对各基金以 8%、10%利率发债与不发债时的优化投资规模和结构进行对比分析，可以发现，投资结构发生了变化：当基金以 8%利率发债时，投资收益相近的 2 个项目中，风险较小的项目替代了风险较大的项目；适当增加了收益高、风险大的项目的投资金额，相应减少了收益一般、风险较小项目的投资金额。当基金以 10%利率发债时，高风险、高收益项目的投资金额大幅减少，而收益较高、风险较高项目的投资金额大幅增加，并适当减少收益较低、风险较低项目的投资。

2. “税收优惠”情景模拟结果

(1)“税收优惠”前后模拟结果比较。

根据“税收优惠”情景设置，对相应情景下浙江省的 4 个风险投资机构(基金公司)各风险投资项目的单位期望收益和偏差进行了调整和计算，将调整后的数据代入相应的实证 MOTAD 模型，得到“税收优惠”情景下各风险投资机构（基金公司）投资的决策优化反应。需要说明的是与本章第一节中实证模型的计算过程一样，如果灵敏度分析的结果显示λ值小于年化收益的8%时，就停止计算。表5-27到表5-30是基金A—D"税收优惠"情景下实证MOTAD模型的模拟结果，显示了基金A—D在"税收优惠"情景下各投资方案的风险收益及优化规模。本书在此主要关注"税收优惠"前后各投资方案风险水平和预期收益的变化情况。

表5-27　税收优惠情景下基金A投资项目优化规模（万元）

	方案1	方案2	方案3	方案4	方案5	方案6	方案7	方案8	方案9
收益	11490	11340	11010	10710	9000	7890	7620	6247	5910
风险	2900	2420	2200	2000	920	620	560	316	260
IT服务业	0	0	9000	0	9000	0	0	0	0
传播与文化娱乐	9000	9000	9000	9000	0	0	0	0	0
新能源、高节能技术	0	0	0	0	0	0	0	0	0
医药保健	0	9000	9000	9000	9000	9000	9000	9000	9000
通信设备	0	0	0	9000	9000	9000	9000	9000	9000
农林牧副渔	6000	0	0	0	0	0	0	0	0
环保工程	0	0	0	0	0	0	0	0	0
传统制造业	9000	9000	9000	9000	9000	0	0	0	0
网络产业	0	0	0	0	0	4500	9000	9000	9000
新材料工业	0	0	0	0	0	1500	6000	3833	3000
生物科技	0	0	0	0	0	9000	9000	9000	9000
消费产品和服务	9000	9000	2400	0	0	0	0	0	0
采掘业	0	0	0	0	0	0	0	0	0
软件产业	0	6000	3600	6000	6000	0	0	0	0
金融服务业	9000	9000	9000	6000	9000	9000	9000	2167	0
科技服务	9000	0	0	0	0	0	0	0	0
计算机硬件产业	0	0	0	0	0	9000	0	9000	9000
光电与光电机一体化	0	0	0	0	0	0	9000	9000	9000
其他行业	9000	9000	9000	9000	9000	0	0	0	3000

资料来源：作者调查与计算。

表 5-28　税收优惠情景下基金 B 投资项目优化规模(万元)

	方案 1	方案 2	方案 3	方案 4	方案 5	方案 6	方案 7	方案 8	方案 9
收益	8056	7676	6080	5700	5472	5140	5130	4408	3623
风险	1925	1621	608	507	456	382	380	253	127
IT 服务业	0	0	0	0	0	0	0	0	0
传播与文化娱乐	7600	7600	0	0	0	0	0	0	0
新能源、高节能技术	0	0	0	0	0	0	0	0	0
医药保健	0	7600	7600	7600	7600	7600	7600	7600	7600
通信设备	0	0	7600	7600	7600	7600	7600	7600	7600
农林牧副渔	0	0	0	0	0	0	0	0	0
环保工程	0	0	0	0	0	0	0	0	0
传统制造业	7600	7600	7600	0	7600	0	0	0	0
网络产业	0	0	0	0	0	0	1900	7600	5700
新材料工业	0	0	0	0	0	5527	5700	3800	1900
生物科技	0	0	0	7600	7600	7600	7600	7600	7600
消费产品和服务	7600	0	0	0	0	0	0	0	0
采掘业	0	0	0	0	0	0	0	0	0
软件产业	0	0	0	0	0	0	0	0	0
金融服务业	7600	7600	7600	7600	7600	7600	7600	3800	0
科技服务	0	0	0	0	0	0	0	0	0
计算机硬件产业	0	0	0	0	0	0	0	0	7600
光电与光电机一体化	0	0	0	0	7600	2073	0	0	0
其他行业	7600	7600	7600	7600	0	0	0	3960	0

资料来源:作者调查与计算。

表5-29　税收优惠情景下基金C投资项目优化规模(万元)

	方案1	方案2	方案3	方案4	方案5	方案6	方案7	方案8	方案9
收益	4650	4450	4400	3500	3350	3100	2478	1950	1512
风险	1200	1033	1000	400	333	267	148	56	30
IT服务业	0	0	0	0	0	0	0	0	0
传播与文化娱乐	5000	5000	5000	0	0	0	0	0	0
新能源、高节能技术	0	0	0	0	0	0	0	0	0
医药保健	0	0	5000	5000	5000	5000	5000	5000	5000
通信设备	0	0	0	0	5000	5000	5000	5000	5000
农林牧副渔	0	0	0	0	0	0	0	0	0
环保工程	0	0	0	0	0	0	0	0	0
传统制造业	0	5000	0	5000	0	0	0	0	0
网络产业	0	0	0	0	0	0	0	4167	0
新材料工业	0	0	0	0	0	0	2222	833	5000
生物科技	0	0	0	0	0	5000	5000	5000	5000
消费产品和服务	5000	0	0	0	0	0	0	0	0
采掘业	0	0	0	0	0	0	0	0	0
软件产业	0	0	0	0	0	0	0	0	5000
金融服务业	5000	5000	5000	5000	5000	5000	2778	0	0
科技服务	0	0	0	0	0	0	0	0	0
计算机硬件产业	0	0	0	0	0	0	0	0	0
光电与光电机一体化	0	0	0	0	0	0	0	0	0
其他行业	5000	5000	5000	5000	5000	0	0	0	0

资料来源：作者调查与计算。

表 5-30 税收优惠情景下基金 D 投资项目优化规模(万元)

	方案 1	方案 2	方案 3	方案 4	方案 5	方案 6	方案 7	方案 8	方案 9
收益	2024	1960	1904	1616	1472	1448	1400	1360	976
风险	555	501	459	267	171	160	139	128	53
IT 服务业	0	0	0	0	0	0	0	0	0
传播与文化娱乐	2400	2400	2400	800	0	0	0	0	0
新能源、高节能技术	0	0	0	0	0	0	0	0	0
医药保健	0	0	2400	2400	2400	2400	2400	2400	2400
通信设备	0	0	0	0	0	800	2400	2400	2400
农林牧副渔	0	0	0	0	0	0	0	0	0
环保工程	0	0	0	0	0	0	0	0	0
传统制造业	0	0	0	0	2400	0	0	0	0
网络产业	0	0	0	0	0	0	0	0	0
新材料工业	0	0	0	0	0	0	0	0	0
生物科技	0	0	0	0	0	0	0	800	2400
消费产品和服务	2400	800	0	0	0	0	0	0	0
采掘业	0	0	0	0	0	0	0	0	0
软件产业	0	0	0	0	0	0	0	0	0
金融服务业	2400	2400	2400	2400	2400	2400	2400	2400	800
科技服务	0	0	0	0	0	0	0	0	0
计算机硬件产业	0	0	0	0	0	0	0	0	0
光电与光电机一体化	0	0	0	0	0	0	0	0	0
其他行业	800	2400	800	2400	800	2400	800	0	0

资料来源:作者调查与计算。

①基金 A。根据实证 MOTAD 模型计算的结果,可以得到基金 A 投资项目“税收优惠”前与“税收优惠”后的风险收益曲线,如图 5-13 所示。

从图 5-13 可以看出:第一,同等风险水平下“税收优惠”后项目的预期收益要明显大于“税收优惠”前的预期收益;第二,“税收优惠”后投资项目的最高预期收益从“税收优惠”前的 9610 万元上升到“税收优惠”后的 11 490 万元,上升幅度达 20%;第三,“税收优惠”后投资项目的风险水平和预

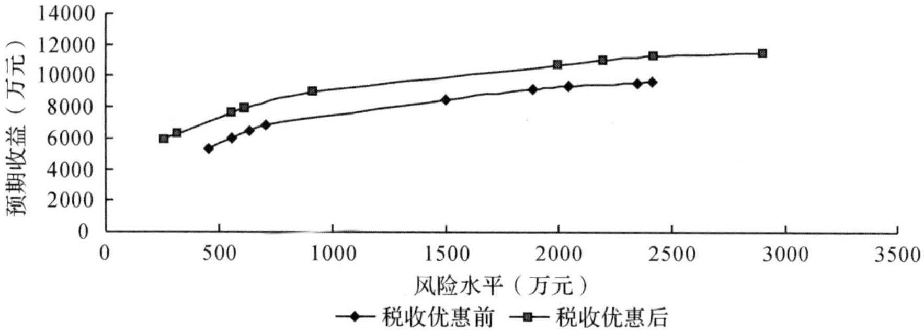

图 5-13 “税收优惠”前后基金 A 的投资风险收益曲线

期收益的范围都比“税收优惠”前有所扩大。

②基金 B。根据实证 MOTAD 模型计算的结果,可以得到基金 B 投资项目“税收优惠”前与“税收优惠”后的风险收益曲线,如图 5-14 所示。

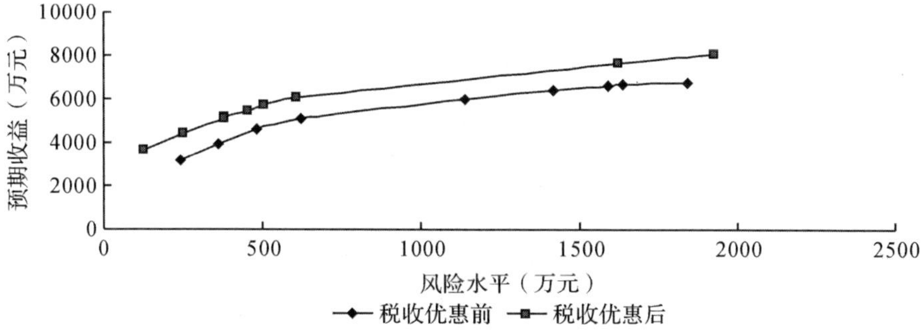

图 5-14 “税收优惠”前后基金 B 的投资风险收益曲线

从图 5-14 可以看出:第一,同等风险水平下投资项目“税收优惠”后的预期收益要大于“税收优惠”前的预期收益;第二,投资项目的最高预期收益从“税收优惠”前的 6764 万元上升到“税收优惠”后的 8056 万元,上升幅度达 19%;第三,“税收优惠”后投资项目的风险水平和预期收益的范围都比“税收优惠”前有所扩大。

③基金 C。根据实证 MOTAD 模型计算的结果,可以得到基金 C 投资项目“税收优惠”前与“税收优惠”后的风险收益曲线,如图 5-15 所示。

从图 5-15 可以看出:第一,同等风险水平下基金 C 投资项目“税收优惠”后的预期收益要大于“税收优惠”前的预期收益;第二,投资项目的最高预期收益从“税收优惠”前的 3917 万元上升到“税收优惠”后的 4650 万元,上升幅度达 19%;第三,“税收优惠”后投资项目的风险水平和预期收益的

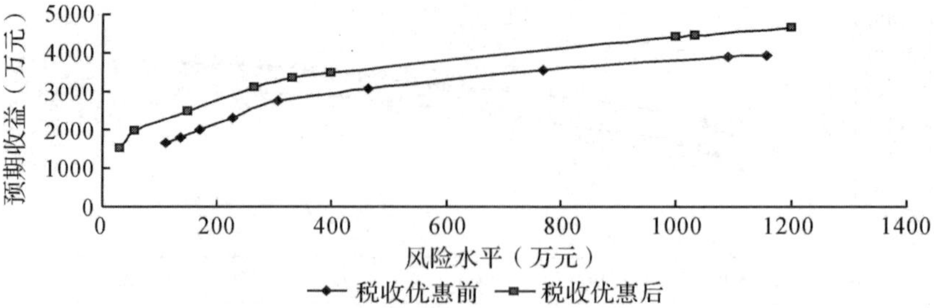

图 5-15 “税收优惠”前后基金 C 的投资风险收益曲线

范围都比“税收优惠”前有所扩大。

④基金 D。根据实证 MOTAD 模型计算的结果,可以得到基金 D 投资项目“税收优惠”前与“税收优惠”后的风险收益曲线,如图 5-16 所示。

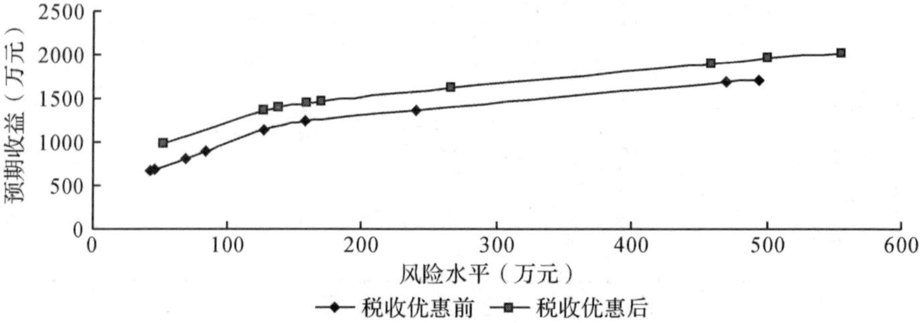

图 5-16 “税收优惠”前后基金 D 的投资风险收益曲线

从图 5-16 可知:第一,同等风险水平下“税收优惠”后的预期收益要比“税收优惠”前的预期收益高;第二,投资项目的最高预期收益从“税收优惠”前的 1699 万元上升到“税收优惠”后的 2024 万元,上升幅度达 19%;第三,“税收优惠”后投资项目的风险水平和预期收益的范围都比“税收优惠”前有所扩大。

从上述基金 A—D“税收优惠”政策实施前后的比较可知,实施“税收优惠”政策会大幅提高风险投资者的预期收益,对于做大做强风险投资业,刺激投资的增长,加快风险投资业的发展将产生积极的影响。

(2)“税收优惠”情景下各基金模拟结果比较。

通过 MOTAD 模型的计算,可得“税收优惠”情景下各基金投资项目的风险收益情况,以下进行各基金之间的比较,如图 5-17 所示。

从图 5-17 可知:①各基金的风险水平和预期收益的变化范围存在明显的差异,投资规模越大的基金,其风险水平和预期收益的变化范围越大;②

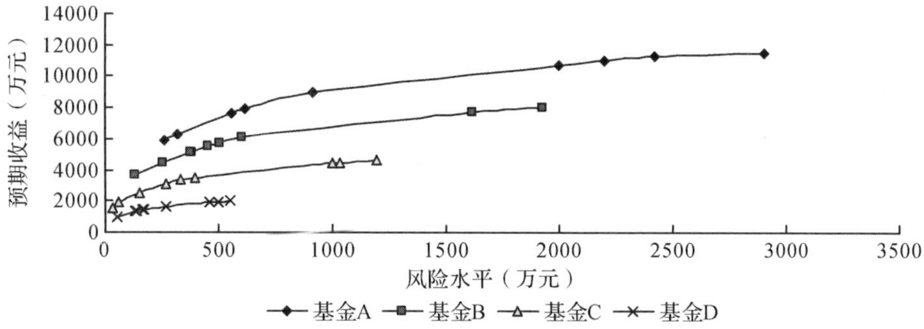

图 5-17 “税收优惠”情景下各基金投资风险收益曲线

同等风险水平下，投资规模越大的基金，其预期收益越高。

表 5-31 “税收优惠”前后各基金投资项目各方案的预期收益和风险水平(万元)

			方案 1	方案 2	方案 3	方案 4	方案 5	方案 6	方案 7	方案 8	方案 9
基金A	税收优惠前	预期收益	9610	9590	9360	9126	8520	6879.3	6480	5964	5265
		风险水平	2413	2347	2040	1884	1505	709	640	558.996	454
	税收优惠后	预期收益	11490	11340	11010	10710	9000	7890	7620	6247	5910
		风险水平	2900	2420	2200	2000	920	620	560	316	260
基金B	税收优惠前	预期收益	6764	6713	6648	6435	5987	5137	4638	3944	3191
		风险水平	1841	1638	1587	1419	1139	622	485	363	240
	税收优惠后	预期收益	8056	7676	6080	5700	5472	5140	5130	4408	3623
		风险水平	1925	1621	608	507	456	382	380	253	127
基金C	税收优惠前	预期收益	3917	3900	3547	3085	2756	2325	1983	1783	1650
		风险水平	1156	1089	767	466	309	229	169	135	111
	税收优惠后	预期收益	4650	4450	4400	3500	3350	3100	2478	1950	1512
		风险水平	1200	1033	1000	400	333	267	148	56	30
基金D	税收优惠前	预期收益	1699	1690	1368	1243	1139	899	816	685	664
		风险水平	494	470	240	158	128	84	69	46	43
	税收优惠后	预期收益	2024	1960	1904	1616	1472	1448	1400	1360	976
		风险水平	555	501	459	267	171	160	139	128	53

数据来源：作者计算。

总的来说，“税收优惠”情景下，不同规模基金存在：①在同等风险水平下的预期收益要明显大于“税收优惠”前的预期收益；②“税收优惠”后投资项目的最高预期收益较“税收优惠”前有明显上升幅度;③“税收优惠”后投资项目的风险水平和预期收益的范围都比“税收优惠”前有所扩大;④不同规模基金投资组合优化方案的风险水平和预期收益的变化范围存在明显的差异,投资规模越大的基金,其投资组合优化方案的风险水平和预期收益的变化范围越大,同等风险水平下,投资规模越大的基金,其预期收益越高。

本章小结

本章基于浙江省156家风投机构的605个投资项目实地调研获取的有关各行业(项目)的收益和风险的一手数据资料,结合A—D 4个基金公司的投资总额数据,分别构建了4个代表性风险投资机构(基金公司)风险决策的实证MOTAD模型,就这4个风险投资机构(基金公司)的实际投资结果与MOTAD模型实证模拟优化结果(称其为:基准优化结果)进行比较分析,以及这4个风险投资机构(基金公司)之间的基准优化结果的比较分析,以揭示风险投资机构(基金公司)投资优化的决策机理。在此基础上,设计“发行债券”和“税收优惠”两种政策情景,并对两种政策情景下不同的代表性风险投资机构(基金公司)实证模型进行模拟优化分析,将政策情景下的模拟优化结果(情景优化结果)与实施政策前的模拟优化结果(基准优化结果)进行对比,以探究政策环境变化对不同类型风险投资机构(基金公司)投资决策优化的影响效应。主要结论如下:

(1)从MOTAD模型的基准优化结果中,可以发现:①在资金约束和既定风险收益水平条件下投资项目的最佳组合及规模,这可以为投资者提供科学的决策参考,有利于资金的优化配置和高效利用。②反映风险和收益的动态互动关系的一系列风险(MAD)和收益(E)的组合,有利于投资者根据自身的风险偏好选择相应的风险收益水平及其所对应的投资项目组合。如风险喜爱型投资者可以选择高风险、高收益的项目,风险厌恶型投资者可以选择低风险、低收益的项目。③预期收益、风险水平和资金投入之间的互动关系,这有利于投资者根据自身的资金实力和风险偏好来选择合适的投资项目组合。

(2)4个不同规模基金实际投资结果与基准优化结果的比较结论:从A—D各基金的基准优化结果与实际投资结果的比较来看,4个基金无论是投资的行业(项目)还是各行业(项目)投资的资金金额都有优化调整的空间；投资总额大的基金，从实际投资行业（项目）调整到优化投资的行业（项目）的数目最多，因而，存在更大的优化调整空间。

（3）4 个不同规模基金间基准优化结果的比较结论：从 4 个不同规模基金的 MOTAD 模型模拟结果来看，投资规模不同的基金，其面临的风险收益水平存在差异。一般来说，投资规模越大的基金，其相应的收益水平越高，但承担的风险也越大；投资规模较小的基金，其相应的收益水平也低，承担的风险也较小。

此外，投资规模大的基金，在同等风险变化的范围内其收益提高的幅度更大一些。这是因为投资规模大的基金，可以实施相对丰富的多元化投资策略，从而使其投资面临的风险得到一定程度的弱化，可以实现相对较高的投资收益。

（4）不同政策情景模拟结果及与基准优化结果的比较结论：本章设计了“发行债券”和“税收优惠”两种鼓励风险投资发展的政策情景，并用 MOTAD模型模拟分析了这两种政策对 4 个不同投资规模基金的收益和收益波动的影响。总体来说，基金以 8％或 10％的利率发债后，4 个不同投资规模基金不管是收益水平还是风险水平相比发债前都有了一定程度上的增加，这可能会刺激风险偏好型投资者加大投资力度。在相同的风险水平下，发债利率为 8％比发债利率为 10％获得更多的预期收益。但发债利率过低（小于 8％），购买债券者的收益率会受到影响，进而会影响债券的需求量。发债利率过高（大于 10％），在相同风险水平下，基金 A 的预期收益将低于不发债情景下的预期收益。因而，基于本章的模拟结果，建议发债利率在 8％—10％为宜。

“税收优惠”政策情景下，基金 A－D 的投资项目在同等风险水平下的预期收益均大于“税收优惠”前的预期收益，且投资项目的最高预期收益都有明显的上升幅度。通过对“税收优惠”政策模拟实施前后的比较可知，实施“税收优惠”政策会大幅提高风险投资者的预期收益，对于做大做强风险投资业，刺激投资的增长，加快风险投资业的发展将产生积极的影响。

第六章　风险投资投后绩效管理与退出决策

在上述几章中，笔者论述了风险投资前的项目选择和投资组合的优化决策问题，但从广义层面的决策视角来看，仅做好投资前的项目选择决策还不够，因为风险投资决策不仅包括投资前的决策，而且也涉及投资后的管理。这里的“投资后管理”是指签订投资协议后，从风险资本投入被投企业开始，一直到风险资本退出被投企业为止的期间内，风险投资家参与被投企业董事会，追踪监控被投企业行为，并提供各种管理支持，以获得所投资金最大程度增值的行为。在投资后的管理中，对投后风险投资绩效的影响因素的识别与管理是关键。在第二章中，已建立投资后风险投资绩效影响因素及相互作用的概念模型，本章将继续基于 SEM 理论对投后绩效关键影响因素识别模型进行实证检验，并在此基础上根据“重点指向”原则，将风险投资机构有限的管理资源集中配置在影响投资绩效的关键环节上，以提高管理的有效性。此外，选择合适的退出时机和方式，对实现投资收益或锁定投资损失有着重要的意义。

第一节　风险投资投后绩效管理

一、风险投资投后绩效的关键影响因素识别：基于结构方程模型的实证

1. 变量的测量

本书采用 Likert7 点量表（Milberg and Park，1997；王小毅等，2009）进行评价，从 1—7 依次表示从“完全不同意”向“完全同意”的 7 等分变化选择。所测量指标均建立在以往研究和企业访谈的基础之上。

（1）知识产权价值的定义及测量。

知识产权价值，是指对依法取得的专利权、版权、商标权等进行商业性使用的控制或支配权的价值（王翊民，2010）。本书所指的知识产权价值主要为专利价值，它对企业的盈利和战略发展都会产生重要影响。专利价值受到多方面因素的综合影响，如专利质量（Derg，1999）、专利特征（Lerner，1994）、替代产品（See，2005）、法律（吴小林，2006）等，因此专利价值的量化评估是十分复杂的。而随着专利价值影响因素研究的丰富和完善以及专利数据库的普及，国内外学者相继在此基础上建立了包含各种指标的专利价值评估模型。较为知名的有 CHI 评估指标体系（Thomas and MacMillan，2007）、佐治亚太平洋指标体系（陈健等，2013）和 LanjouwSchankerman 专利价值评估模型等（Lanjouw and Schankerman，2004；胡元佳等，2007）。此外，Harhoff（2003）选择了专利范围、引用次数、被引用次数、同族专利数、专利异议状况等作为专利价值评估的指标。贺武等（2010）将专利价值评估指标分为专利的经济成本、技术的生命周期和知识产权法律状态；张彦巧（2010）从法律、技术、企业、市场和风险 5 个方面建立了专利量化评估指标，并将各二级指标细分为 19 项子指标；万小丽等（2008）认为技术价值、市场价值和权利价值决定专利价值，并在此基础上建立了专利价值评估指标体系。

参考万小丽（2008）、孙玉艳（2009）、张格亮（2012）等的测量题项，本研究将专利价值分为技术价值、市场价值和权利价值 3 个方面，如表 6-1 所示。其中技术价值包含技术含量和可替代性 2 个指标；市场价值包含市场需求度、市场竞争力、利润分成率和剩余经济寿命 4 个指标；权利价值则采用专利独立性，即该专利的实施是否依赖于其他专利这一指标进行度量。

表 6-1　专利价值的测量题项

序　号	题项内容	题项来源
1	专利项目的技术含量高	万小丽、朱雪忠（2008），孙玉艳、张文德（2009），张格亮（2012）
2	专利项目的可替代程度低	
3	专利项目的市场需求度高	
4	专利项目的市场竞争能力强	
5	专利项目的利润分成率高	
6	专利项目的剩余经济寿命长	
7	专利的独立性强	

（2）知识产权保护的定义及测量。

知识产权保护是指在产业技术研发、转移和扩散过程中，知识产权权利人(包括利害关系人)采取协商、行政申诉或司法途径预防和制止知识产权侵权的过程。高新技术企业知识产权保护是企业为了独占、使用其所享有的专利、商标、实用新型等专有高尖端知识成果而进行的系统的保护行为(唐鑫,2012)。有效的知识产权保护能够防止企业自身的专有技术受到侵犯,加大市场准入难度,是提高企业核心竞争力的关键(黄洁,2011)。因此,对于高新技术企业来说,知识产权保护水平取决于国家和企业自身2个方面的因素。

Rapp、Rozek(1990)是最早对知识产权保护水平进行量化分析的学者,他们把知识产权水平划分为5个不同的等级,分别用整数1—5来定量表示。随后,Ginarte、Park(1997)在此基础上提出了一个更为完整的知识产权保护强度度量方法,即现在的G—P指标。该指标分为保护的覆盖范围、是否为国际条约的成员、权利丧失的保护、执法措施和保护期限5个维度,每个维度又包含若干个度量指标。但G—P指标只能评价一个国家是否制定了知识产权保护的相关法律,并不能表示其执法力度,不适用于中国这样经济发展水平不平衡,执行效果不理想的发展中国家。因此,要准确度量我国知识产权保护水平的实际强度,就必须在G—P方法的基础上引入"执行效果"的指标(姚利民等,2009)。

对于企业的知识产权保护水平的度量,张夏莉(2009)构建了中国高新技术企业跨国经营中的知识产权管理体系,其中关于知识产权保护方面的指标包括侵权风险管理制度的制定、对权利的维护和放弃是否有明确的判定标准以及知识产权保护侵权纠纷案件年平均数量。朱春华(2010)在其建立的知识产权管理评价指标中,将知识产权保护的指标分为维权能力和知识产权预警机制。杨美玲(2012)认为企业的维权意识对知识产权保护的影响也非常大。

参考Ginarte、Park(1997)的研究,以及赵佩华(2012)、杨美玲(2012)、张格亮(2012)等学者实证研究的测量题项,本研究将知识产权保护水平维度分为国家和企业两个层面,如表6-2所示。其中前2个题项用以测量国家的知识产权保护水平,后3个题项用以测量企业的知识产权保护水平。

表 6-2　知识产权保护的测量题项

序　号	题项内容	题项来源
8	立法的完善程度高	Ginarte、Park(1997)，赵佩华、郑慕强(2012)，杨美玲(2012)
9	执法司法的力度强	
10	企业知识产权预警机制灵敏	
11	企业维权能力强	
12	企业维权意识强	

(3)投后非资本增值服务的定义及测量。

与传统的融资方式相比，风险投资在根据投资协议向被投企业注入资金以后，风险投资家不仅会紧密监控创业企业的活动，而且也会为被投企业提供增值服务(Tyebjee and Bruno，1984)。随着人们对风险投资家对创业企业在非融资方面作用的重视和肯定，国内外学者已从不同角度对这种非资本增值服务的内容和功能进行了详尽的分析(MacMillan，1989；Rock，1987)。

从风险投资介入程度的角度，MacMillan 等(1989)将风险投资家的参与程度分为：放任自由、中等介入和深入介入。并根据这 3 个程度，归纳出 4 类非资本增值服务：财务投入、人事制度建设、管理人员选拔和运营管理；Sapienza、Timmons 认为，随着风险投资介入被投企业程度的不同，其扮演角色也发生变化。当采用放任自由的形式时，风险投资仅帮助企业管理层招募新成员并为其提供行业和专业的接触机会；当采用中度介入时，除了资金支持外，投资双方为合作伙伴关系；当采用深度介入时，风险投资家会加入企业董事会并为其提供咨询服务(Sapienza and Timmons，1989)。

从风险投资介入方式的角度，Pruthi、Wright、Lockett(2003)认为，创业投资后管理可以分为监控和增值服务 2 个方面。其中增值服务可以分为：①与战略有关的活动，包括制定战略、帮助组建董事会、帮助获取权益融资、充当管理团队的参谋等；②与运营有关的活动，包括协助制定生产运作计划和市场营销计划、帮助介绍潜在的客户和供应商、招募管理人员、帮助解决人员激励问题、处理危机等。Knockaert 等(2005)通过探索性因子分析将增值服务分为战略上的支持、网络资源上的支持、运作上的支持和人力资源管理上的支持等几方面。龙勇等(2010)在综合前人研究的基础上，将非资本增值服务分为：①治理结构，包括投资者在公司所占的股权、投资者在公司董事会所占席位和是否为公司招募员工；②网络资源，包括投资者个人所拥有的行业资源及其是否运用这些资源为被投企业提供财务服务、市场开拓和行业咨询等服务。

根据访谈结果,并参考 Pruthi、Wright、Lockett(2003),Knockaert(2005),龙勇(2010)以及刘二丽(2011)等的研究,本书将非资本增值服务归纳为3个主要方面:①公司治理支持:在被投企业中占有董、监事会席位;②社会资本支持:为被投企业推荐合适的上市有关的中介机构、帮助被投企业获得其他融资资源;③经营支持:帮助被投企业规范经营机制、完善薪酬体系和激励机制等,如表6-3所示。

表 6-3 投后非资本增值服务的测量题项

序号	题项内容	题项来源
13	在被投企业中占有董、监事会席位	Pruthi、Wright、Lockett(2003),Knockaert(2005),龙勇、王陆鸽(2010),刘二丽(2011),企业访谈
14	为被投企业推荐合适的上市有关的中介机构	
15	帮助被投企业完善公司运行机制(如规范经营、薪酬体系、激励机制)	
16	帮助被投企业获得其他融资资源	

(4)被投企业实际控制人的专业知识、经验的测量。

张炜(2005)将公司管理团队的学历、专长、经验等指标归结为创业人力资源,纳入创业知识资本的测量体系中,并通过实证研究探析了中小高技术企业创业知识资本与企业成长绩效的关系,发现创业企业管理团队的创业人力资源对企业的创业潜力绩效有一定的正效应。苗壮(2007)在对被投企业实际控制人胜任能力的评价研究中,将胜任能力分为内驱力、个性品质、工作态度、知识技能和领导特质5个维度,其中知识技能可以分为专业知识、团队建设能力、理解能力和逻辑思考4个指标;MacMillan、Siegel、Narasimaha(1985)认为熟悉市场状况、良好的领导能力和相关企业的经营记录三项指标可以准确描述被投企业实际控制人的经验。

本书参考 MacMillan、Siegel、Narasimaha(1985)和苗壮(2007)等的度量指标,对被投企业实际控制人的专业知识水平和工作经验进行量化测量,如表6-4所示。

表 6-4 被投企业实际控制人的专业知识、经验的测量题项

序号	题项内容	题项来源
17	对所经营领域的技术认识程度高	MacMillan、Siegel、Narasimaha(1985),苗壮(2007)
18	对相关专业知识的掌握全面	
19	熟悉所处行业的市场状况	
20	了解所处行业的资源特性	
21	有以往相关企业的经营记录	

(5)被投企业实际控制人的管理能力的定义及测量。

管理能力是管理者所具有的制定方案、设计预算、开发项目、评估绩效以及其他完成战略实施所需的一系列必要任务的能力(Wheelen and Hunger,1989)。精心培育的管理能力是企业竞争优势的来源之一(汪华,2008)。Tyebjee、Bruno(1984)从市场吸引力、产品差异度、管理能力、对环境威胁的抵制能力和退出潜力5个方面构建了风险投资的项目评价和决策模型,其中管理能力范畴的主要因素为:营销能力、管理技能、财务管理能力和被投企业实际控制人风范。Man、Lau、Chan(2002)总结了前人研究中有关被投企业实际控制人能力的一些测量维度,并将管理能力定义为组织不同内部和外部人力、物力、财务和技术资源的能力,包括团队构建、员工领导、训练和控制。贺小刚等(2005)将被投企业实际控制人的管理能力分解为:领导、团结员工、有效地将权力与责任委派给有能力的下属、合理配置企业内部人、财、物等各项资源、组建高效、畅通的组织结构、工作流程、组建高效运作的高层管理团队等8个指标(贺小刚,2005)。

本书参考许激(2004)的研究确定对被投企业实际控制人的管理能力的测量题项,如表6-5所示。

表6-5 被投企业实际控制人的管理能力的测量题项

序号	题项内容	题项来源
22	全面、准确地制定效率标准的能力	许激(2004)
23	敏锐地察觉目前工作水平同效率标准的差距的能力	
24	有纠正偏差的能力	

(6)被投企业实际控制人的人品的定义及测量。

人品,即人的品格,是指个体依据一定的社会道德准则和规范行动时,对社会、对他人、对周围事物所表现出来的稳定的心理特征或倾向。一个卓越的管理者应该具备创新意识、高度的责任感、豁达的精神和诚实守信、善于学习的品质等(申梭梅,2012;夏瑜等,2011)。结合风险投资业实际情况,本书将管理者的人品定义为被投企业实际控制人的诚实守信和创新精神。

王重明(2002)认为正职管理者的管理素质维度应该包括具有价值倾向、诚信、正直、责任意识等特征;刘降斌(2010)也强调忠诚正直是风险被投企业实际控制人个人必须具备的素质。美国管理学家德鲁克强调被投企业实际控制人的创新精神是企业发展的重要动力,他指出创新是每位高层管理者的职责,它始于有意识地寻找机遇;苗壮(2007)也认为可以用自信、敏感、勇于创新和持续学习 4 个指标来测量被投企业实际控制人的个性品质。

参考王重明(2002)和刘降斌(2010)的实证研究，并结合访谈结果，本书将被投企业实际控制人的人品的测量题项确定如表 6-6 所示。

表 6-6 被投企业实际控制人的人品的测量题项

序 号	题项内容	题项来源
25	被投企业实际控制人正直诚实	王重明(2002)，刘降斌(2010)，企业访谈
26	被投企业实际控制人有创业激情	

(7)被投企业上市难易程度的测量。

风险资本退出(Venture Capital Exit)，是指风险资本经过一段时间的市场经营运作，通过上市、并购等方法，退出所投资的风险企业，收回投资并获取投资收益的过程(樊五勇，2001)。风险投资的退出方式主要为 4 种：IPO 上市、兼并收购、股份回购和破产清算。东南大学尹淑娅(1999)对 Tybjee，Bruno 的风险投资决策过程模型进行了修正，并采用“退出难易程度”和“退出方式选择”这 2 项分指标来衡量不同退出机制的潜力。退出方式不同，风险投资的回报差别很大。其中，通过 IPO 退出的风险投资的回报达 1.95 倍，兼并收购的投资回报达到 0.4 倍，企业回购股份的回报达到 0.37 倍，而破产清算的损失是－0.34 倍(Bygrane and Timmons，1992)。可见，对于风险投资家而言，虽然可选择的退出方式是多元的，但其最期待的还是 IPO 上市(金永红等，2007)。

首次公开发行(IPO)，是指企业具备上市所需条件后，通过在证券市场上向公众出售普通股股票募集资金，实现初始投资的收回与增值(苏元非，2011)。目前，我国资本市场尚不成熟，存在 IPO 退出费用昂贵、退出年限受限(何奕，2009)、退出手续繁杂、对企业资产规模、连续经营时间各方面要求高(樊仕凤，2009)等缺点。因此，本书以 IPO 上市的难度作为风险投资退出特征的度量指标。

参考李文丽(2010)的风险投资退出方式绩效评价模型，以及徐伟川(2012)、苏元飞(2008)、樊仕凤(2006)等实证研究的测量题项，本书采用 3 个指标从效率和效益 2 个方面对企业上市难度进行度量，如表 6-7 所示。

表 6-7　被投企业上市难度的测量题项

序　号	题项内容	题项来源
27	被投企业上市成本高	李文丽(2010),徐伟川(2012),苏元飞(2008),樊仕凤(2006)
28	被投企业上市周期长	
29	上市的政策不可控	

(8)法律、政策环境的定义及测量。

风险投资业的发展离不开政府的扶持(夏霖,2011)。政府参与风险投资的方式可以分为直接措施和间接措施两种。直接措施,即政府投入公共资金直接参与风险投资;间接措施主要指创造有利于风险投资的外部环境,包括健全法律制度、发布鼓励风险投资的税收优惠政策等内容(Barbara Cornelius,2005)。政府直接投资会降低风险资本的使用效率,引发道德风险和逆向选择等行为,因此在发展风险投资的过程中,政府宜发挥其引导和扶持作用,间接地支持风险投资事业的发展(汪波,2009)。本书主要讨论的就是这种政府参与的间接措施。

政府可以采取的具体的间接措施包括健全制度、政府采购、基础设施建设(Leslie A. Jeng and Philippe C. Wellsb,2000)、税收政策、信息服务(程静,2000)等。隋振婥认为,风险投资发展所需的法律、政策环境支持可以概括为:增加风险投资有效需求的法律法规支持、增加风险投资有效供给的法律法规支持、提高风险投资运行效率的法律法规支持、完善风险投资退出机制的法律法规支持 4 个方面。在制定法律法规的同时,政府应加强对各项法律法规执行的监管,使所指定的法律法规充分发挥作用(隋振婥,2012)。

税收政策在促进风险投资中的作用体现在 3 个方面:①是通过税收政策的作用,直接促进风险投资企业的发展;②是通过税收政策的作用,促进风险资本的形成,并以此为被投企业发展注入新的资金;③是通过与财政支出政策、货币政策及其他政策措施的有效搭配,共同为促进风险投资业的发展创造良好的政策环境(郭建果,2006)。研究表明,税率的变化不但会影响风险投资的需求和供给(Poterba,1987),对风险投资活动本身也会产生一定的影响(Christian Keuschnigg,2001)。

通过企业访谈并参考李雪灵(2005)的研究,本书从法律法规和税收政策 2 个方面来衡量法律、政策环境的优劣,具体测量题项如表 6-8 所示。

表 6-8 法律、政策环境的测量题项

序 号	题项内容	题项来源
30	IPO 等有关的法规政策体系完善	李雪灵(2005),张海龙(2013),企业访谈
31	有关的法规政策体系的执行效果好	
32	我国税收激励、引导基金等政策的完善	

(9)社会中介服务体系的定义及测量。

社会中介服务机构主要是指通过设计、创立及运用各种金融工具和手段,为风险投资公司融资、投资、退资等运作提供咨询服务的独立性中介组织(刘延明,2003)。风险投资中介机构一般分为两大类:一般性中介机构和专业化中介机构。一般性中介机构是指不是为风险投资专门设立的,但又为风险投资服务的中介机构,如投资银行、律师及会计师事务所、资产评估机构等;专业化中介机构指专门为风险投资提供服务的中介机构,如风险投资行业协会、风险投资咨询机构、专业金融担保机构等。

不同的风险投资中介机构其作用也不尽相同。投资银行不但能为企业提供融资,还能帮助成熟企业上市,为风险资本的撤出提供渠道;律师及会计师事务所能够为投资者提供真实、公允的会计信息,降低投资风险并为风险投资提供法律保障;风险投资行业协会能够对风险行业进行监督,方便成员间信息沟通与联合投资;风险投资咨询机构能够帮助有投资意向的风险投资者进行信息分析与决策,最大限度地控制投资风险(赵欣宇,2011)。

本书参考李雪灵(2005)的风险投资支撑环境评价模型,将社会中介服务体系的测量题项如表 6-9 中所示。

表 6-9 社会中介服务体系的测量题项

序 号	题项内容	题项来源
33	相关的社会中介服务体系的信用等级高	李雪灵(2005)
34	相关的社会中介服务体系完善	
35	相关的社会中介服务机构的服务效率高	

(10)创业企业成长绩效的定义及测量。

创业绩效主要是以创业公司的成长发展来体现的,一般采用销售额增长、资产增长、员工数量增长、利润增长以及和竞争力成长等指标来衡量(Chandler and Hanks,1994)。在具体测量过程中,主要可以分为客观绩效指标和主观绩效指标两种。如 Robinson(1998)运用销售收入变化、销售率水平、净利润、息税前收入等 8 项客观指标测量了企业成长绩效;张炜

(2005)采用市场成长、盈利水平成长、员工成长、销售收入成长等主观绩效指标来反映企业成长绩效。此外,Bruton(2002)等学者在此基础上,将主客观绩效指标相结合来衡量企业的成长绩效。

研究表明,主观绩效指标与客观绩效指标之间具有显著相关性,且主观绩效指标比客观绩效指标的测量具有更好的聚合效度、区别效度与建构效度(Wall,2004)。同时,出于商业秘密保护等原因,客观绩效数据较难获得,此时采用主观绩效指标更能得到相对完整和可靠的信息(张映红,2005)。因此,本书参考张炜(2005),Chandler、Hanks(1994)等的研究,采用主观绩效指标,从竞争绩效和潜力绩效2个方面来度量创业企业的成长绩效,具体测量题项如表6-10所示。其中,竞争绩效反映创业企业的经营状况;潜力绩效反映创业企业的未来获利能力。

表 6-10 创业企业成长绩效的测量题项

序号	题项内容	题项来源
36	销售收入增长更快	张炜(2005),Chandler、Hanks(1994)
37	盈利水平增长更快	
38	技术创新能力更强	
39	整体竞争能力更强	

(11)风险投资绩效的测量。

创业投资机构是一种将从出资者那里募集到的资金投向有高成长潜力的创业企业,以期获得股权收益的新型金融中介,它实现了人力资本和金融资本的有效结合(钱萍、张帏,2007)。此外,投资机构还会为被投企业提供战略支持、人力支持、后续融资等一系列非资本增值服务帮助被投企业上市,并通过股权交易退出所投资的企业,实现资本的增值。国际上通行的衡量风险投资机构投资回报的最重要指标是内部报酬率。但是由于我国风险投资业起步较晚,公开数据难以获得,故大都采用年平均资本回报率来衡量创业投资回报率(李慧,2011)。此外,总回报倍数、退出倍数等也是常用的风险投资回报测量指标(于绯,2010;倪正东,2008)。

本书对风险投资回报的测量一方面借鉴了于绯(2010)、李慧(2011)等的研究,另一方面也访谈了风险投资机构的高管人员,听取了他们的意见,具体测量题项如表6-11所示。

表 6-11 风险投资回报的测量题项

序　号	题项内容	题项来源
40	资本收益率高	于绯(2010),李慧(2011),企业访谈
41	总回报倍数高	
42	年回报倍数高	
43	内部报酬率高	

2.问卷设计

本研究的问卷设计经历了以下 3 个阶段:

(1)通过文献研究和实地访谈,确定调查问卷的初稿。在阅读了大量有关风险投资环境、投资后管理、风险投资绩效等相关文献的基础上,笔者对安丰创投、杭州邦鑫投资咨询有限公司、湖州创投等五家投资公司相关人员进行了开放式访谈,着重就知识产权风险投资绩效的影响因素及其主要内容和存在问题进行了交流和探讨,最终形成了知识产权价值、知识产权保护、投资后管理、被投企业实际控制人的人品、专业知识和经验的测量、企业成长绩效等变量的测量题项,形成问卷初稿。

(2)征求有关研究人员的意见。笔者与相关研究领域的多位专家、教授就变量的测量题项进行了讨论,并对各项意见进行整合,形成了问卷第一次修改稿。

(3)问卷预调查。笔者用问卷的第一次修改稿对风险投资企业和被投企业的高管进行预调查。根据预调查收集的数据,对各个潜变量的测量题项进行凝练,去除信度较低的题项,最终形成问卷终稿。

调查问卷终稿由 3 部分组成:第一部分为公司概况,主要包括企业的类型和现状;第二部分测量知识产权影响因素的状况,采用 Likert 7 级量表测量;第三部分测量投资双方的绩效。

3.数据收集

笔者通过上门拜访、邮寄调查问卷及电子邮件方式对浙江省 156 家风险投资机构(包括第五章中的 4 个基金公司)进行问卷调查,问卷填写人主要为风险投资机构高管。本次调查共发放问卷 300 份,回收 256 份,其中有效问卷 179 份,问卷有效率为 70%。

PLS 算法要求样本量不少于 30 或至少为具有最多结构路径指向潜变量的路径数的 10 倍(张军,2007)。由第二章中的图 2-4 可知,本研究模型中“被投企业成长绩效”有最多箭头指向,且这一潜变量共包含 4 个测量指标,根据样本准则可知,PLS 要求样本量最少为 40,本研究采用 179 个样本点进行 PLS 分析，因此，样本大小满足要求。

4. 描述性统计分析和信度、效度分析

（1）描述性统计分析。

本研究将利用正式问卷调查获得的数据对概念模型和理论假设进行检验。如表 6-12 所示反映了风险投资机构的基本特征。从风险投资机构的类型来看，民营风险投资机构居多，占 83.3％，国有风险投资机构较少，占 16.67％，被调查的风险投资机构中，不存在外资企业。从投资机构的形式来看，有限责任制公司占 55.56％，其次是合伙企业占 33.33％，个别企业包含了两种形式。从投资机构员工人数来看，既有 5 人以下的企业，也有 20 人以上的企业，总体上以企业人数在 10—20 人的企业居多。从投资区域来看，全部集中在国内区域，其中浙江省内最多。从投资经验看，所调查风险投资机构的投资经验总体较为丰富，已投资 20 个以上企业及累计投资额达 20 亿元以上的风险投资机构占 44.4％。从退出方式来看，以国内 A 股上市、股份回购和企业并购方式居多，均占 61.1％，有 4 家企业曾选择四板上市，3 家企业因投资失败而选择破产清算，只有极少数的企业会选择四板上市和境外上市的方法实现资本退出。基于上述分析可以看出，调查样本具有较好的代表性。

表 6-12　样本基本资料统计

	分　类	百分比（％）
投资机构类型	国有风险投资机构	16.67
	外资风险投资机构	0.00
	民营风险投资机构	83.33
	其他	0.00
投资机构形式	有限责任公司	55.56
	股份有限公司	16.67
	合伙企业	33.33
投资机构规模	5 人以下	11.11
	5—10 人（不含 10）	16.67
	10—20 人（不含 20）	38.89
	20 人以上（含 20）	27.78

续　表

	分　类	百分比(%)
投资区域	杭州	66.67
	浙江省内其他地区(杭州除外)	83.33
	国内其他地区(浙江省除外)	66.67
	境外	0.00
已投资企业数	0 个	0.00
	<5 个	16.67
	5—10 个(不含 10)	22.22
	10—20 个(不含 20)	16.67
	20 个以上(含 20)	44.44
累计投资金额	1 亿元以下	5.56
	1 亿元—2 亿元(不含 2 亿元)	11.11
	2 亿元—5 亿元(不含 5 亿元)	27.78
	5 亿元—10 亿元(不含 10 亿元)	11.11
	10 亿元以上(含 10 亿元)	44.44
退出方式	国内 A 股上市	61.11
	新三板市场上市	22.22
	四板市场上市	5.56
	境外上市	5.56
	股份回购	61.11
	企业并购	61.11
	破产清算	16.67

资料来源:作者调查计算。

(2)信度、效度分析。

根据 Hair、Tatham、Anderson、Black(1998)的研究,当 Cronbach α 值大于 0.7 时,可认为数据可靠性较高;当计量尺度中的项目数小于 6 个时,Cronbach α 值大于 0.6 即可认为数据可靠。运用 SmartPLS 2.0 软件对所搜集的数据进行运算,结果如表 6-13 所示。可见,数据具有较高的可靠性。

表 6-13　结构变量的信度、效度检验

结构变量	检验指标	测量项目	载荷系数	T 值
知识产权价值	Cronbach α =0.871 AVE=0.565 CR=0.901	专利项目的技术含量	0.75	9.58
		专利项目的可替代程度	0.67	10.13
		专利项目的市场需求度	0.78	13.06
		专利项目的市场竞争力	0.75	10.56
		专利项目的利润分成率	0.74	10.12
		专利项目的剩余经济寿命	0.83	23.19
		专利的独立性	0.73	10.90
知识产权保护	Cronbach α =0.929 AVE=0.777 CR=0.946	我国立法的完善程度	0.89	25.54
		我国执法司法的力度	0.89	37.82
		被投企业知识产权预警机制灵敏性	0.92	49.13
		被投企业维权能力	0.90	22.39
		被投企业维权意识	0.80	13.72
投资后管理	Cronbach α =0.828 AVE=0.742 CR=0.896	为被投企业推荐合适的上市有关中介机构	0.85	16.84
		帮助被投企业完善公司运行机制	0.88	39.67
		帮助被投企业获得其他融资资源	0.86	16.38
被投企业实际控制人的专业知识/经验	Cronbach α =0.901 AVE=0.714 CR=0.925	对所经营领域的技术的认识程度	0.88	25.77
		相关专业知识的掌握	0.80	16.61
		对所处行业市场状况的熟悉	0.92	47.52
		对所处行业资源特性的了解	0.90	48.60
		以往相关企业的经营纪录	0.71	7.39
被投企业实际控制人的管理能力	Cronbach α =0.936 AVE=0.884 CR=0.742	制定效率标准的能力	0.93	30.58
		察觉目前工作水平能力	0.95	57.88
		纠正偏差的能力	0.95	45.16

续 表

结构变量	检验指标	测量项目	载荷系数	T 值
被投企业实际控制人的人品	Cronbach α =0.898 AVE=0.907 CR=0.951	被投企业实际控制人的品格	0.95	65.40
		被投企业实际控制人的创业激情	0.96	66.84
被投企业上市难易程度	Cronbach α =0.883 AVE=0.809 CR=0.927	被投企业上市成本	0.95	49.77
		被投企业上市周期	0.90	20.34
		上市政策的稳定性	0.85	14.10
被投企业上市难易程度	Cronbach α =0.883 AVE=0.809 CR=0.927	被投企业上市成本	0.95	49.77
		被投企业上市周期	0.90	20.34
		上市政策的稳定性	0.85	14.10
法律、政策环境	Cronbach α =0.929 AVE=0.876 CR=0.955	有关的法规政策体系完善度	0.95	93.50
		有关的法规政策体系的执行效果	0.95	70.81
		我国税收激励政策完善度	0.91	32.85
社会中介服务体系	Cronbach α =0.948 AVE=0.906 CR=0.966	相关社会中介服务体系的信用等级	0.93	41.81
		相关社会中介服务体系完善程度	0.96	64.89
		相关社会中介服务机构的服务效率	0.97	148.03
被投企业成长绩效	Cronbach α =0.868 AVE=0.717 CR=0.910	销售收入	0.83	18.88
		盈利水平	0.85	23.24
		技术创新能力	0.81	13.42
		整体竞争能力	0.90	44.76
风险投资绩效	Cronbach α =0.938 AVE=0.844 CR=0.956	资本收益率	0.93	44.68
		总回报倍数	0.91	43.57
		年回报倍数	0.94	45.66
		内部报酬率	0.90	28.40

由表 6-13 可知,各结构变量的观测项目负荷都大于规定的 0.6 的最低要求,因此,各观测变量对其结构变量具有收敛效度;各结构的平均提取方差 AVE 都大于 0.5 的取值要求,且相应结构变量与其他变量的相关系数

小于 AVE 平方根，满足判断要求，因此，各结构的取值符合判别效度的要求；内部一致性的取值都大于 0.7，各结构变量通过了一致性信度检验。

5. 实证结果

（1）结构方程模型路径系数。

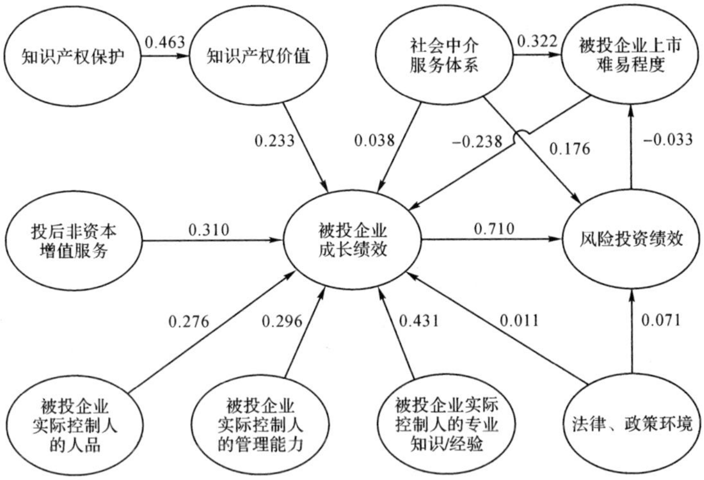

图 6-1　投资后风险投资绩效影响因素模型结构变量间路径

由图 6-1 可知，知识产权保护与知识产权价值有一定的正相关关系；社会中介服务体系与被投企业上市难易程度有一定的正相关关系；被投企业成长绩效受知识产权价值，投资后管理，被投企业实际控制人的专业知识、经验，管理能力，人品和被投企业上市难易程度 6 个因素的影响；风险投资绩效受社会中介服务体系、被投企业上市难易程度和被投企业成长绩效 3 个因素的影响，其中被投企业成长绩效对风险投资绩效的直接影响达到 0.710，说明增加被投企业成长绩效能够在很大程度上提高风险投资绩效，但有部分投资由于受到其他因素如道德风险的影响，即使被投企业成长绩效有所提高，也不会使投资绩效增加。

（2）结构模型结果分析。

根据 SmartPLS 2.0 软件对理论模型的计算结果如表 6-14 所示，专利价值、投资后管理、被投企业实际控制人的知识和经验、被投企业实际控制人的管理能力和被投企业实际控制人的人品对被投企业成长绩效存在直接的正向影响作用，被投企业上市的难度对被投企业成长绩效存在直接的负向影响作用，同时，知识产权保护水平和社会中介服务体系完善程度对被投企业成长绩效存在间接的正向影响作用，而被投企业成长绩效和社会中介服务体系会对风险投资方的投资绩效产生直接的正向影响作用。

表 6-14 假设检验

假设	路径说明	T 值	显著性水平	结果
H1	知识产权保护→专利价值	4.319	* * *	支持
H2	社会中介服务体系→被投企业上市	2.942	* *	支持
H3	专利价值→企业成长绩效	2.007	*	支持
H4	投资后管理→企业成长绩效	2.314	*	支持
H5	被投企业控制人的专业知识、经验→企业成长绩效	4.249	* * *	支持
H6	被投企业控制人的管理能力→企业成长绩效	4.347	* * *	支持
H7	被投企业控制人的人品→企业成长绩效	2.322	*	支持
H8	被投企业上市→企业成长绩效	3.280	* *	支持
H9	被投企业上市→投资绩效	0.656	n/s	不支持
H10	法律、政策环境→企业成长绩效	0.189	n/s	不支持
H11	法律、政策环境→投资绩效	1.082	n/s	不支持
H12	中介服务体系→企业成长绩效	0.574	n/s	不支持
H13	中介服务体系→投资绩效	2.132	*	不支持
H14	企业成长绩效→风投绩效	13.417	* * *	支持

注:T 值大于 1.96 时,* 表示 $p<0.05$,T 值大于 2.58 时,* * 表示 $p<0.01$,T 值大于 3.29 时,* * * 表示 $p<0.001$;n/s 表示非显著性。

通过上述定性与定量分析,删除 T 检验不合格的 4 条路径,得到修正后的投资后风险投资绩效影响因素模型如图 6-2 所示。

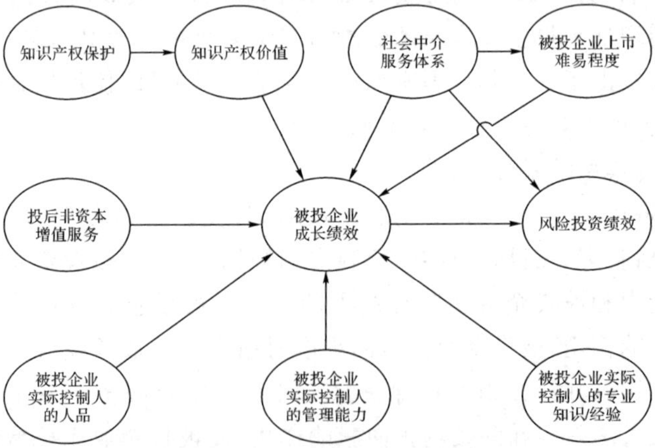

图 6-2 投资后风险投资绩效影响因素模型

根据上述实证研究，可以得出以下结论：

①知识产权保护对知识产权价值的实现有正向影响。国家和企业对知识产权保护的重视和实施是实现知识产权价值的有力保障，知识产权保护水平过低，不但会影响知识产权价值评估的准确性，同时对知识产权价值本身的损害也不容小觑。

②知识产权价值对被投企业成长绩效有直接的正向影响，从而间接影响风险投资机构的投资绩效。因此，在挑选创业企业时，风险投资机构常常会将创业企业所拥有的知识产权价值评估结果作为评价是否确立双方合作关系的重要指标。

③投资后管理是风险投资机构在对创业企业投资后，为保证其资金的安全性和资本增值，而对企业提供的一系列非资本增值服务。研究发现，投资后管理能够通过提高被风投企业成长绩效来增加风险投资机构的投资绩效。

④被投企业实际控制人的专业知识、经验，管理能力和人品对被投企业成长绩效均有显著的正向影响，且实际控制人的专业知识、经验和管理能力的影响作用更为显著。尽管如此，在对风险投资机构高管进行访谈的过程中，我们发现风险投资机构在寻求投资项目时，往往更为关注被投企业实际控制人的人品，人品问题所引发的道德风险不但会降低被投企业的绩效，同时也会严重损害风险投资方的利益。

⑤社会中介服务体系的完善能够通过提高被投企业成长绩效来增加风险投资机构的投资绩效，同时社会中介服务体系的完善对风险投资机构的投资绩效也有直接的正向影响作用。

⑥被投企业上市的难易程度对被投企业成长绩效存在直接的负向影响作用，但被投企业上市难易程度对风险投资机构的投资绩效没有直接影响。这是因为上市能够为被投企业带来融资、收益、声誉等多方面能力的提高，而通过提高被投企业成长绩效，推进其上市的进程并选择合适的退出时机是风险投资机构获得高额回报的最优途径。

⑦尽管很多文献表示法律政策环境是影响风险投资绩效的重要因素，但根据笔者的实证研究结果，法律政策环境无论对被投企业成长绩效还是风险投资机构的投资绩效影响均不显著。其可能的原因在于，一方面，法律、政策环境变量的测量项目还需进一步细化；另一方面，很多风险投资者都表示，在相同的法律、政策环境中，如何练好内功，抓住自己能控制的关键因素，从而提高管理的有效性显得更为重要。

二、风险投资投后管理对策

风险投资投后管理的有效性，对风险投资项目的成败有着极其重要的影响。由于浙江省风险投资机构中民营及其他类型企业占绝大多数（占比约 90%），规模普遍偏小，相对于国有或政府主导企业、外商独资企业而言，资源总是表现出相对的稀缺性，从而要求对有限的、相对稀缺的资源进行合理配置，以便用最少的资源耗费，获取最佳的投资绩效。根据上述实证分析结果和管理的“重点指向”原则，将风险投资机构有限的资源配置到这些关键影响因素的管理上，以提高投后管理的针对性和有效性。从风投机构层面应集中做好以下几方面的工作：

（1）加强对被投企业实际控制人在专业知识、经验、管理能力及其人品方面的关注，并为被投企业提供相关的培训和咨询服务。另外，由于风险投资机构和被投企业实际控制人之间存在着信息不对称问题。风险投资机构在投资后应加强对被投企业实际控制人的监管，以控制被投企业实际控制人的道德风险。

（2）加大投资后非资本增值服务的力度。创业企业虽然拥有卓越的知识产权，但在管理经验和资源网络方面尚处于积累发展期，整体实力仍不足以和市场上其他成熟的企业进行有力竞争。风险投资机构应加强对创业企业的扶持和监管，重点控制被投企业财务状况，派遣代表风险投资公司利益的财务总监，并帮助企业顺利实现上市以取得高额回报。

（3）加强对被投企业知识产权价值的持续关注，以保持对知识产权价值变化的敏感性。一旦出现更新、更先进、更受市场欢迎的知识，原有知识产权的价值将会急剧下降，风险投资的投资绩效就会受到影响。

（4）从 SEM 的实证结果可知，社会中介服务体系对被投企业上市和风险投资机构的投资绩效产生直接的正向影响作用，合适的律师及会计师事务所、资产评估机构、证券公司等社会中介服务机构对为被投企业的上市将发挥积极的作用。因此，风险投资机构应积极为被投企业推荐合适的社会中介服务机构。

（5）协助被投企业加强企业内部的知识产权保护，提高被投企业的维权意识和能力，完善被投企业知识产权保护制度，提升被投企业知识产权预警机制灵敏性，以较好地实现企业的知识产权价值，增强企业的竞争力。

（6）此外，有关政府部门应尽快规范社会中介服务机构的发展，大力培育专业、权威的知识产权价值评估机构、法律机构、会计师事务所等代理机构和顾问机构，为被投企业上市和风险提资机构的决策运营等提供专业的服务。

第二节　风险投资退出决策

风险投资的退出时机和退出方式是风险资本退出的 2 个关键问题，适宜的退出时机和退出方式，对实现风险投资收益、控制风险投资风险有着重要的意义。

一、风险投资退出时机决策

一般来说，风险投资机构总是希望在最大化收益的退出时机将风险资本从被投企业中退出，但由于风险投资机构与被投企业之间存在信息不对称，风险投资机构所能获取的各方面信息量非常有限，实践中很难做到最大化收益时退出。然而，从资产安全性的角度，以被投企业当前的状态为基础，通过对投资风险的衡量，可以较为准确地把握被投企业及其外部环境的风险状况，并据此做出是否退出的决策，以选择能确保资产安全性的最佳退出时机。因此，本书从资产安全性的角度，引入因素评分法作为风险资本退出时机决策评价方法，并设置风险投资退出风险系数最低值（风险阈值），一旦确认被投企业经营不善，风险投资项目的整体风险水平处于比较高的状态，也即风险系数大于风险阈值，风险投资机构将着手实施风险资本从被投企业中的退出。

通过对浙江省 156 家风险投资机构的实地访谈，风投机构的高管普遍认为影响风险投资退出时机选择通常考虑的微观因素有：

（1）风险投资基金的存续期。通常，风险投资基金的存续期为 7—10 年，任何一个风险投资项目都必须在风险投资基金存续期结束前退出。

（2）风险投资协议中的回购约定。一般在回购约定中明确风险投资机构在被投企业的业绩达不到预期的水平时，有权要求被投企业大股东回购风险投资机构所投股权，将风险投资机构初始的投资并加上一定水平的利润返还给风险投资机构。退出时机的选择受回购约定的直接影响。

（3）被投企业股权增值状况。一旦风险投资机构确认被投企业股权的预期边际收益小于其边际成本，将考虑从投资项目中退出。因此，股权增值状况是影响风险投资退出时机的又一个重要因素。

除了上述微观因素之外，从投资安全性的视角来看，影响风险投资退出时机选择的主要风险因素可以参考第二章第二节中的风险因素来考虑，详见表 6-15 第一列“风险指标”。在这些风险指标中只要有一个指标出现比较严重的状况，风险投资机构即可考虑从被投企业中退出。

表 6-15　被投企业(项目)各风险指标权重、等级及得分值

风险指标 (1)	指标的权重 (2)	指标所处的风险等级 (3)	风险指标得分 (2)×(3)
A1 企业实际控制人的行业经验与专业知识	0.040	5	0.2
A2 企业实际控制人的管理能力	0.040	5	0.2
A3 企业实际控制人的人品	0.060	4	0.24
A4 企业实际控制人的财力	0.010	3	0.03
A5 企业实际控制人的风险偏好特征	0.010	3	0.03
A6 团队结构的合理性	0.020	5	0.1
A7 团队组成人员的经历和素质	0.052	5	0.26
A8 团队的能力	0.026	5	0.13
A9 企业战略风险	0.034	5	0.17
A10 企业初始注册风险	0.026	4	0.104
A11 技术的独特性	0.020	2	0.04
A12 技术前景的不确定性	0.015	3	0.045
A13 技术能否持续成功的不确定性	0.020	3	0.06
A14 技术寿命的不确定性	0.015	3	0.045
A15 知识产权风险	0.020	3	0.06
A16 量产的可靠性	0.030	5	0.15
A17 生产系统的成本优势	0.025	5	0.125
A18 市场容量的不确定性	0.025	5	0.125
A19 市场竞争的不确定性	0.030	5	0.15
A20 产品是否经过市场验证	0.020	3	0.06
A21 预期产品市场周期	0.030	4	0.12

续　表

风险指标 (1)	指标的权重 (2)	指标所处的风险等级 (3)	风险指标得分 (2)×(3)
A22 财务数据的真实性	0.020	5	0.10
A23 财务数据结构的合理性	0.018	5	0.09
A24 毛利率	0.010	4	0.04
A25 经营性净现金流	0.015	5	0.075
A26 商业模式	0.050	5	0.25
A27 盈利模式	0.050	5	0.25
B1 宏观经济环境	0.100	3	0.3
B2 法律环境	0.120	3	0.36
B3 政策环境	0.030	4	0.12
B4-1 证券发行机制不健全	0.010	4	0.04
B4-2 产权交易市场不够完善	0.010	4	0.04
合计	1		4.109

注:风险指标 A1－A27 是指来自被投企业的主要风险,B1－B4 是指来自被投企业外部的主要风险。

以上这些风险评价要素,可以作为衡量被投企业实际运行风险程度高低的判断指标。接下来是通过层次分析法,确定各评价指标的权重。然后,确定评分标准。在这里,把风险等级分成 5 级,即风险等级低、较低、一般、较高、高,分别赋以 1—5 的得分。最后,把实际项目风险指标的状况与既定评分标准表相比较,按风险指标依次评定分数并算出总分(风险系数),一旦被评项目的风险系数大于风险阈值,表明该投资项目整体风险处于较高水平,投资的安全性较差,风险投资机构将着手实施风险资本从被投企业中的退出。

例如,在第五章中提及的浙江振华投资管理有限公司所管理的 A 基金向一家生物科技企业(项目)投资 1000 万元,由于该被投企业实际控制人的经营管理能力有限,企业的发展受到了限制,该公司决定采用因素评分法量化一下被投企业目前的风险水平,据此来判断投资的安全状况,并做出是否从这家生物科技企业中退出的决定。

浙江振华投资管理有限公司先邀请了 9 位由风险投资机构高管、其他风险企业负责人以及大学教授组成的专家团队，采用层次分析法，给出了被评项目各风险指标的权重（指标的权重数结果见表6-15第二列），然后由公司管理层对所投项目各风险指标所处的风险等级逐一进行评定（结果见表6-15第三列），将评定得分与权重相乘并求和得出该被投企业目前的风险系数为4.109，大于风险阈值4.0（先前定义的风险阈值），从投资安全性的角度考虑，浙江振华投资管理有限公司做出了从该生物科技企业中退出的决定。

二、风险投资退出方式决策

1. 风险投资的退出方式

风险投资的退出方式通常有以下几种：

（1）首次公开上市（IPO）退出。它是指在证券市场上第一次向社会公众发行被投企业的股票。风险投资者通过被投资企业股份的上市，将拥有的股权转化成可流通股权，通过二级市场的股权出售实现投资增值。该退出方式被认为是最佳的退出方式，但由于被投企业的发展与投资时预期往往有差距，大部分被投企业无法实现IPO。

（2）借壳上市退出。它是指被投企业通过把资产注入一家市值较低的已上市公司（壳），得到该公司一定程度的控股权，利用其上市公司地位，使被投企业的股权得以上市流通。

（3）回购退出。它是指被投企业未达到投资者与被投企业的实际控制人或被投企业的管理层约定的被投企业的发展预期，约定期限内被投企业无法实现IPO，从而使得风险投资无法通过被投企业IPO退出，由被投企业的实际控制人或被投企业的管理层购回风险投资机构的股份使风险资本退出的方式。

（4）并购退出。它是指通过其他企业兼并或收购被投企业从而实现风险资本的有效退出。由于股票上市及股票升值需要一定的时间或者被投企业难以达到首次公开上市的标准，许多风险投资机构就会采用股权转让的方式退出投资。

（5）新三板退出。“新三板”是一个针对中小企业的非上市股份公司股权交易平台，也称“全国中小企业股份转让系统”，在这样的股权交易平台上通过股权转让退出称新三板退出。

（6）清算退出。它是项目投资失败、迫不得已，必须退出的一种退出方式。

(7)其他股权转让方式退出,即以其他方式(如四板市场上市、境外上市等)将股权转让给其他投资者。除了上述6种典型退出方式以外的退出方式统称其他股权转让方式。

以上每一种退出方式都各有其优劣:一般来说,IPO是投资回报率最高的退出方式;当IPO无法实现时,股份回购作为一种备用退出手段是风险投资能够收回的一个基本保障,被投企业被并购或借壳上市或新三板退出是当风险投资无法实现回购时退出的比较好的方式,而破产清算则是及时减小并停止投资损失的最有效的方法。作为风险投资机构,在决定退出方式时,应根据被投企业的自身特点和当时的外部环境,灵活地选择退出方式。

在对浙江省156家风投机构的退出方式的调查中,国内A股上市、股份回购、企业并购3种退出方式是风投机构主要的退出方式,占61.11%,而四板市场上市、境外上市退出方式所占的比例最低,占5.56%,是风投机构最少采用的退出方式;新三板市场上市占22.22%,说明也有一些风投机构选择新三板市场上市;破产清算退出占16.67%,说明风险投资的失败率还是比较高的。

2.风险投资退出方式决策的案例分析

下面继续以浙江振华投资管理有限公司为例,利用决策树分析法选择能最大化退出收益的较优退出方式。正如前文所述,浙江振华投资管理有限公司是一家从事股权投资的风险投资公司,该公司正在考虑从一家生物科技企业中退出投资。由于这家生物科技企业的实际控制人的经营管理能力有限,企业的发展受到了限制,IPO方式退出和借壳上市的可能性都不大,企业的实际控制人或管理层也没有经济实力购回浙江振华投资管理有限公司在该企业的股份,但尚未到破产清算的地步。那么,退出方式可以有以下几个选择:(1)并购退出;(2)新三板退出;(3)其他股权转让方式退出。由于新三板方式的流动性较差,退出时间和退出价格不确定性较大,故浙江振华投资管理有限公司管理层决定不采纳该退出方式。接下来,利用决策树分析法在并购退出和其他股权转让方式退出中选择一个比较合适的退出方式。如果以并购方式退出,且退出成功,就可实现25%的年化收益率,如果退出不成功可能会导致100万元的损失。但是,如果以其他股权转让方式退出成功,将可能获得10%的年化收益率,如果退出不成功则可能会导致80万元的损失。最近的调查研究表明以并购方式退出成功的概率是0.4,不成功的概率是0.6;以其他股权转让方式退出成功的概率是0.6,不成功的概率是0.4,如图6-3所示。

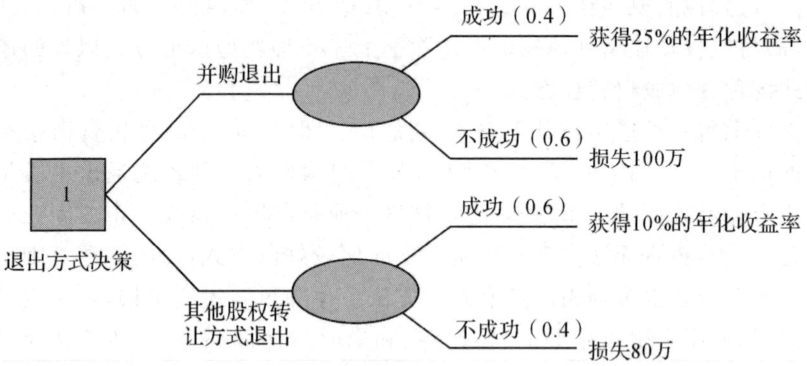

图 6-3　退出方式决策树模型

在这些数据的基础上，能产生最大预期收益(Expected Return ,ER)的退出方式就可找到。

ER(并购)=(0.4)×(1000×25%)+(0.6)×(−100)=40(万元)

ER(其他股权转让方式)=(0.6)×(1000×10%)+(0.4)×(−80)=28(万元)

根据 ER 标准，浙江振华投资管理有限公司打算选择并购退出方式，从这家生物科技企业中退出。

综上，本书主要从资产安全性的角度，以被投企业当前的状态为基础，通过建立投资退出风险评价指标体系，引入因素评分法，结合实例对被投企业的投资风险进行衡量，据此做出是否从被投企业中的退出的决策，以选择能确保资产安全性的最佳退出时机；并结合实例提出风险投资的每一种退出方式都各有其优劣，应根据被投企业以及外部环境的实际状况，采用决策树法来辅助量化分析，以选择能产生最大预期收益的退出方式。

本章小结

在第二章第二节投资后投资绩效影响因素概念模型建立的基础上，本章首先通过变量的测量、问卷设计、描述性统计分析和信度、效度分析等，基于结构方程模型对投后绩效关键影响因素识别模型进行了实证检验，识别出了投资后风险投资绩效的关键影响因素及其作用机制，在此基础上提出了风险投资投后管理对策。接着，从资产安全性的角度，分析影响风险资本退出时机选择的风险因素，引入因素评分法作为风险资本退出时机决策评价方法，设置风险投资退出风险系数最低值（风险阈值），一旦确认风险系数大于风险阈值，风险投资机构将着手实施风险资本从被投企业中的退出。最后，运用决策树分析法作为风险投资退出方式的辅助决策方法，对风险投资的退出方式进行选择，以期为风险投资机构实施风险投资项目退出提供可操作性较强的方法。

综上所述，通过投后关键因素的重点管理以及合适的退出决策，在投前项目选择决策的基础上，进一步加强对投后的过程管理，以控制投资风险，实现整个投资过程的决策优化。

第七章　结论及启示

第一节　主要结论

本书在综述国内外相关文献的基础上,以广义的风险投资决策为视角,构建了一个研究风险投资决策优化问题的理论分析框架,并基于对浙江省156家风险投资机构(包括基金公司)的605个投资项目的调查数据,采用绝对偏差方法实证量化了风险投资机构的行业投资风险水平,采用三角模糊数随机模拟的投资风险识别与评估模型实证分析了投资项目(企业)的初选决策,采用MOTAD模型方法分析了风险条件下风险投资优化规模与结构,基于MOTAD模型模拟分析探讨了"发行债券"和"税收优惠"两种政策情景对风险投资决策优化的影响,采用SEM方法实证分析了投后风险投资绩效的关键影响因素及其作用机理,采用因素评分法和决策树法对风险投资退出时机与方式进行了决策分析。据此本书研究的主要结论有以下几点:

(1)以民营经济为主体的浙江风险投资机构,具有规模小、投资结构欠合理、风险承受能力弱和首轮投资企业比重高等特点。所以,提升风险投资机构的投资决策质量关系到投资风险的管控和风险投资业的发展。

对浙江省风险投资发展状况的分析结果显示,近年来超过90%的浙江省风险投资机构(公司)是以民营经济为主体,其管理的资金规模大都在5亿元以下,平均管理的资金规模5000万元及以下的机构数还是排在首位,风投机构中雇员规模在20人以下的机构占比接近90%,首轮投资项目(企业)的比重高达80%以上。同时,浙江省风险投资机构对高新技术项目(企业)的风险投资有所不足,对种子期项目(企业)的投资呈现下降趋势,现有投资主要集中在对成长期企业的投资。因此,这种风险投资结构将影响以创新创业为内生动力的创业高新技术企业发展。因此,提升风险投资机构投资决策的科学化,扩大风险投资规模,优化投资结构,将有助于投资风险的管控和风险投资业的发展。

(2)浙江省风险投资机构(包括基金公司)的投资收益与风险呈现相当明显的风险投资特征，即“高风险、高收益”或“低风险、低收益”，但这种投资收益与风险关系也具有一定的行业差异。

本书基于绝对偏差方法对2009—2011年浙江省156家风投机构的605个投资项目的实证量化结果显示，风险投资对大多数行业的投资具有相当显著的“高风险、高收益”或“低风险、低收益”的特征。其中，传播与文化娱乐业、金融服务业是19个行业中投资风险水平较高的行业，但同时也是投资收益率较高的行业，这些行业应该成为风险偏好投资者优先考虑的投资行业；医药保健行业、软件产业、通信设备、和环保工程是风险投资风险水平较低的行业；农林牧副渔、采掘业、科技服务、计算机硬件、新能源高节能技术、IT服务业、光电与光电一体化、其他行业、传统制造业、网络和生物科技产业的投资风险程度处于中等水平并依这一排序呈现递减趋势，且其年平均投资收益率都能保持在7%—14%，这些行业应该成为风险中性或风险厌恶者关注的投资行业；新材料产业不仅投资收益低，而且投资风险高，是风险投资者应该警惕和规避的投资行业。因此，风险投资者应该根据行业的投资收益与风险特点，理性地进行风险投资决策，具有不同风险偏好的投资者应该选择与其风险偏好相称的行业进行投资。

(3)在风险投资项目初选决策中采用基于三角模糊数随机模拟的投资项目风险评估方法，有助于提高投资之前的项目筛选的科学性和可靠性。

风险投资的风险形成是一个受多种不确定性因素影响的十分复杂的过程，风险来源涉及被投企业的实际控制人、管理团队、企业战略风险、商业模式、盈利模式、高新技术企业初始注册风险、技术风险、生产风险、市场风险、财务风险、退出风险和组织风险等方面。本书采用随机模拟方法，构建了一个基于三角模糊数随机模拟方法的风险投资项目的风险评价模型，并用于风险投资项目初选决策，解决风险投资项目的关键风险因素的识别问题，综合地评判投前项目预期收益和风险水平，合理选择具有投资价值的项目，为风险投资组合优化决策提供“优质”的项目源，因而有助于提高投资之前的项目筛选的科学性和可靠性。

(4)在风险条件下项目投资规模、预期收益和风险水平之间显示出明显的互动关系，风险投资机构(基金公司)的投资规模及其结构存在较大的优化调整空间。

MOTAD模型分析结果显示，在既定资金约束下风险投资项目的优化组合及其所表现出的投资预期收益、风险水平和项目规模之间的互动关系,可以反映不同规模风险投资机构的投资组合优化机制,这使风险投资者可以根据自身的资金实力和风险偏好来选择合理的投资项目组合,增强投资决策的科学性和优化投资资金配置。基于4家代表性基金公司的MOTAD模型结果显示,项目投资规模存在较大的优化调整空间;投资总额较大的基金,其投资项目结构的优化调整空间也较大。不同规模的风险投资基金,其存在的投资风险与收益水平也存在较大的差异。规模较大的风险投资基金具有较高的投资收益水平,但存在的投资风险也越大;反之,规模较小的风险投资基金,其相应的投资收益水平也较低,存在的风险也较小。在一定范围的投资风险水平下,规模较大的风险投资基金能够获得较高的投资收益水平。

(5)"税收优惠"和"发债融资"政策对风险投资项目结构、规模、收益与风险具有较大的影响效应。

通过设计"发行债券"和"税收优惠"两种政策情景,用MOTAD模型模拟分析,结果显示:这两种政策情景对4个不同投资规模投资基金的投资项目结构、规模、预期收益与风险都具有较大的影响效应。不同规模基金以8%或10%的利率发债后,无论是预期收益还是风险水平相比发债前都有了一定程度的增加;且各基金在相同的风险水平下,发债利率为8%比发债利率为10%时获得更多的预期收益;但发债利率若大于10%,在相同风险水平下,各基金的预期收益将低于不发债情景下的预期收益;因而,基于本章的模拟结果,建议发债利率在8%—10%为宜。经对各基金以8%、10%利率发债与不发债时的优化投资规模和结构进行对比分析,可以发现,投资结构发生了变化:当基金以8%利率发债时,投资收益相近的2个项目中,风险较小的项目替代了风险较大的项目;适当增加了收益高、风险大项目的投资金额,相应减少了收益一般、风险较小项目的投资金额。当基金以10%利率发债时,高风险、高收益项目的投资金额大幅减少,而收益较高、风险较大项目的投资金额大幅增加,并适当减少收益较低、风险较小项目的投资。"税收优惠"政策情景下,不同规模基金在同等风险水平下的预期收益要明显大于"税收优惠"前的预期收益,且投资项目的最高预期收益的上升幅度达19%;"税收优惠"后投资项目的风险水平和预期收益的范围都比"税收优惠"前有所扩大;不同规模基金投资组合优化方案的风险水平和预期收益的变化范围存在明显的差异,投资规模越大的基金,其投资组合优化方案的风险水平和预期收益的变化范围越大,同等风险水平下,投资规模越大的基金,其预期收益越高。

(6)被投企业的成长绩效,被投企业实际控制人的专业知识、经验、管理能力和人品，投后非资本增值服务，知识产权价值、被投企业上市的难易程度等，是影响风险投资投后绩效关键因素。

在通过文献研究和实地访谈，建立投后风险投资绩效影响因素概念模型和研究假设的基础上，本书通过变量的测量、问卷设计、描述性统计分析和信度、效度分析等，采用结构方程模型，实证分析了投资后风险投资绩效的主要影响因素。实证结果显示：被投企业的成长绩效直接影响风险投资绩效，被投企业实际控制人的专业知识、经验、管理能力和人品对被投企业成长绩效均有显著的正向影响，且实际控制人的专业知识、经验和管理能力的影响作用更为显著；投后非资本增值服务能够通过提高被投企业成长绩效来增加风险投资机构的投资绩效；知识产权价值对被投企业成长绩效有直接的正向影响，从而间接影响风险投资机构的投资绩效；企业上市的难易程度对被投企业成长绩效存在直接的负向影响作用；社会中介服务体系的完善能够提高被投企业成长绩效，同时对风险投资机构的投资绩效也有直接的正向影响作用。

(7)投资预期收益和风险水平是影响风险投资退出的关键因素，风险投资机构应合理地确定和选择退出的时机与方式，以最大限度地提高预期投资收益和保障投资安全性。

本书主要从投资安全性的角度，以被投企业当前经营状态为基础，通过建立投资退出风险评价指标体系，并引入因素评分法，对案例中的被投企业的投资风险进行了实证评价，结果显示：投资风险水平是风险投资机构是否做出投资退出决策的关键因素；被投企业经营状态及其所处的外部环境因素是影响投资风险水平的主要因素。风险投资机构应根据被投企业以及外部环境的实际状况，选择能确保资产安全性的最佳退出时机。在决定退出方式时，风险投资机构应选择能产生最大预期投资收益的退出方式。

第二节　政策启示

基于以上研究结论，以提高风险投资机构的决策优化能力，加快风险投资业的发展为目标，本书提出如下政策启示：

(1)政府应出台“发行债券”融资政策，拓宽风险投资的融资渠道，增加风险投资的运作资金规模，以加快风险投资业的发展。

本书 MOTAD 模型优化结果表明，投资规模大的基金，在同等风险变化的范围内其收益提高的幅度更大一些。从第三章的分析中可知,目前浙江省风险投资机构以民营经济企业为主体,投资资金的规模普遍偏小,2012年浙江省风险投资机构中平均管理的资金规模5000万元及以下的机构数还是排在首位,融资渠道单一。然而,浙江省是我国经济最为发达,人均可支配收入在全国排名处于前列的省份,民间闲散资金十分充裕。因此,政府应出台"发行债券"融资政策,引导民间资本进入创业风险投资领域,以拓宽风险投资的融资渠道,加快风险投资业的发展。

(2)政府应加大对风险投资的税收优惠力度,出台针对有限合伙公司的"税收优惠"政策,提高风险投资机构的投资收益。

根据本书"税收优惠"政策的模拟结果,风险投资机构投资的预期收益与政府的税收政策有着密切的关系。目前浙江省不同投资主体的税收政策各异。针对做股权投资的合伙企业,由于运作资金规模较大,往往除了缴纳6%的营业税外,通常还需再缴纳35%的个人所得税,这与个人投资的20%税负相比显然有些不公平。这是因为合伙企业不是纳税主体,合伙企业中的个人合伙人理应享受与个人投资者为主体投资一样的纳税标准,而目前这样的税收政策带来的结果是不鼓励做规范的合伙制企业,而是让投资者回归个人投资模式,因为同样投资情况下,个人投资模式比合伙企业制模式交的税更少。这与政府鼓励风险投资业规范运作,做大做强的愿景不一致。因此,现有的税收政策需要改进,使做股权投资的合伙制企业的税收达到与个人投资者一致的水平,实现税负公平。

(3)完善知识产权保护法律制度,要加大执法力度,以加快企业技术创新和知识产权风险投资业的发展。

本书对投资后风险投资绩效关键影响因素的实证分析结果显示,知识产权保护决定了知识产权价值,而知识产权价值直接影响被投风险企业的绩效。因此,除了被投企业做好内部的知识产权保护工作之外,企业外部的知识产权保护更需要借助于政府的力量来进一步加强。政府应进一步完善知识产权保护法律制度及与风险投资有关的法规体系,并加大执法力度,为企业技术创新提供一个公平竞争的法律环境,以加快企业技术创新和知识产权风险投资发展。

(4)应加快完善现有的资本市场,降低主板市场准入条件,规范创业板市场机制,完善产权交易市场,健全风险资本退出机制,实现风险投资增值。

风险资本能否在被投企业中增值并顺利退出,直接影响风险投资机构的投资绩效。本书对风险投资退出决策的案例分析结果表明,上市的难易程度直接影响着被投企业成长绩效。这是因为上市能够为被投企业带来融资、收益、声誉等多方面的收获，而通过提高被投企业成长绩效，推进其上市的进程并选择合适的退出时机是风险投资机构获得高额回报的最优途径。因此，政府应加快完善现有的资本市场，降低主板市场准入条件，规范创业板市场机制，完善产权交易市场，健全风险资本退出机制，实现风险投资增值。

(5)完善和规范风险投资中介服务机构，为风投机构的投资决策和运营创造有利的中介服务条件。

本书对投资后风险投资绩效关键影响因素的实证分析结果显示，社会中介服务体系的完善可以提高被投企业的成长绩效，进而提高风险投资机构的投资绩效，同时社会中介服务体系的完善对风险投资机构的投资绩效也有直接的正向影响作用。因此，政府应尽快出台有关政策，完善和规范风险投资中介服务机构，大力培育专业、权威的知识产权价值评估机构、会计师事务所、律师事务所、行业协会、信息技术咨询机构、专业市场调查机构等代理机构和顾问机构，逐步建立和完善创业风险投资所需的社会化服务体系，为风投机构的投资决策和运营创造有利的中介服务条件。

附　　录

一、调研提纲

浙江风险投资机构投资项目(企业)情况调研提纲

编号:__________ 调研日期:__________ 调研地点:________________

风险投资机构名称(包括基金公司):______________________________

访谈者姓名:____________________ 联系电话:________________

(1)风险投资机构所投项目的基本情况,包括:

已风投项目(企业)名称、所属行业、具体的投资时间、投资额、年净利润、被风投项目年末总股数、年末风投机构持股数、每股收益等,详见附表1。

(2)风险投资项目的风险因素有哪些(包括被风投企业、外部环境以及风险投资机构本身3个方面)。

(3)风险投资机构能够接受的投资预期收益率水平(低于年化收益的百分之多少时,风险投资机构一般不会考虑投资)。

(4)就基金类型的划分标准和每一类型基金单个项目投资约束系数 a_i 的数值征求意见。

(5)风投后风险投资绩效的关键影响因素有哪些。

(6)风险投资退出时机选择通常考虑的微观因素有哪些。

附表 1　××风险投资机构投资项目情况

风险投资机构（基金）	已投项目	所属行业	投资时间	投资额（万元）	2010 年				2011 年				2012 年			
					年净利润（万元）	被投项目年末总股数（股）	年末××风投机构持股数（股）	每股收益（元）	年净利润（万元）	被投项目年末总股数（股）	年末××风投机构持股数（股）	每股收益（元）	年净利润（万元）	被投项目年末总股数（股）	年末××风投机构持股数（股）	每股收益（元）

注：(1)风险投资机构，包括其管理的基金公司；(2)已投项目（企业）“年净利润”指经审计的已投项目（企业）年净利润，由审计报表提供

二、问卷

您好！本问卷旨在调查投资后风险投资绩效的关键影响因素，您的回答对我们的研究非常重要，烦请您花几分钟时间填写问卷，非常感谢！

本问卷纯属学术研究需要，绝不向外泄露企业信息，请您放心并尽可能客观回答。

【填写说明】请您在合适的“口”或数字上打“√”。

第一部分　您所在风险投资机构概况

1.投资机构类型

口国有风险投资机构　　口外资风险投资机构

口民营风险投资机构　　口其他

2.投资机构形式

口有限责任公司　口股份有限公司　口合伙企业

3.投资机构员工人数

口 5 人(含 5)以下　口 6—10 人　口 11—20 人　口 20 人以上

4.投资区域

口杭州　口浙江省内其他地区(杭州除外)　口国内其他地区(浙江省除外)　口境外

5.在本次调查前，贵公司已投资的企业数

口 0 个　口<5 个　口 5－10 个　口 11－20 个　口>20 个

6.累计已投资金额(包括所管理的投资基金)

口 1 亿元以下　口 1 亿元—2 亿元(不含 2 亿)　口 2 亿元—5 亿元(不含 5 亿)　口 5 亿元—10 亿元(不含 10 亿)　口 10 亿元(含 10 亿)以上

7.截至目前，贵公司已完成退出的投资资金的退出方式有：

口国内 A 股上市　口新三板市场上市　口四板市场上市　口境外上市

口股份回购　口企业并购　口破产清算

第二部分　对投资后风险投资绩效的影响因素的评价

下列表述是对投资后风险投资绩效影响因素(测量指标)的描述，请根据贵公司和所投项目(企业)以及外部环境的实际情况对表述作出判断。请在相应的数字下方格内打“√”，(1)为“完全不同意”得 1 分，(2)为“不太同意”得 2 分，(3)为“有点不同意”得 3 分，(4)为“一般”得 4 分，(5)为“有点同意”得 5 分，(6)为“比较同意”得 6 分，(7)为“完全同意”得 7 分。

<table>
<tr><th rowspan="2">测量指标</th><th rowspan="2">测量题项</th><th colspan="7">活动描述符合程度</th></tr>
<tr><th>1</th><th>2</th><th>3</th><th>4</th><th>5</th><th>6</th><th>7</th></tr>
<tr><td rowspan="7">知识产权（专利）价值</td><td>专利项目技术含量高</td><td></td><td></td><td></td><td></td><td></td><td></td><td></td></tr>
<tr><td>专利项目可替代程度低</td><td></td><td></td><td></td><td></td><td></td><td></td><td></td></tr>
<tr><td>专利项目市场需求度高</td><td></td><td></td><td></td><td></td><td></td><td></td><td></td></tr>
<tr><td>专利项目市场竞争能力强</td><td></td><td></td><td></td><td></td><td></td><td></td><td></td></tr>
<tr><td>专利项目利润分成率高</td><td></td><td></td><td></td><td></td><td></td><td></td><td></td></tr>
<tr><td>专利项目剩余经济寿命长</td><td></td><td></td><td></td><td></td><td></td><td></td><td></td></tr>
<tr><td>专利项目专利独立性强</td><td></td><td></td><td></td><td></td><td></td><td></td><td></td></tr>
<tr><td rowspan="5">知识产权保护</td><td>我国立法的完善程度高</td><td></td><td></td><td></td><td></td><td></td><td></td><td></td></tr>
<tr><td>我国执法司法的力度强</td><td></td><td></td><td></td><td></td><td></td><td></td><td></td></tr>
<tr><td>企业知识产权预警机制灵敏</td><td></td><td></td><td></td><td></td><td></td><td></td><td></td></tr>
<tr><td>企业维权能力强</td><td></td><td></td><td></td><td></td><td></td><td></td><td></td></tr>
<tr><td>企业维权意识强</td><td></td><td></td><td></td><td></td><td></td><td></td><td></td></tr>
<tr><td rowspan="5">投后非资本增值服务</td><td rowspan="2">在被投企业中占有董、监事会席位</td><td colspan="3">是</td><td colspan="4">否</td></tr>
<tr><td colspan="3"></td><td colspan="4"></td></tr>
<tr><td>为被投企业推荐合适的上市有关中介机构</td><td></td><td></td><td></td><td></td><td></td><td></td><td></td></tr>
<tr><td>帮助被投企业完善公司运行机制（如规范经营、薪酬体系、激励机制）</td><td></td><td></td><td></td><td></td><td></td><td></td><td></td></tr>
<tr><td>帮助被投企业获得其他融资资源</td><td></td><td></td><td></td><td></td><td></td><td></td><td></td></tr>
<tr><td rowspan="2">被投企业实际控制人的专业知识</td><td>对所经营领域的技术认识程度高</td><td></td><td></td><td></td><td></td><td></td><td></td><td></td></tr>
<tr><td>对相关专业知识的掌握全面</td><td></td><td></td><td></td><td></td><td></td><td></td><td></td></tr>
<tr><td rowspan="3">被投企业实际控制人的工作经验</td><td>熟悉所处行业的市场状况</td><td></td><td></td><td></td><td></td><td></td><td></td><td></td></tr>
<tr><td>了解所处行业的资源特性</td><td></td><td></td><td></td><td></td><td></td><td></td><td></td></tr>
<tr><td>有以往相关企业的经营纪录</td><td></td><td></td><td></td><td></td><td></td><td></td><td></td></tr>
<tr><td rowspan="3">被投企业实际控制人的管理能力</td><td>全面、准确地制定效率标准的能力</td><td></td><td></td><td></td><td></td><td></td><td></td><td></td></tr>
<tr><td>敏锐地察觉目前工作水平同效率标准的差距的能力</td><td></td><td></td><td></td><td></td><td></td><td></td><td></td></tr>
<tr><td>有纠正偏差的能力</td><td></td><td></td><td></td><td></td><td></td><td></td><td></td></tr>
<tr><td rowspan="2">被投企业实际控制人的人品</td><td>被投企业实际控制人正直诚实</td><td></td><td></td><td></td><td></td><td></td><td></td><td></td></tr>
<tr><td>被投企业实际控制人有创业激情</td><td></td><td></td><td></td><td></td><td></td><td></td><td></td></tr>
</table>

续 表

测量指标	测量题项	活动描述符合程度						
		1	2	3	4	5	6	7
被投企业上市难易程度	被投企业上市成本高							
	被投企业上市周期长							
	上市的政策不可控							
法律、政策环境	IPO等有关的法规政策体系完善							
	有关的法规政策体系的执行效果好							
	我国税收激励政策完善							
社会中介服务体系	相关的社会中介服务体系的信用等级高							
	相关的社会中介服务体系完善							
	相关的社会中介服务机构的服务效率高							

注:相关社会中介服务体系主要指专利价值评估机构、会计师事务所、律师事务所、券商、行业协会,信息、技术咨询机构,专业市场调查机构。

第三部分:风险投资绩效的评价

下面是有关风险投资绩效的描述,请根据贵公司所投企业的实际情况对表述作出判断。请在相应的数字下方格打"√",(1)为"完全不同意"得1分,(2)为"不太同意"得2分,(3)为"有点不同意"得3分,(4)为"一般"得4分,(5)为"有点同意"得5分,(6)为"比较同意"得6分,(7)为"完全同意"得7分。

测量指标	测量题项	活动描述符合程度						
		1	2	3	4	5	6	7
被投企业成长绩效(与风投进入前相比)	销售收入增长更快							
	盈利水平增长更快							
	技术创新能力更强							
	整体竞争能力更强							
贵公司投资回报(与风投行业平均水平相比)	资本收益率高							
	总回报倍数高							
	年回报倍数高							
	内部报酬率高							

注:总回报倍数=(发行价格*发行前风险投资机构所持股份数)/初始投资规模;年回报倍数=总回报倍数/投资周期;内部报酬率,即指能够使未来现金流入量现值等于未来现金流出量现值

的折现率，或者说是使投资方案净现值为0的折现率。

如果您对本研究的结论感兴趣，请在问卷最后注明并写上您的电子邮箱，届时我将会 E-mail 发送给您。

再次感谢您的支持！

参考文献

[1] AIHORR H S, MOORE C B, PAYNE G T. The impact of economic integration on cross-border venture capital investments: Evidence from the European Union[J]. Entrepreneurship Theory and Practice, 2008,32(5):897-917.

[2] ALTMAN E I. Financial ratios, discriminant analysis and the prediction of corporate bankruptcy[J]. The journal of finance, 1968, 23(4): 589-609.

[3] ARMOUR J, CUMMING D. The legislative road to Silicon Valley [J]. Oxford Economic Papers-New Series,2006,58 (4):596-635.

[4] AVNIMELECH G, TEUBEL M. From Direct Support of Business Sector R&D/Innovation To Targeting Venture Capital/Private Equity:A Catching-up Innovation and Technology Policy Life Cycle Perspective[J]. Economics of Innovation,New Technology, 2008, 17(1/2):153-172.

[5] BACHLER J S. Venture Capitalists Inveshnent Criteria in Technology-based New Ventures[D]. Ontario:University of Waterloo,2000.

[6] BAEYENS K, VANACKER T, MANIGART S. Venture capitalists selection process:the case of biotechnology proposals[J]. International Journal of Technology Management,2006, 34(1/2):28-46.

[7] BARKHAM R J. Entrepreneurial characteristics,the size of the new firm: a model,an econometric test[J]. Small Business Economics, 1994, 6(2):117-125.

[8] BARRY C B, MUSCARELLA C J, PEAVYIII J W, et al. The role of venture capital in the creation of public companies: Evidence from the going-public process[J]. Journal of Financial economics, 1990, 27(2): 447-471.

[9] BASCHA A, WALZ U. Convertible securities and optimal exit decisions in venture capital finance[J]. Journal of Corporate Finance, 2001, 7: 285-306.

[10] BASSETT G W, KOENKER R W. Asymptotic theory of least absolute error regression[J]. Journal of the American Statistical Association, 1978, 73: 618-622.

[11] BATES T, BRADFORD W, RUBIN J S. The Viability of the minority-Oriented Venture-Capital Industry Under Alternative Financing Arrangements[J]. Economic Development Quarterly, 2006, 2(20): 178-191.

[12] BAUM J A, SILVERMAN B S. Picking winners or building them Alliance, intellectual, and human capital as selection criteria in venture financing and performance of biotechnology start-ups[J]. Journal of Business Venture, 2009, 19: 411-436.

[13] BEAVER W H. Financial ratios as predictors of failure[J]. Journal of accounting research, 1966: 71-111.

[14] BECKMAN C M, BURTON M D, O'REILLY C. Early teams: The Impact of Team Demography on VC Financing and Going Public[J]. Journal of Business Venturing, 2007, 2(22): 147-173.

[15] BELEV G C. Minimizing risk in high-technology programs[J]. Cost Engineering, 1989, 31(10): 11-15.

[16] BERGEMANN D, HEGE U. Venture capital financing, moral hazard, and learning[J]. Journal of Banking &Finance, 1998, 22(6): 703-735.

[17] BLACK B S, GILSON R J. Venture Capital and the Structure of Capital Market: Banks Versus Stock Markets[J]. Journal of Financial Economics, 1998: 87-11.

[18] BONINI S, ALKAN S. The political and legal determinants of venture capital investments around the world[J]. Small Bus Econ. 2012, 39(4): 997-1016.

[19] BOTTAZZI L, RIN M D, HELLMANN T. What is the Role of Legal Systems in Financial Intermediation? Theory and Evidence[J]. Journal of Financial Intermediation, 2009, 4(18): 559-598.

[20] BYGRAVE W D. Syndicated investments by venture capital firms: A

net working perspective[J]. Journal of Business Venturing,1987,2(2):139-154.

[21] BYGRAVE W D, TIMMONS J A. Venture capital at the crossrodes [M]. Massachusetts:Harvard Business School Press,1992.

[22] CARTER R E, VAN AUKEN H E. Venture Capital Firms' Preferences for Projects in Particular Stages of Development[J]. Journal of Small Business Management,1994,32(1):60-73.

[23] CHANDLER G N, HANKS S H. Founder competence, the environment, and venture performance[J]. Entrepreneurship Theory and Practice, 1994, 18 (3): 77-89.

[24] CHAN Y S. On the Positive Role of Financial Intermediation in Allocation of Venture Capital in a Market with Imperfect Information [J]. The Journal of Finance, 1983,5(38): 1543-1569.

[25] CHAN Y S, SIEGEL D, THAKOR A V. Learning,corporate control and performance requirements in venture capital contracts[J]. International Economic Review, 1990(31): 365-381.

[26] CHEN C J. Technology Commercialization, Incubator and Venture Capital and New Venture Performance[J]. Journal of Business Research, 2009,62(1): 93-103.

[27] CHEN C,LI K, TANG Y. Venture Capital and Mobilization Efficiency in China[J]. The Chinese Economy, 2009,42(6): 46-65.

[28] CHATAWAY J C. The Making of Biotechnology: A case study of radical innovation[J]. Open University,1992,(5):212-226.

[29] CHOCCE G R, UBED M A. Venture Capital in Latin America:evolution and prospects in chile[J]. International Journal of Entrepreneurship and Innovation Management,2006(6):4-5.

[30] CHOTIGEAT T, PANDY M K. Venture Capital Investment Evaluation in Emerging Markets [J]. Multinational Business Review. 1997,(10):54-62.

[31] CHRISTIAN K, SOREN B N. Taxes and Venture Capital Support [J]. European Finance Review, 2003, 7(3): 515-539.

[32] CHRISTIAN L B, FABIENNE P. Models for allocating public venture capital to innovation projects: lessons from a French public agency[J]. International Journal of Technology Management,2006,34

(1/2):185-198.

[33] COPE G. Issues and Policy Framework for the Development of Self-sustainable Venture Capital Market in Europe [J]. Luxembourg School of Finance,2005.

[34] COVIN J G, SLEVIN D P. A conceptual model of entrepreneurship as firm behavior[J]. Entrepreneurship Theory and Practice,1991, 16 (1): 7-25.

[35] CROCE A, MARTI J, MURTINU S. The impact of venture capital on the productivity growth of European entrepreneurial firms: 'Screening' or 'value added' effect? [J]. Journal of Business Venturing, 2013,28 (4):489-510.

[36] CUMMING, D J,MACINTOSH J G. Crowding out private equity: Canadian evidence[J]. Journal of Business Venturing ,2006,21(5): 569-609.

[37] CUMMING D. The Determinants of Venture Capital Portfolio Size: Empirical Evidence[J]. The Journal of Business, 2006, 79(3): 1083-1126.

[38] CUMMING D, SCHMIDT D, WALZ U. Legality and Venture Capital governance around the world[J]. Journal of Business Venturing, 2010, 25(1): 54-72.

[39] CUMMING D, JOHAN S. Legality and Venture Capital Fund Manager Compensation[J]. Venture Capital, 2009, 11(1): 23-54.

[40] CUMMING D J, MACINTOSII J G. Venture Capital Exits in Canada and the United States[J]. University of Toronto Law Journal, 2003: 101-199.

[41] DARIO P. Knowledge and Venture Funding:Complementarities and Financial Contracts[J]. Industrial and Corporate Change, 2007, 16 (5): 851-873.

[42] DAS S, JAGANNATHAN M, SARIN A. Private Equity Retums: An Empirieal Examination of the Exit of Venture—backed Companies[J]. Journal of Investment Management,2003,(1):1-26.

[43] DA RIN M, NICODANO G, SEMBENELLI A. Public Policy and the Creation of Active Venture Capital Markets[J]. Journal of Public Economics, 2006, 90(8): 1699-1723.

[44] DE CARVALHO A G, CALOMIRIS C W, DE MATOS J A. Venture capital as human resource management[J]. Journal of Economics and Business, 2008, 60: 223-255.

[45] DENG Z, LEV B, NARIN F. Science and Technology as Predictors of Stock Performance [J]. Financial Analysits Journal, 1999, 55 (3):20.

[46] DIMOV D P, SHEPHERD D A. Human capital theory and Venture Capital firms: exploring "home returns" and "strike outs"[J]. Journal of Business Venture, 2005(20):1-21.

[47] DURHAM C C, KNIGHT D, LOCKE E A. Effects of leader role, team—set goal difficulty, efficacy, and tactics on team effectiveness [J]. Organizational Behavior and Human Decision Processes, 1997, 72(2): 203-231.

[48] DUSHNITSKY G, LENOX M J. When do incumbents learn from entrepreneurial ventures? Corporate venture capital and investing firm innovation rates[J]. Research Policy, 2005, 34 (5):615-639.

[49] ERNST H, LEGLER S, LICHTENTHALER U. Determinants of patent value: insights from a simulation analysis[J]. Technological Forecasting and Social Change, 2010,77(1):1-19.

[50] FABIO B, MASSIMO G, COLOMBO L G. Venture capital financing and the growth of high-tech start-ups: Disentangling treatment from selection effects[J]. Research Policy, 2011, 40:1028-1043.

[51] FRIED V H, HISRICH R D. Toward a Model of Venture Capital Investment Decision Making[J]. Financial management, 1994, 23 (3): 28-37.

[52] FRIED V H, HISRICH R D. The Venture Capitalist: A Relationship Investor[J]. California Management Review, 1995, 37(2): 101-113.

[53] GANS J A. Dearth of Exit Strategies[J]. MIT Sloan Management Review, 2009,50(3) :19-20.

[54] GINARTE J. C, PARK W G. Determinants of Patent Rights: A Cross-National Study[J]. Research Policy,1997(26):283-301.

[55] GOMPERS P A, LERNER J. The venture capital cycle[M]. Boston:MIT Press. 1999.

[56] GOMPERS P A. The theory, structure, and performance of venture capital(funding)[D] . Massachusetts:Harvard University, 1993.

[57] GUZZO R A, SHEA G P. Group performance and intergroup relations in organizations[J]. Handbook of industrial and organizational psychology, 1992(3): 269-313.

[58] HAMILTON J A. New approach to the economic analysis of nonstationary time seriesand the business cycle[J]. Econometrica: Journal of the Econometric Society, 1989: 357-384.

[59] HERRON L, ROBINSON JR R B. A Structural Model of the Effects of Entrepreneurial Characteristics on Venture Performance [J]. Journal of Business Venturing, 1993,8(3):281-281.

[60] HUYGHEBAERT N, MOSTERT F J. Rationale of Securities and Covenants in Venture Capital Contracts: an Application to South Africa[J]. Corporate Ownership,Control, 2008,4(5):15-25.

[61] JAIN B A, KINI O. The post issue operating performance of IPO firms[J]. Journal of Finance,1994(5):1699-1720.

[62] JENG L A, WELLS P C. The determinants of venture capital funding: Evidenceacross countries[J]. Journal of Corporate Finance, 2000(6):241-289.

[63] KAMBIL A, LONG V W T, KWAN C. The Seven Disciplines for Venturing in China[J]. MIT Sloan Management Review, 2006,47 (2):85.

[64] KEUSCHNIGG C, NIELSEN S B. Public Policy for Venture Capital [J]. International Tax and Public Financc, 2001, 8(4): 557-572.

[65] KORYAK O, SMOLARSKI J. Perception of Risk by Venture Capital and Private Equity Firms:A European Perspective[J]. The Journal of Private Equity , 2008, 11(2): 30-42.

[66] LANJOUW J, SCHANKERMAN M. Patent quality and research productivity: measuring innovation with multiple indictors[J]. The Economic Journa,2004, 114(495): 441-465.

[67] LERNER J. The Importance of Patent Scope: An Empirical Analysis[J]. The RAND Journal of Economics, 1994,25(2):319.

[68] LERNER J. The government as a venture capitalist: The long—run impact of the SBIR program[J]. Journal of Business, 1999(72):

285-318.

[69] LIU C C, CHEN S Y. The management of Risk by Taiwanese Venture Capital Firms Operating in China[J]. International Journal of Management, 2006,23(3):419-429.

[70] MACMILLAN I C, SIEGEL R, NARASIMHA P N. Criteria Used by Venture Capitalists to Evaluate New Venture Proposals[J]. Journal of Business venturing, 1986, 1(1): 119-128.

[71] MACMILLAN L C, ZEMAN L. Criteria Distinguishing Successful from Unsuccessful Venture in Venture Screening Process[J]. Journal of Business Venture, 1987(4):123-137.

[72] MACMILLAN I C, KULOW D M, KHOYLIAN R. Ventureeapitalists, involvement in their investments: Extent and Performance[J]. Journal of Business Venturing,1989,4(1):27-47.

[73] MAINPRIZE B, HINDLE K, SMITH B, et al. Caprice Versus Standardization in Venture Capital Decision Making[J]. Journal of Private Equity, 2003, 1(7):15-25.

[74] MASONA C, HARRISON T. Is It Worth It? The Rates of Return from Informal Venture Capital Investments[J]. Journal of Business Venturing,2002,17:211-236.

[75] MILBERG S J, PARK C W, MCCARTHY M S. Managing Negative Feedback Effects Associated with Brand Extensions: the Impact of Alternative Branding Strategies[J]. Journal of Consumer Psychology,1997,6(2):119-140.

[76] MORIARTY R T, KOSNIK T J. High-Tech Marketing: Concepts. Continuity,and Change[J]. Sloan Management Review,1989,30(4): 7-17.

[77] Mull F H. Towards a Positive Theory of Venture Capital[J]. Dissertation for PhD degree, 1990.

[78]MYERS S, MARQUIS D G. Successful Industrial Innovations[J]. National Science Foundation , 1969,17:1-117.

[79] PAGANO M, PANETTA F, XINGALES L. Why do companies go public? An empirical analysis[J]. Journal of Finance,1998,53(1):27-64.

[80] PINTADO T R, LEMA D, PEREZ D G, ETAL. Venture Capital in

Spain by Stage of Development[J]. Journal of Small Business Management,2007,45(1):68-88.

[81] POLK R, PLANK R E, REID D A. Technical Risk and New Product Success: An Empirical Test in High Technology Business Markets[J]. Industrial Marketing Management, 1996, 25(6): 531-543.

[82] PUKTHUANTHONG K, THIENGTHAM D, WALKER T. Why venture capital markets are well developed in some countries but comparatively small in others: Evidence from Europe[J]. Venture Capital in Europe,2007:33-49.

[83] ROBERTS E B. High stakes for high—tech entrepreneurs: Understanding venture capital decision making[J]. Sloan Management Review, 1991, 32(2): 9-20.

[84] ROSIELLO A, AVNIMELECH G, TEUBAL M. Towards a systemic and evolutionary framework for venture policy[J]. Journal of Evolutionary Economics,2011, 21(1): 167-189.

[85] SAPIENZA H J, TIMMONS J A. The roles of venture capitalists in new ventures: What determines their importance? [J]. Academy of Management Best Papers Proeeedings,1989:74-78.

[86] SEE N C. The Maximumu Achievable Profit Method of Patent Valuation International[J]. Journal of Innovation and Technology Management, 2005,2(2):139-142.

[87] SOUDER W E, SOUDER W E, BETHAY D. The risk pyramid for new product development:An application to complex aerospace hardware[J]. Journal of Product Innovation Management 1993, 10(3): 181-194.

[88] STUART R, ABETTIK P A. Start—up ventures: Toward the prediction of initial success[J]. Journal of Business Venturing. 1987 (2):215-230.

[89] TANG M C, YI C , LUAN Y H. Law Environments, Venture Capital and the Total Factor Productivity Growth of Taiwanese Industry [D]. Beijing:National TsingHua University,2005.

[90] TEAL E J,HOFER C W. The Determinants of New Venture Success:Strategy,Industry Structure, and the Founding Entrepreneurial Team[J]. Journal of Private Equity,2003, 4(6):38-51.

[91] THOMAS P, MCMILLAN S. Using science and technology indicators tomanage R&D as a business[J]. Engineering Management Journal,2001, 13(3): 9.

[92] TORU Y, PHILLIP H, PHAN J L. The Relationship between Governance Structure and Risk Management, Approaches in Japanese Venture Capital Firm[J]. Journal of f Business Venturing, 2004,19: 831-849.

[93] TRESTER J J. Venture capital contracting under asymmetric information[J]. Journal of Banking,Finance, 1998, 22(6): 675-699.

[94] TYEBJEE T T, BRUNO A V. Venture capital: Investor and investee perspectives[J]. Technovation, 1984,2(3):185-208.

[95] TYEBJEE T T, BRUNO A V. A Model of Venture Capitalist Investment Activity[J]. Management Sci,1984, 30(9):1051-1066.

[96] UEDA M, HIRUKAWA M. Venture Capital and Industrial "Innovation"[D]. Menomonie:University of Wisconsin,2006.

[97] VAN D B, MLAMBO C. Factors Influencing Venture Capitalists' Project Finacing Decisions in South Africa[J]. South African. Journal of Business Management, 2009,1(40):33-41.

[98] WANG S S, ZHOU H L. Financing in Venture Capital:Moral Hazard and Risk[J]. Journal of Corporate Finance, 2004,10:131-155.

[99] YAZDIPOUR R. What Can Venture Capitalists and Entrepreneurs Learn From Behavioral Economists? [J]. Strategic Change, 2009,18(7/8):241-247.

[100] YUNG C. Entrepreneurial Financing and Costly Due Diligence[J]. Financial Review, 2009,44(1):137-149.

[101] 包乌日汉.我国西部地区高新技术创业投资项目风险识别与评估研究[D].北京:中央民族大学,2012.

[102] 布拉格.风险投资中创业者素质评估及风险防范措施研究[J].科学管理研究,2005,23(5):107-109.

[103] 曹柬,李平,周根贵.基于三角模糊数和层次分析法的模型在导弹系统性能评价中的应用[J].兵工学报,2005,26(4):566-569.

[104] 陈健,贾隽.专利价值的影响因素和评估体系研究综述[J].西安工业大学学报,2013,33(7):517-525.

[105] 陈建华.风险投资中人因失误因素的识别研究[J].上海管理科学,

2006,28(6):23-25
[106] 陈建华.风险投资项目中风险的识别、评估与防范研究[D].广州:暨南大学,2007.
[107] 程静.外国政府对风险投资的扶持政策及启示[J].科学管理研究,2000,18(1):4-6.
[108] 陈柳钦.高新技术产业发展融资问题研究[J].科技与经济,2008,21(2):23-26.
[109] 褚菊芬.高新技术企业风险投资退出的决策研究[D].济南:山东理工大学,2009.
[110] 陈晓,李爱民.美国风险投资概况[J].中国软科学杂志,1998(4):18-22.
[111] 陈英英.中介机构对中小企业创新绩效的影响机制研究:基于组织学习的中介作用[D].杭州:浙江大学,2011.
[112] 寸晓宏.风险投资项目的风险分析[J].数量经济技术经济研究,2000,17(1): 37-40.
[113] 戴红梅.风险投资中的风险识别与风险管理[J].武汉科技学院学报,2006,19(7):57-59.
[114] 邓亮.我国风险投资退出机制研究[D].北京:首都经济贸易大学,2006.
[115] 董小英,鄢凡,刘倩倩,等.不确定环境中我国企业高管信息扫描行为的实证研究[J].管理世界,2008(6).
[116] 范柏乃,沈荣芳,马庆国.中国风险投资供给机制与发展策略研究[J].上海交通大学学报,2001(1):21-26.
[117] 范柏乃.风险投资决策程序研究[J].浙江金融,2002(2):30 31.
[118] 范宏博.中国风险投资业绩影响因素研究[J].科研管理,2012,3(33):128-135.
[119] 樊仕凤.风险投资退出方式绩效研究——IPO与M&T退出绩效比较[D].重庆:西南政法大学,2009.
[120] 樊五勇.风险资本市场研究[D].广州:暨南大学,2001.
[121] 冯晓青.企业知识产权战略[M].北京:知识产权出版社,2001.
[122] 冯中圣,沈志群.中国创业投资行业发展报告2013[M].北京:中国计划出版社,2013.
[123] 傅成.PE退出危机:LP或血本无归二级市场成化解之道[N].中国科学报,2013(2).

[124] 傅家骥，等. 技术创新——中国企业发展之路[M]. 北京：企业管理出版社，1992.
[125] 付玉秀，杨华初. 风险投资发展的支撑：资本市场中介机构[J]. 科研管理，1999，20(5)：91-95.
[126] 高晓燕. 论中介机构对风险投资发展的影响[J]. 现代财经，2003，23(9)：24—27.
[127] 葛亮，仲伟俊，梅姝娥. 民营科技企业的成长模式与环境分析[J]. 中国软科学，2004(3)：69-75.
[128] 耿伟. 风险投资决策评价指标系统的建立及应用[D]. 西安：西北工业大学，2004.
[129] 龚传洲. 科技创新的风险管理与风险分担[J]. 中国市场，2011(29)：27-34.
[130] 宫清付. 高技术企业风险投资政策研究[D]. 杭州：浙江工业大学，2007.
[131] 桂荷发，赖德健. IPO 与企业绩效：理论与经验分析[J]. 当代财经，2005(2)：39-41.
[132] 郝智慧. 高科技风险投资中的风险防范与控制[J]. 理论界，2007(3)：208-209.
[133] 何伟. 风险投资与高技术企业技术创新[D]. 武汉：武汉大学，2005.
[134] 贺武，王惠珍，刘平. 企业知识产权贸易中的价值评估[J]. 统计与决策，2010(15)：184-186.
[135] 贺小刚，李新春. 企业家能力与企业成长：基于中国经验的实证研究[J]. 经济研究，2005(10)：101-111.
[136] 何奕. 我国风险投资退出方式研究[D]. 成都：西南财经大学，2009.
[137] 洪怡恬，金式容. 成长期权在风险创业项目投资决策中的应用[J]. 商业研究，2003(24)：104-106.
[138] 侯杰泰，温忠麟，成子娟. 结构方程模型及其应用[M]. 北京：教育科学出版社，2004.
[139] 侯建仁. 高科技创业企业融资问题研究：政策设计与现实研究[D]. 成都：电子科技大学，2009.
[140] 胡日芳，曹毅. 创业投资守门人：创业投资引导基金和基金的基金[M]. 北京：经济科学出版社，2010.
[141] 胡文哲. 风险投资项目阶段性风险研究[J]. 现代商贸工业，2010(22)：24-25.

[142] 胡元佳,卞鹰,王一涛. Lanjouw-Schankerman 专利价值评估模型在制药企业品种选择中的应用[J]. 中国医药工业杂志,2007(2):148.

[143] 黄芳铭. 结构方程模式:理论与应用[M]. 北京:中国税务出版社,2008.

[144] 黄洁. 企业知识产权信息消费优化策略研究[J]. 理论与探索,2011,7(34):49-51.

[145] 黄群慧. 风险企业实际控制人激励约束与国有企业改革[M]. 北京:中国人民大学出版社,2000.

[146] 黄薇. 不确定下投资决策的控制优化模型研究[D]. 重庆:重庆大学, 2002.

[147] 姜鲁东,余家祥,斗计华. 基于三角模糊数的舰空导弹飞行可靠性评估[J]. 指挥控制与仿真,2011,33(2):49-51.

[148] 姜青舫,陈方正. 风险度量管理[M]. 上海:同济大学出版社,2000.

[149] 姜树梅. 风险投资运作[M]. 沈阳:东北财经大学出版社,2001.

[150] 金菊良,刘丽,汪明武. 基于三角模糊数随机模拟的地下水环境系统综合风险评价模型[J]. 地理科学, 2011, 31(2): 143-147.

[151] 靳景玉,曾胜,张理平. 风险投资引导基金运作机制研究[M]. 成都:西南财经大学出版社,2012.

[152] 纪敏. 我国中小企业融资的制度创新[J]. 中国金融,2005(9):16-18.

[153] 金永红,奚玉芹. 风险投资退出机制的国际比较和我国的现实选择[J]. 科技管理研究,2007,27(11):117-120.

[154] 金玉石. 我国高技术风险投资企业资信风险防范与监控体系研究[D]. 长春:吉林大学,2004.

[155] 康伟. 风险投资中介机构理论与实践研究[D]. 哈尔滨:东北林业大学, 2003.

[156] 孔祥丽. 风险投资评估与决策研究——基于模糊理论[M]. 北京:经济管理出版社,2011:5-7.

[157] 李虹. 基于 AHP-SOM 方法下的风险投资项目选择研究[J]. 天津工业大学学报,2008,12(6):85－86.

[158] 李建华,葛宝山. 高技术产业化风险投资的风险评估与防范[J]. 管理现代化,1994(6):33-35.

[159] 李少平. 风险投资的风险及其防范研究[D]. 重庆:重庆大学,2003.

[160] 李栓柱. 项目投资的风险评价[D]. 郑州:郑州大学,2005.

[161] 李涛. 风险投资道德风险的防范和控制与投资契约设计研究[D]. 成

都：四川大学，2003.

[162] 李雪灵. 风险投资支撑环境作用机理研究[D]. 长春：吉林大学，2005.

[163] 李先江. 风险投资与高新技术企业的关系研究[J]. 武汉大学学报，2008，61(1)：43-48.

[164] 李艳浸. 创业风险投资制度研究——以美国创业风险投资期约为中心[D]. 上海：复旦大学，2011.

[165] 李延喜，郭晓扬，张启銮，等. 基于 EVA 的企业业绩评价方法研究[J]. 科学学与科学技术管理，2002(9)：21-23.

[166] 李振亚. 风险价值方法在证券投资组合风险管理中的一些应用[D]. 成都：电子科技大学，2008.

[167] 廖洁. 风险投资项目风险度量研究——基于 VAR 方法的分析视角[D]. 成都：西南财经大学，2007.

[168] 林嵩，姜彦福. 结构方程模型理论及其在管理研究中的应用[J]. 科学学与科学技术管理，2006，27(2)：38-41.

[169] 刘驰，靖继鹏，余洁. 知识产权中的专利质量界定及组成要素分析[J]. 情报科学，2009(11)：1710-1713.

[170] 刘二丽. 风险投资企业的信任、投资后管理对创业企业成长绩效的影响研究[M]. 北京：中国经济出版社，2011.

[171] 刘和东. 政府财税与风险投资的效应、问题及其治理[J]. 经济纵横，2008(11)：115-117.

[172] 刘惠兵，申金升，徐一飞. 风险投资的运作机理与风险防范[J]. 软科学，1998(4)：16-19.

[173] 刘降斌. 风险企业家应具备的基本素质探析[J]. 商场现代化，2010(2)：41.

[174] 柳明珠，周天涛. 多阶段风险投资决策的三叉树复合期权模型[J]. 北京电力高等专科学校学报，2012(7)：164-165.

[175] 刘健钧. 正确认识创业资本，努力推进创业投资体制[J]. 管理世界，1999(4)：98-103.

[176] 刘曼红，胡波. 风险投资理论：投资过程研究的理论发展和前沿[J]. 国际金融研究，2004(3)：8-14.

[177] 刘曼红. 风险投资：创新与金融[M]. 北京：中国人民大学出版社，1998.

[178] 刘曼红. 风险投资学[M]. 北京：对外经济贸易出版社，2011.

[179] 刘仁辉,安实.基于三角模糊数的国际工程项目风险评价[J].低温建筑技术,2008(2):142-144.
[180] 刘真.中国风险投资绩效研究——基于深圳中小企业板 IPO 退出[D].厦门:厦门大学,2008.
[181] 龙勇,庞思迪,张合.风险资本投资后管理对高新技术企业治理结构影响研究[J].科学学与科学技术管理,2010,31(9):158-162.
[182] 罗会华.风险投资项目风险度量方法及其应用研究[D].长沙:中南大学,2005.
[183] 马莉莉,李泉.中国投资者的风险偏好[J].统计研究,2011,28(8):63-72.
[184] 马乐声,汪波,陈德棉.风险投资在信息不对称条件下的委托代理风险防范研究[J].科学管理研究,2006,24(3):106-109.
[185] 马瑞峰.基于知识产权管理视角的企业知识产权保护问题研究[D].沈阳:东北财经大学,2011.
[186] 马扬,宋大文,凡雨.风险投资项目的评估指标研究[J].科学管理研究,1999,17(3):31-36.
[187] 马正利,罗丽萍.风险投资退出时机决策模型研究[J].现代经济信息,2009(8):78-79.
[188] 奈特.风险、不确定性与利润[M].北京:商务印书馆,2006.
[189] 毛冬,肖国金,宋希录.风险投资项目的经济收益评价[J].金融研究,2001(4):38-40.
[190] 梅德强.科技创业企业引入风险投资的合作效应研究[D].重庆:重庆大学,2011.
[191] 苗壮.风险风险企业实际控制人胜任能力评价研究[D].南京:南京航空航天大学,2007.
[192] 倪正东,孙力强.中国创业投资退出回报及其影响因素研究[J].中国软科学,2008(4):48-57.
[193] 蒲祖河.风险投资学[M].杭州:浙江大学出版社,2004.
[194] 钱苹,张帏.我国创业投资的回报率及其影响因素[J].经济研究,2007(5):78-91.
[195] 曲波,武玉欣,刘洁,等.艾滋病相关知识、态度、行为的结构方程模型研究[J].中国医科大学学报,2013,42(3):193-196.
[196] 任淮秀.投资银行学[M].北京:中国人民大学出版社,2006.
[197] 申鹏鹏.我国软件行业风险投资的风险分析及管理[D].北京:北京

化工大学,2007.
[198] 盛辉. 知识产权保护制度与企业技术创新[J]. 技术经济与管理研究,2008 (4):29-32.
[199] 史竹青. 创新型企业成长路径研究[D]. 哈尔滨:哈尔滨工程大学,2011.
[200] 宋逢明,陈涛涛. 高科技投资项目评价指标体系的研究[J]. 中国软科学,1999(1):90-94.
[201] 隋振婥. 中国风险投资市场发展中的政府作用研究[D]. 沈阳:辽宁大学,2012.
[202] 孙红霞. 我国高技术风险投资资信风险控制体系研究[D]. 长春:吉林大学,2005.
[203] 苏元非. 风险投资退出方式及退出绩效研究[D]. 成都:西南财经大学,2011.
[204] 苏永江,李湛. 风险投资项目的退出问题研究[J]. 预测,2001,20(4):38-39.
[205] 苏永江,李湛. 风险投资决策问题研究[J]. 科学学与科学技术管理,2001(2):53-55.
[206] 唐翰岫. 风险投资决策[M]. 济南:山东人民出版社,2002.
[207] 唐鑫. 中国高技术企业知识产权管理系统研究[D]. 哈尔滨:哈尔滨工程大学,2012.
[208] 谈毅,邵丰. 投资过程中的风险识别与生存力评估[J]. 科技导报,2001(3):53-55.
[209] 谈毅. 风险投资制度安排对企业融资效率的作用机理研究[D]. 西安:西安交通大学,2002.
[210] 谈毅. 风险投资家的代理风险表现与控制机制[J]. 科研管理,2005(6):32-40.
[211] 杨美玲. 高科技企业知识产权管理评价指标体系研究[D]. 广州:广东工业大学,2012.
[212] 万平,朱江. 风险投资与高新技术产业的融合效应探究[J]. 会计之友,2009(8):37-38.
[213] 万小丽,朱雪忠. 专利价值的评估指标体系及模糊综合评价[J]. 科研管理,2008,29(2):185-191.
[214] 汪华. 高科技风险企业实际控制人能力对企业绩效的影响研究[D]. 长沙:湖南大学,2008.

[215] 王洪礼,李胜朋,李栋.风险投资中风险度量研究[J].科学管理研究,2006,23(6):111-113.

[216] 王宏伟.我国科技型中小企业的发展现状和发展态势[J].中小企业管理与科技,2010(4):60-61.

[217] 王江琦,肖国华.我国科技风险投资政策效果评估——基于典型相关分析的中国数据实证研究[J].情报杂志,2012,31(6):108-111.

[218] 王京坡.风险投资项目的风险评价体系研究[D].西安:西北工业大学,2003.

[219] 王磊.我国私募股权投资的融资研究—基于中美比较的视角[D].西安:西北大学,2009.

[220] 汪良军,创业团队理论研究[J].经济论坛,2007(15):87-89.

[221] 王庆民.国有创业投资风险管理研究[D].北京:北京交通大学,2009.

[222] 王瑞,薛红志.创业经验与新企业绩效:一个研究综述[J].科学学与科学技术管理,2010(6):80-86.

[223] 王晓东,赵昌文,李昆.风险投资的退出绩效研究:IPO与M&A的比较[J].经济学家,2004(1):102-111.

[224] 王小毅,马庆国.基于神经营销学的品牌延伸评估探索:对A&K模型的修正[J].管理世界,2009(11):115-121.

[225] 汪洋.高科技产业政策对风险投资活动的影响[J].安徽师范大学学报,2012,40(1):31-36.

[226] 王翊民.知识产权价值评估研究[D].苏州:苏州大学,2010.

[227] 王宇.制约我国风险投资发展的因素分析[J].科技资讯,2011(1):205-207.

[228] 魏星,夏恩君,李全兴.风险投资项目决策中的风险综合评价[J].中国软科学,2004,(2):153-157.

[229] 文钧.风险投资在美国硅谷创新体系中的作用[J].全球科技经济瞭望,2006(10):22-28.

[230] 翁亮.风险投资的风险识别、评估与管理[J].技术经济与管理研究,2002(4):59-60.

[231] 文女女.影响引导性风险投资决策的关键因素研究[D].长春:吉林大学,2010.

[232] 吴东晟,余涛.期权定价方法在高新技术风险投资决策中的应用[J].经济问题,2006(12):66-67.

[233] 武敏婷,孙滢,高岳林. 基于VAR约束的均值—绝对偏差投资组合优化模型及实证研究[J]. 统计与决策,2010(3):156-158.

[234] 吴青. 中小高科技企业风险投资退出与绩效研究[D]. 合肥:安徽大学,2010.

[235] 吴涛. 技术创新风险管理的方法与策略[J]. 科学学与科学技术管理,2001(5):45-47.

[236] 吴小林. 专利价值评估的相关法律问题[J]. 重庆科技学院学报,2006(3):23-26.

[237] 吴晓灵. 进一步放松金融管制给市场更多融资自主权[J]. 中国金融,2006(8):9-10.

[238] 吴香华,秦伟良,王新蕾,等. 用最小绝对偏差方法(LAD)估计极值分布参数的探讨[J]. 气象科学,2006,26(3):260-264.

[239] 武勇. 优秀的创业团队是创业成功的法宝[J]. 改革与战略,2006(7):100-101.

[240] 吴文建,滕刚伟. 我国风险投资政策回顾与评价[J]. 职教与经济研究,2007,5(3):30－33.

[241] 吴正武,裘孟荣,袁飞. 风险资本退出时机和退出方式的确定原理[J]. 商业研究,2002(20):6-9.

[242] 西爱琴. 农业生产经营风险决策与管理对策研究[D]. 杭州:浙江大学,2006.

[243] 奚玉芹,王金桃. 激励与约束:风险投资中的道德风险防范[J]. 科学学与科学技术管理,2001,22(2):49-52.

[244] 夏斌. 中国"私募基金"报告[J]. 经济管理文摘,2002(15):14-19.

[245] 夏霖. 风险投资面面观[J]. 中国信息导报,2001(2):12-13.

[246] 项喜章. 论风险投资后管理[J]. 探索,2002(4):97-100.

[247] 谢科范. 企业技术创新的风险管理[J]. 科技进步与对策,1999(4):56-57.

[248] 谢科范,罗险峰. 市场风险预警管理[M]. 石家庄:河北科学技术出版社,1999.

[249] 许激. 效率管理:现代管理理论的统一[M]. 北京:经济管理出版社,2004.

[250] 姚利民,饶艳. 中国知识产权保护的水平测量和地区差异[J]. 国际贸易问题,2009(1):114-120.

[251] 杨拉克. 中小企业知识产权保护策略研究[J]. 科技进步与对策,

2007,24(12): 103-105.
[252] 严志刚.风险投资与政府行为创新研究[D].沈阳:东北大学,2005.
[253] 杨堤.我国风险投资的筹资问题研究[D].武汉:华中师范大学,2001.
[254] 杨宇光,薛莲.欧美风险投资融资机制比较[J].立信会计高等专科学校学报,2002,16(4):1-6.
[255] 杨艳萍.创业投资的风险分析与风险控制研究[D].武汉:武汉理工大学,2003.
[256] 姚丰桥.风险投资的决策因素与模型研究[D].天津:天津大学,2011.
[257] 殷劲光.风险投资项目风险度量研究[D].西安:西安科技大学,2005.
[258] 尹淑娅.风险投资中的创业企业价值评估模型及其运用[J].中国软科学,1999(6):78-60.
[259] 尹航,孙希波,傅毓维.风险投资团队项目运营能力分析[J].统计与决策,2008(2):166-168.
[260] 尤天慧,李洪燕,张昕光.对健全我国风险投资中介机构体系的思考[J].东北大学学报,2002,4(1):26-28.
[261] 杨爱杰.促进中小企业技术创新与优化社会中介服务体系研究[J].武汉科技学院学报,2004,17(3):99-102.
[262] 杨俊龙.我国风险投资发展的制约因素及政策建议[J].安徽大学学报,2008,32(2):118-122.
[263] 尹浩.中国风险投资与高新技术产业创新——基于中国高新技术产业的理论与实证分析[D].杭州:浙江大学,2012.
[264] 尹久,刘曼红.风险投资成功退出的风险识别与微观控制路径设计[J].中央财经大学学报,2006(5):92-96.
[265] 于绯.风险投资回报及其影响因素研究[D].广州:暨南大学,2010.
[266] 于军,邱菀华.高科技产业发展与政府的作用[J].江西社会科学,2006(2):145-149.
[267] 翟雁南.论风险投资民间筹资的可能性[J].江苏大学学报,2003,5(1):122-126.
[268] 张宝贵,刘东.美国风险投资业的风险规避机制及启示[J].经济纵横,2006(9):60.
[269] 张凯.风险投资中道德风险及评价体系[D].成都:电子科技大

学,2005.

[270] 张晨宇,冉伦,李金林.风险资本退出时机和方式决策控制[J].北京理工大学学报,2004,24(9):841-844.

[271] 张杰,芦哲.知识产权保护,研发投入与企业利润[J].中国人民大学学报,2012,26(5):88-98.

[272] 张彦巧,张文德.企业专利价值量化评估模型实证研究[J].情报杂志,2010,29(2):51-54.

[273] 张格亮.我国风险投资家对项目评价指标的选用研究[D].沈阳:东北财经大学,2012.

[274] 张国富,孙金华.高科技风险投资中的风险防范与控制[J].北京大学学报,2001,38(5):69-74.

[275] 张夏莉.中国高新技术企业跨国经营中知识产权管理体系构建[D].哈尔滨:哈尔滨工程大学,2009.

[276] 张炜.中小高技术企业创业知识资本与成长绩效关系研究[D].杭州:浙江大学,2005.

[277] 张军.结构方程模型构建方法比较[J].统计与决策,2007(18):18-23.

[278] 张鹏.多阶段均值—绝对偏差投资组合优化研究[J].武汉科技大学学报,2011,34(2):152-156.

[279] 张军.我国风险投资项目的风险评价体系研究[D].重庆:重庆大学,2005.

[280] 查永进.高新技术产业与风险投资协同发展研究[D].泉州:华侨大学,2011.

[281] 张俊芳.中国风险资本市场退出渠道的现状,问题及政策建议[J].中国科技论坛,2011(1):118-122.

[282] 赵昌文,李十六.中印创业投资差异及其成因分析[J].南亚研究季刊,2012(1):56-60.

[283] 赵欣宇.中介机构——风险投资发展的“情报器”[J].辽宁大学学报,2011,34(3):31-34.

[284] 赵军伟.我国风险投资融资机制的问题与对策[J].天中学刊,2008,23(3):50-52.

[285] 赵秀云,等.风险企业评估模型的初步研究[J].科学管理研究,2005(4):63-65.

[286] 甄朝党.加强对投资风险的系统研究[J].数量经济技术经济研究,

2000(3):007.
[287] 郑君君.非对称信息下不同阶段风险投资决策研究[M].北京:科学出版社,2013.
[288] 浙江省科学技术厅,浙江省创业风险投资行业协会.浙江省创业风险投资发展报告 2010[M].杭州:浙江大学出版社,2010.
[289] 浙江省科学技术厅,浙江省创业风险投资行业协会.浙江省创业风险投资发展报告 2011[M].杭州:浙江大学出版社,2011.
[290] 浙江省科学技术厅,浙江省创业风险投资行业协会.浙江省创业风险投资发展报告 2012[M].杭州:浙江大学出版社,2012.
[291] 郑亚莉,宋慧.中国知识产权保护对高技术产业竞争力影响的实证研究[J].中国软科学,2012(2):147-155.
[292] 朱春华.基于提升企业竞争优势的知识产权管理研究[D].镇江:江苏大学,2010.
[293] 朱霞.初创期风险投资项目风险评价及防范措施研究[J].江苏科技大学学报,2009,8(4):56-58.
[294] 朱至文.创业精神与企业绩效关系探讨[J].现代商贸工业,2009(4):12-13.
[295] 庄越,李燕冰,秦远建.创新环境激励与企业成长:基于中部创新型企业的实证[J].科技进步与对策,2012,29(1):86—90.
[296] 中国风险投资研究院,等.2009 中国风险投资年鉴[M].北京:民主与建设出版社,2010.
[297] 中国风险投资研究院,等.2011 中国风险投资年鉴[M].北京:中国社会科学出版社,2012.
[298] 中国科学技术发展战略研究院.中国创业投资行业发展报告 2013[M].北京:经济管理出版社,2013.
[299] 周春平,蒋伏心.政府在风险投资中的角色定位:交易成本视角的探讨[J].江苏社会科学,2008(6):94-98.
[300] 周显静.我国风险投资的风险系统管理研究[D].成都:西南交通大学,2003.
[301] 宗明华.企业技术风险及其分析[J].昆明理工大学学报,2001,26(1):118-122.
[302] 左志刚.政府干预风险投资的有效性:经验证据及启示[J].财经研究,2011(5):123-133.